上篇 革命斗争历程图片选编

　　1931年"九一八"事变。1932年2月5日，日军侵占哈尔滨。同年9月，日军侵占了木兰（东兴）县，到处烧杀，无恶不作。令人难忍的是，日寇进行政治压迫，经济掠夺，军事占领，思想、文化专制，用腐朽生活方式毒害人民。

日军乘船进驻木兰县
1932年，木兰县城内的日本军官

木兰县守备队表门

日军进驻东兴县

日军若松联队清剿鸡冠山、火烧储藏基地大窖

日军若松联队在簸箕掌指挥中心

伪满自卫团在鸡冠山根据地西南三门徐屯集结

日军在木兰县东小林屯清剿东北抗联三军

日军若松联队清剿东北抗联第三军大鸡冠山根据地

木兰县日军飞机场

日军若松联队清剿鸡冠山抗联根据地

日军若松联队在大转山子清剿东北抗联第三军

日伪时期保甲制门牌

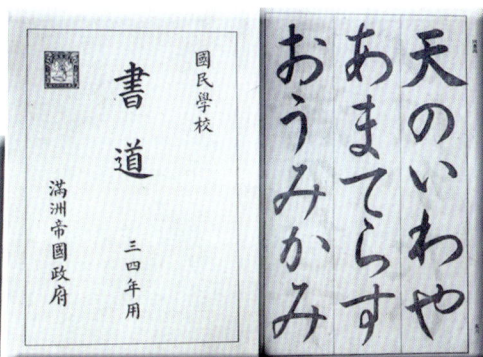

日伪时期木兰国高学校奴化教育课本

日军将掠夺木兰（东兴）县木材、粮食等物资
由松花江水路运往日本

日本"川路开拓团"团长家住宅旧址（今建国乡胜利屯）

日伪时期佃户御寒草被

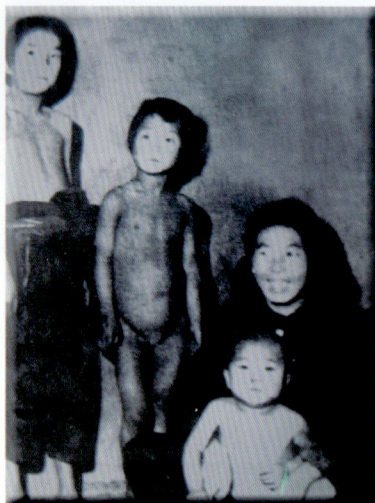

日伪时期农民的衣着

日伪时期木兰县城东西大街

日伪时期木兰县公署

血泪点燃了复仇的烈火，战争唤醒了民族的奋起。在中国共产党领导下，一个空前的民族大联合、大团结、大抗争在老区木兰这块热土上展开了。东北抗联勇士们同木兰（东兴）英雄儿女并肩作战，前仆后继，创造出无数可歌可泣，永垂青史的壮举

鸡冠山根据地密营遗址分布图

抗战时期活动在木兰（东兴）县抗日根据地的东北抗联指战员

赵尚志

赵尚志用的手枪

李兆麟

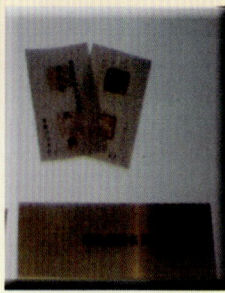
李兆麟用的名片

冯仲云

冯仲云用的眼镜

金策

金策签署的会员证

许亨植

许亨植用的手枪
马鞍子、眼镜

张甲洲

朴吉松

朴吉松缴获日军武器

张瑞麟

于天放

张祥

张瑞麟用的望远镜

于天放穿的大衣

张祥缴获日军的军毯

缴获的日军"三八式"步枪

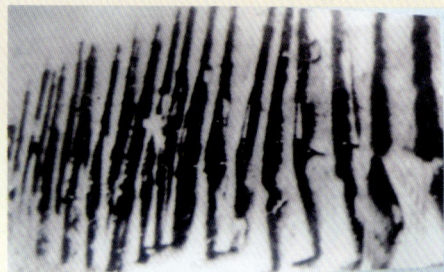

缴获的日军冲锋枪、炮弹和头盔

抗日联军与日军激战

抗联战士将子弹射向日军

老区木兰，这块神奇的土地，曾有无数革命者为了人民的解放和幸福，浴血奋战，慷慨壮歌，用鲜血和生命铸就了血染的丰碑

木兰县革命烈士纪念碑

革命烈士永垂不朽

解放木兰县石河纪念碑

蒙古山抗日游击区纪念碑

五顶山抗日游击区纪念碑

13

老区木兰县牌匾

老区村牌匾之一

老区乡镇牌匾之一

老区木兰县界标

老区乡镇界标之一

老区村界标之一

中篇 建党建政历史图片选编

　　1946年，木兰（东兴）县解放后，革命根据地开创初期，在中国共产党地方组织领导下，肃清了匪患，巩固了人民政权。发展党员建立党组织，建立人民民主政府。开展土地改革运动，发展生产，踊跃参军，支援解放战争。

1946年，东兴县维持会欺压百姓

1946年，东兴县平叛剿匪斗争

1946年，木兰县宪兵队、特设警察队

哈北分区政治部民运科木兰工作队

用投豆方式选村干部

东兴县民运工作队研究政权建设

"土改"工作队员深入村屯

一九四七年四月东兴一区群众
土改挖根斗争大会

"土改"中的女民兵

翻身农民踊跃参军

木兰县担架队开赴朝鲜前线

一九四八年木兰县参军参战庆功大会

下篇 经济社会发展图片选编

　　今天，在老区木兰这块广袤的土地上，发生了翻天覆地的变化，当年衣不遮体，食不饱腹情景，早已化成尘封的历史。尤其是改革开放的40年来，勤劳勇敢的木兰人民在经济高速发展的今天，已把家乡建成城在林中、路在绿中、楼在园中、人在景中，以其独特的魅力被国家五部委授予全国创建文明小城示范点。老区木兰从城市到乡村，呈现出经济繁荣昌盛、人民安居乐业的新时代。

展宏图 谱新篇

木兰松花江公路大桥

蒙古山风电场

松花江干流木兰（洪太）航电枢纽（建设中）

哈尔滨木兰通用航空机场（建设中）

22

哈尔滨木兰本真农业发展股份有限公司

哈尔滨木兰昊伟农庄食品股份有限公司

健益莱医药科技有限公司

招 商

黑龙江木兰天兆猪业有限公司

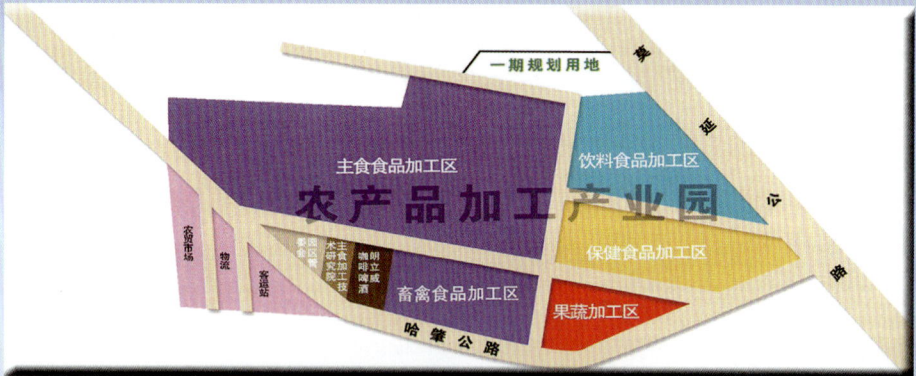

哈尔滨木兰食品（主食）加工技术研究院

农业

哈尔滨木兰现代农业园区

林木业

农业

水利工程

畜牧业

农业

珍稀的山产品

榆黄蘑

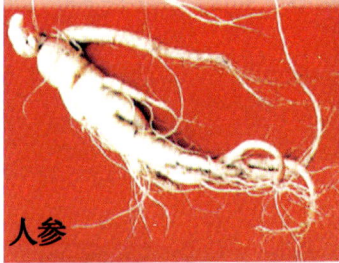
人参

刺老芽

木耳

猴头菇

北　药

五味子

党参

蒲公英

白头翁

枸杞子

刺五加

27

工 业

木兰蓝艺地毯集团有限公司

全国五一劳动奖章获得者
蓝艺集团董事长、总经理

工 业

木兰柳编

天隆购物商城

天隆购物商城地下菜场一角

天隆购物商城地下超市一角

天隆购物商城一楼金店一角

天隆购物商城四楼餐饮部一角

教 育

木兰县高级中学

木兰县第一中学

老区木兰军教和新闻界全国知名人物

中共地下工作者王梓木

商庆春
解放天津荣获战斗英雄特等功臣

共和国第一代女空降兵马旭

马旭文博艺术中心（效果图）

国防大学教授少将 孙秀德

空军航空学院教授大校 冯禹

老区木兰军教和新闻界全国知名人物

国际军事比武获两项第一名
一等功臣 王鹍龙

中央电视台原台长 胡占凡

第八届全国人大代表、
教育专家、特级教师
徐国敏

最美乡村教师 刘效忠

老区木兰文化艺术界全国杰出人物

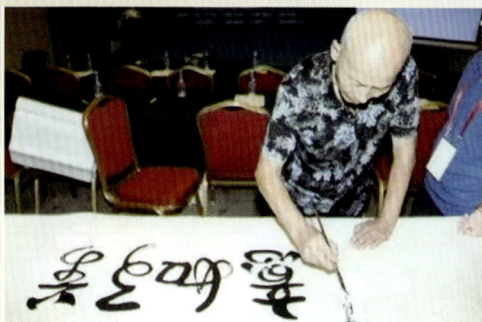

国家一级美术家 许文邠
许文邠先生国画作品入
《新时代新思路》主题邮币卡

考古学家、收藏家李彦君
（右一）在鉴定文物

中国第一拉拉宝贝郭佳媛
2011年受邀赴美演出与
NBA球员肖恩·巴蒂尔合影

2014年12月9日，在宁波市召开的"中国首届
十大文化（馆）榜样人物"颁奖晚会上，文化
部副部长杨志今（左）为吉兴乡文化站长
王向东（右一）颁发奖杯

城镇建设

江城木兰镇

木兰污水处理厂

修筑木兰环城路

木兰江畔公园一角

乡村建设

柳河镇烧锅窝子屯农民住宅

木兰镇松江村自来水厂

利东镇利鲜村

利东镇利鲜村住宅楼

乡村街道亮化

东兴镇满天村街道美化

旅游

利东镇利鲜民族新村景点

鸡冠山景区

香磨山水库

蒙古山发电场

骆驼峰

东兴景区禅净寺

东兴景区禅净寺大雄宝殿

香磨山景区慈航古寺

社会养老

木兰县社会福利中心

木兰县敬老服务中心

木兰县敬老服务中心食堂

养老保障

爱心企业助老活动

基础设施

电网设施

哈肇公路木兰段

木兰电信大楼

木庆公路

木兰国税大楼

木兰城西白杨木河大桥

木兰县革命老区发展史

木兰县老区建设促进会　编

黑龙江教育出版社

图书在版编目（CIP）数据

木兰县革命老区发展史 / 木兰县老区建设促进会编
. -- 哈尔滨 ：黑龙江教育出版社，2021.5
ISBN 978-7-5709-2219-2

Ⅰ．①木… Ⅱ．①木… Ⅲ．①木兰县－地方史 Ⅳ.
①K293.54

中国版本图书馆CIP数据核字(2021)第078455号

顾　　问　于万岭
丛书主编　杜吉明
副 主 编　白亚光　张利国　李树明　李　勃

木兰县革命老区发展史
Mulanxian Geming Laoqu Fazhanshi

木兰县老区建设促进会　编

责任编辑	高　璐	
封面设计	朱建明	
责任校对	杨　彬	
出版发行	黑龙江教育出版社	
地　　址	哈尔滨市道里区群力第六大道1305号	
印　　刷	哈尔滨博奇印刷有限公司	
开　　本	787毫米×1092毫米　1/16	
印　　张	24.75	
字　　数	300千	
版　　次	2021年5月第1版	
印　　次	2021年5月第1次印刷	
书　　号	ISBN 978-7-5709-2219-2	定　价　58.00元

黑龙江教育出版社网址：www.hljep.com.cn
如需订购图书，请与我社发行中心联系。联系电话：0451-82533097　82534665
如有印装质量问题，影响阅读，请与我公司联系调换。联系电话：0451-51789011
如发现盗版图书，请向我社举报。举报电话：0451-82533087

———— 《木兰革命老区发展史》 ————
编纂委员会

编 审 冯 雷
主 编 郭喜堂 冯宝山

总　序

　　在举国欢庆新中国成立70周年前夕，中国老区建设促进会王健会长请我为《全国革命老区县发展史》丛书作序，作为一名在老区战斗过并得到老区人民生死相助的老兵，回首往事，心潮澎湃，感慨万千，深感义不容辞，欣然应允。

　　中国革命老区，是以毛泽东为代表的中国共产党人在领导人民推翻帝国主义、封建主义和官僚资本主义三座大山，争取民族独立和人民解放伟大斗争中建立的革命根据地，在这片红色的土地上，诞生了无数可歌可泣的革命英雄儿女，为后人树起了一座不朽的丰碑。她是新中国的摇篮，是党和军队的根。

　　在艰苦卓绝的战争年代，老区人民把自己的命运与中华民族的命运紧紧地联系在一起，与中国共产党和人民军队的命运紧紧地联系在一起，他们生死相依，患难与共。我曾亲历过战争年代，并得到过老区红哥红嫂的救助，切身感受到发生在身边的一幕幕撼天动地的革命故事，在那极其艰难的条件下，老区人民倾其所有、破家支前，不怕艰难困苦，不怕流血牺牲。"最后一碗米送去做军粮，最后一尺布送去做军装，最后一件老棉袄盖在担架上，最后一个亲骨肉送去上战场"，这是当时伟大的老区人民为建立新中国做出巨大牺牲的真实写照，它将永远镌刻在中国共产党、中国人民解放军、中华人民共和国的历史丰碑上。他们的光辉业绩永载史册，他们的革命精神必将影响一代又一代的革命新人，造就一代又一代的民族脊梁。

在社会主义革命和建设时期，革命老区和老区人民响应党的号召，面对落后的面貌、脆弱的经济、恶劣的生态环境，他们本色不变，精神不丢，自力更生，艰苦奋斗，干一行爱一行。始终坚持"革命理想高于天"，自觉做共产主义远大理想的坚定信仰者和忠实实践者，勇于向恶劣的自然环境和贫穷落后宣战，他们在各条战线上为国建功立业，用平凡的双手创造了一个又一个不平凡的奇迹，彰显了老区人的崇高精神和人格力量。

在改革开放的伟大进程中，老区人民解放思想，勇于创新，发奋图强，攻坚克难，老区的经济社会建设取得了辉煌成就。特别是在改变中国的面貌、中华民族的面貌、中国人民的面貌、中国共产党的面貌的伟大实践中发挥了至关重要的作用。老区人民既是改革开放的参与者，也是改革开放的推动者。

艰苦练意志，危难见精神。老区人民在近百年的革命战争、社会主义建设和改革开放的伟大实践中，孕育形成了伟大的老区精神：爱党信党、坚定不移的理想信念；舍生忘死、无私奉献的博大胸怀；不屈不挠、敢于胜利的英雄气概；自强不息、艰苦奋斗的顽强斗志；求真务实、开拓创新的科学态度；鱼水情深、生死相依的光荣传统。这是党和人民宝贵的精神财富、丰厚的政治资源，是凝心聚力、振奋民族精神的重要法宝，也是社会主义核心价值观的重要内容。

中国老区建设促进会怀着强烈的政治责任感和历史使命感，组织全国各地老促会人员克服困难，尽心竭力编纂《全国革命老区县发展史》丛书，记录老区的光辉历史和辉煌成就，传承红色基因，弘扬老区精神，是功在当代，利及千秋的一件大事。手捧这部丛书的部分书稿，读着书中的故事，倍感亲切，深感这部丛书具有资政、育人、存史的社会功能，有着重要的时代和历史价值。它是不忘初心、牢记使命的源头活水，是赞颂共产党、讴歌老区人民的一部精品力作，是弘扬老区精神、传承红色记忆的丰厚载体，是一项继承优秀传统文化、弘扬革命文化、发展社会主义先进文化，坚定"四个自信"的宏大文化工程。它必将成为一种文化品牌，为各界人士了解老区宣传老区支持老区提供一部有价值的研究史料。希望读者朋友们能从中了解并牢记这些为党和民族的利益不断奉献的老区人民，从中得到教益，汲取人生奋斗的精神动力。

　　新时代赋予新使命，新起点开启新征程。让我们更加紧密地团结在以习近平同志为核心的党中央周围，坚持以习近平新时代中国特色社会主义思想为指导，增强"四个意识"，坚定"四个自信"，做到"两个维护"，弘扬老区精神，铭记苦难辉煌。为实现"两个一百年"奋斗目标，实现中华民族伟大复兴的中国梦做出新的更大的贡献！

迟浩田

2019 年 4 月 11 日

编写说明

　　2017年6月，中国老区建设促进会组织全国各地老促会启动编纂《全国革命老区县发展史》丛书，按照"建立中国共产党、成立中华人民共和国、推进改革开放和中国特色社会主义事业"三大里程碑的历史脉络，系统书写革命老区百年历史，深入挖掘革命老区红色文化资源，这对于充实丰富中国革命史籍宝库、在新时代传承红色基因、弘扬革命精神、强固根本，对于激励人们在新的历史条件下夺取中国特色社会主义伟大胜利，实现中华民族伟大复兴的中国梦具有重要意义。

　　丛书编纂以习近平新时代中国特色社会主义思想为指导，以《中国共产党历史》《中国共产党的九十年》等重要文献为基本依据，以党的领导为核心，以老区人民为主体，以老区发展为主线，体现历史进程特征，突出时代发展特色，坚持辩证唯物主义和历史唯物主义相统一、历史真实性与内容可读性相统一的原则，书写革命老区从站起来、富起来到强起来的光辉革命史、不懈奋斗史、辉煌成就史，把老区人民的伟大贡献、伟大创造、伟大成就、伟大精神充分展示出来，形成一部具有厚重历史特征和鲜明时代特色的精品力作。这是一部培根铸魂、守正创新，既为历史立言，又为时代服务，字里行间流淌着红色血脉、催生着革命激情的传世之作。丛书的编纂出版将成为讴歌党讴歌人民讴歌时代、传播红色文化、为革命老区和老区人民树碑立传的重要载体。丛书按照编年体与纪事本末体相结合、以编年体为主的编写体例确定框架结构；运用时经事纬、点面结合的方式记述史实；坚持人事结合、以事带人的原则处理人与事的关系；采取夹叙夹议、叙论结合以叙为主的方法展开内容。做到史料与史论、历史与现实、政治与学术统一，文献性、学术性、知识性相兼容。

为编纂好《全国革命老区县发展史》丛书，打造红色文化品牌，中国老区建设促进会认真组织积极协调，提出政治立场鲜明、史料真实准确、思想论述深刻、历史维度厚重、时代特色突出、编写体例规范、篇目布局合理、审读把关严格、出版制作精良的编纂出版总要求，力求达到革命史籍精品的精神高度、思想深度、知识广度、语言力度，增强丛书的权威性和社会影响力。各省（区、市）、市（州、盟）、县（市、区、旗）老促会的同志，以强烈的使命感、责任感和紧迫感，勇于担当，积极作为，认真实施，组织由老促会成员、专家学者等参加的十余万人编纂队伍。编纂工作主体责任在县，省、市组织协调、有力指导、审读把关。各方面人员以高度负责的精神和科学严谨的态度，满腔热情地投入工作，为丛书编纂出版做出了重要贡献。丛书编纂工作还得到了党和国家有关部委、地方各级党委政府及有关部门的大力支持和积极参与，社会各界也给予了热情帮助。中共中央政治局原委员、中央军委原副主席、原国务委员兼国防部长迟浩田上将，对老区人民怀有深厚感情，对革命老区建设发展十分关注，欣然为《全国革命老区县发展史》丛书作总序。

丛书由总册和1 599 部分册（每个革命老区县编纂1部分册）组成，共1 600 册。鉴于丛书所记述的史实内容多、时间跨度长和编纂时间紧，不妥之处，敬请批评指正。

中国老区建设促进会

目 录

序 言

　　木兰，这片美丽富饶的热土，它饱经历史沧桑和革命战火洗礼，是具有光荣传统的革命老区，人们深深地爱着她。

　　1931年"九一八"事变后，日本帝国主义发动了侵略中国东北的战争，木兰（东兴）陷入铁蹄下的统治，劳苦大众饱受日伪政权在政治、军事、经济和思想文化上的残酷统治，觉醒了的爱国群众自发地抗击日本侵略者。同年10月，中共木兰党组织建立，领导爱国群众参加抗日救国会和组建地方抗日武装。后部分中共党员加入了张甲洲领导的巴彦抗日游击队（后改编为中国工农红军第36军江北独立师），打响了中国共产党领导下的奇袭兴隆镇、攻打东兴设治局（原东兴县、今东兴镇）的震惊中外的抗日第一枪。

　　木兰（东兴）军民与赵尚志、李兆麟、许亨植、朴吉松、张瑞麟、于天放等领导的东北抗日联军将士共同打击日伪军，抗日烽火在木兰、东兴两县熊熊燃烧。呈现出中国共产党领导抗日，抗日救国会发动抗日，热血青年参军抗日，爱国人士参加抗日，在校师生团结抗日的大好局面。东北抗日联军第三军鸡冠山游击根据地，依靠老区爱国青年壮大抗联队伍，依靠老区地方武装扩大抗联队伍，依靠老区爱国群众补给确保抗联队伍生存。老区人民抗日斗争的兴起，使日本侵略者惊恐万状，它们对抗日救国会会员和地方武装队员及家属实行疯狂的大逮捕、大屠杀，那悲壮的惨景永远留在后人的记忆里。

遥想战争年代，老区木兰（东兴）人民为了夺取胜利，饱经磨难、历尽艰辛，将殷红的鲜血融进滔滔的松花江，化成呜咽的波澜，凝聚成"不怕牺牲、勇于奉献"的革命精神，从久远的过去流淌到今天与未来。

这部革命斗争史，浓缩了昨天的风风雨雨。面对老区的英雄儿女，用鲜血和生命谱写的件件鲜活史实，使我们心灵受到强烈震撼。它全景式记录了老区人民为了国家的独立、民族的解放、人民的幸福，在硝烟弥漫、血雨腥风的战场上，与反动势力和日本侵略者进行艰苦卓绝的斗争。老区木兰的革命斗争史，画卷波澜壮阔，不朽精神世代永存。

1946年2月16日，木兰县宣告解放的第二天，组建成木兰县民主运动工作委员会（即中共木兰县委）和木兰县民主政府，在党的领导下，组织带领老区人民，经历了新民主主义革命、社会主义革命和社会主义建设历史阶段。同时，开展了建党、建政、建军，平定匪患、土地改革、惩治反革命的奋斗历程，为老区木兰县经济社会发展建设奠定了坚实的基础。

1978年，党的十一届三中全会作出了把全党工作重点转移到社会主义现代化建设上来的战略决策。老区木兰人民在各届县委、县政府领导下，充分利用资源优势，在开发工业、农业、矿产、药材和旅游资源等，为经济发展快速增长做出了极大的贡献。特别是党的十八大以来，为了加快老区发展步伐，采取了向老区倾斜的政策和强化扶贫攻坚力度，使老区木兰经济建设与社会发展呈现出生机勃勃的新局面，各项事业全面振兴。经济发展较快增长，招商项目成果显著，现代农业稳步发展，工业基础日益巩固，资源开发扎实推进，城乡建设步伐加快，人民生活继续改善，各项事业和谐发展。

　　2017年，党的十九大胜利召开，中共木兰县委、木兰县人民政府带领老区木兰人民贯彻新思想，奋进新航程，走进新时代，绘就新蓝图，戮力新奋斗，担当新作为，使老区木兰人民生活更加幸福美满。

中共木兰县委书记

2019年10月

篇前 ★老区木兰概况

自然环境与资源

　　地理位置和疆界面积　木兰县位于黑龙江省中南部，松花江中游北岸，小兴安岭西南麓。地处东经127°31′—128°18′，北纬45°54′—46°36′。县境大体呈长方形，南北长77公里，东西宽60公里，全县辖区面积3 600平方公里（航测）。东以二道河子、摩云顶子为界，与通河县相连；西以大黄泥河子、骆驼砬子为界，与巴彦县毗邻；南以松花江中流为界，与宾县隔江相望；北以青峰岭为界，与庆安县接壤。县城距省会哈尔滨市128公里。

　　自然环境和资源　木兰县境三面环山，一面临水，构成"六山一水一草二分田"的半山区自然地貌。县境内大小山峰50座，主峰突出，支脉纵横，小兴安岭支脉从东北入境。主要山脉西部有蒙古山、骆驼砬子；北部有五顶山、青峰岭，东北部有大青山、小青山、姑子庵山；东部有马鞍山、乱柴顶子、摩云顶子、大小鸡冠山、中央山，最高山峰摩云顶子，海拔961.8米。北部为山区，东南部为丘陵地区，中西南部为平原地区，大体呈北高南低的地势走向。

　　境内江河纵横交错，地表水源十分丰富。主要河流29条，西有木兰达河，东有白杨木河，由北向南注入松花江。木兰达河发源于青峰岭山南麓和摩云顶子山，干流长95.5公里，流经东兴、新民、大贵、利东、吉兴等乡镇，贯穿全县南北。白杨木河发源于摩云顶子山，南麓干流长67.4公里，流经建国乡、木兰镇。少陵河发源于青峰岭，自北向南贯穿满天区域，流经新胜区域，经巴彦县西集汇入松花江。这些河流均属松花江水系。蜿蜒浩渺的松花江横贯东西，流经县域75公里，最大流量在1 190至2 200立方米/秒之间。由西向东纵切县境南缘。

土地资源　全县土地总面积317 127.38公顷，其中：耕地124 079.32公顷、园地112.89公顷、林地166 200.63公顷、草地2 692.23公顷、城镇村及工矿用地6 863.51公顷、交通运输用地3 085.89公顷、水域及水利设施用地13 694.60公顷、其他土地398.31公顷。

森林资源　县林业局有森林经营面积69 482.7公顷，其中林地面积61 822公顷，森林立木蓄积量4 312 302立方米，森林覆盖率达26.52%。2010年完成调查设计面积1 760.5公顷，蓄积量29 217立方米，生产木材15 540立方米。

水资源　水资源总量为9.59亿立方米，其中：地表水总量6.50亿立方米，地下水总量3.09亿立方米。

全县可开发利用水资源量5.93亿立方米、地下水量1.88亿立方米，地表水量4.05亿立方米。全县水资源开发利用23 618万立方米，占可开发利用水资源39.8%，利用地表水资源16 150万立方米、地下水资源7 468万立方米。开发利用水源工程实灌水田1.76万亩，利用1 056万立方米；蓄水工程26座，其中：中型水库2座、小型（Ⅰ）水库10座、小型（Ⅱ）水库14座，塘坝2 043座，实灌水田22.95万亩，利用13 770万立方米；提水站工程实灌水田3.31万亩，利用1 324万立方米；机电井工程实灌水田18.67万亩，利用7 468万立方米。

草原资源　全县草原面积为10.6万亩，其中：木兰镇1.8万亩、柳河镇6.3万亩、吉兴乡2.5万亩。2010年落实人工种草2 000

亩，改良草原2 000亩，退耕还牧3 500亩。

植物资源 树木类有：松、杨、榆、桦、柞、椴、柳、楸、槐、黄菠萝、水曲柳、暴马子等树种，还有散生灌木等树种。山果类有：山丁子、山里红、山梨、山杏、山葡萄、臭李子、榛子、园枣、山梅、山姑娘、野玫瑰等。草类有：大叶樟、小叶樟、芦苇、蒲草、锉草、稗草、节骨草、乌拉草、牛毛草、水葱、三棱草、水白菜、莎草、浮萍、灰菜、苋菜和各种蒿草等。野生食用菌类有：榛蘑、元蘑、猴头蘑、花脸蘑、黄蘑、松蘑、黑木耳等。山野菜类有：黄花菜、蕨菜、猫爪菜、猴腿儿、黄瓜香（广东菜）、刺老芽、蒲公英、小根蒜、寒葱、老桑芹、苣荬菜等。花类有：荷花、野玫瑰花、杜鹃花、百合花、牵牛花、马兰花、黄花、红蓼花、冰凌花、达紫香等。药材类有：人参、五味子、刺五加、黄檗、细辛、寄生、柴胡、扁蓄、龙胆草、穿地龙、车前子、北豆根、红茜草、大蓟、白头翁、苍耳、透骨草、大力子、桔梗、狼毒、益母蒿、平贝、元胡、党参等药用植物百余种。鸟类有：大雁、老鹰、猫头鹰、喜鹊、乌鸦、野鸡、野鸭、啄木鸟、布谷鸟、山鸽、沙拌鸡、苏雀、蓝大胆、黄鸟、蜡咀等200多种。鳞介类有：黄鱼、鳌花、鲤鱼、鲫鱼、鳊鱼、鲢鱼、狗鱼、黄鲇、黑鱼、细鳞、葫芦子、麦穗、川丁子、白漂子、老头鱼（山胖头）、泥鳅、虾、蛇等40多种。昆虫类有：蜂、蛾、蜻蜓、蟋蟀、螳螂、蝴蝶、蚱蜢、蚊子、苍蝇、牙虫、截虫、跳蚤、虻、蝼蛄、蛴螬、蜘蛛、蓟马、瓢虫、螟虫、蚂蚁、萤火虫、粪螂、松毛虫、金叶虫、菜青虫、蚯蚓、蚰蜒、象鼻虫、天牛等。

兽类 兽类有鹿、刺猬、水獭、獾、狼、貉、狐狸、狍子、野猪、黑熊、兔、麝鼠、黄鼬等。

矿产资源 矿产种类有：铁矿石、煤炭、石墨、硅石、珍珠岩、黑耀岩、膨润土、泥炭、矿泉水、红柱石、萤石、各种花岗岩饰面石材、金、钼、铁、铜等。尤以花岗岩饰面石材最为丰富，花色品种达12种以上。

气候资源　气候特征：气温略低，降水偏多。

气温：以2010年为例，年平均气温为2.7摄氏度，比历年平均低0.7摄氏度，比上年低0.4摄氏度。其中：1月、5月、6月、7月、9月和11月偏高；2月、3月、4月、8月、10月和12月偏低。年极端最高气温为36.6摄氏度（6月26日），极端最低气温为-37.7摄氏度（1月1日）。作物生长季大于等于10摄氏度，积温为2 795摄氏度，比历年平均多3.5摄氏度，比上年少80摄氏度。

四季气温：春季（3—5月）季平均气温2.5摄氏度，比历年平均低0.9摄氏度，比上年低3.9摄氏度；夏季（6—8月）季平均气温22.7摄氏度，比历年平均高1.3摄氏度，比上年高2.5摄氏度；秋季（9—10月）季平均气温9.9摄氏度，与历年平均持平，比上年低0.1摄氏度；冬季（11月—次年2月）季平均气温-15.7摄氏度，比历年平均低0.8摄氏度，比上年高1.0摄氏度。

历史概述与变迁

老区历史源远流长 （旧石器时代——建木兰县前）

　　早在两万七千年以前，木兰境内就有远古人类居住，后为历代封建王朝所管辖。古代北方民族祖先，世世代代在这块土地上劳动、繁衍、生息、征战，使这一带经历了几度繁荣、几度衰败。清代咸丰十年（1860年）开禁，始准汉族垦民入木兰境内开荒，今蒙古山南北、大、小木兰达河一带人烟渐稠。

　　旧石器时代，木兰境内就有人类的祖先在这里活动。

　　先秦时，木兰境内为秽貊少数民族繁衍生息的地方。

　　秦汉年间，秽貊族一支——夫余，建夫余国，木兰境内为北夫余属地。

　　汉末，挹娄族兴起，木兰境内属挹娄西境。

　　魏晋时期，北夫余之裔在天余国故地建冠漫汗国，木兰境内遂属其辖。

　　南北朝时期，勿吉族建国，木兰境内受勿吉黑水部辖。

　　隋代，勿吉演变靺鞨，木兰境内遂为靺鞨黑水部辖。

　　唐代，黑龙江地区纳入唐朝版图，黑水靺鞨，改治黑水都督府，木兰境内遂为其辖地。

　　五代时期，辽太祖耶律阿保机于神册元年（916年）建立辽王朝，原黑水靺鞨归辽，木兰境内遂归东京道术甲部所辖。

宋代，完颜阿骨打于天庆五年（1115年）建金，1125年，金灭辽，木兰境内遂属金国上京会宁府（今阿城区）所辖。金辖地被鞑靼占领后，木兰境内，便成为成吉思汗幼弟帖木格斡赤斤的封地。

1271年，元世祖忽必烈建元后，改行省制，木兰境内初属辽阳行中书省开元路，后为合兰府水达达路所辖。

明代，东北实行都司卫所制，木兰境内属奴儿干部指挥使司所辖。永乐五年（1408年），设置木兰河卫，亦称哈夫卫。

清代，初为盛京将军（最初称留守盛京内大臣，顺治三年改为昂帮章京）管辖。顺治十年（1653年）为宁古塔昂帮章管辖。康熙元年（1662年）改为宁古塔将军统领境内军政事宜。康熙二十二年（1683年）十月，增设黑龙江将军衙门，境内遂属其辖。雍正十二年(1734年)归呼兰城守尉直辖。同治元年（1862年）呼兰城守尉下沿设呼兰厅（今巴彦县），境内遂为其属地。光绪五年（1879年）改呼兰城守尉为呼兰副都统，境内仍归其辖治。

光绪二十八年(1902年)，建东兴镇。光绪三十二年（1906年）巴彦苏苏旗营协领迁至东兴镇（今木兰县东兴镇），置协领公署，归呼兰副都统管辖。

（建木兰县后——东北解放）

光绪三十一年（1905年），副都统升呼兰厅为呼兰府，移治呼兰，而于原呼兰厅治设巴彦州，隶属呼兰府，将蒙古尔山（蒙古山）以东大、小木兰达河和白杨木河一带从巴彦州划出，置木兰县，与东兴镇均隶属巴彦州。光绪三十三年（1907年）废将军，改行省制，木兰为黑龙江省辖境。

1912年，撤东兴镇协领公署，划归木兰县管辖。1913年，实行省、道、县制，撤府、州，木兰县公署成立，遂归黑龙江省绥兰道管辖。1927年，建制东兴设治局，脱离木兰县，归绥兰道直辖。1929年，改省、县制，木兰县、东兴设治局直属黑龙江省辖治。

1932年9月，日军占领木兰，建立伪县公署，为伪黑龙江省公署管辖。1933年8月，撤东兴设治局，建东兴县（丁等县），亦为伪黑龙江省公署管辖。

1934年，省辖范围划小。木兰、东兴两县均划归滨江省辖治。

1945年"八一五"东北光复。9月6日，东北抗日联军领导人李兆麟将军派抗联将士陈德山、赵连升、何玉才、李相臣抵木兰，进行建党、建军、建政工作。

（木兰解放——至今）

1946年2月，木兰、东兴两县相继解放，分别建立民主政府。两县归松江省哈北专区管辖。

1947年11月，东兴县制撤销，并入木兰县，仍归松江省哈北专区管辖。

1949年，木兰县民主政府改为木兰县人民政府，为松江省政府直辖。

1954年8月，松江省与黑龙江省合并为黑龙江省，木兰县由黑龙江省直辖。

1955年，木兰县人民政府为木兰县人民委员会。1956年3月，划归黑龙江省绥化地区管辖。

1958年，改属黑龙江省松花江地区管辖。

1960年5月，木兰县划归哈尔滨市辖。1965年6月划出，仍归黑龙江省松花江地区管辖。

1967年7月，木兰县革命委员会成立，取代了木兰县人民委员会，归松花江地区革命委员会领导。

1978年11月，改属松花江地区行政公署管辖。1980年9月，木兰县革命委员会撤销，恢复木兰县人民政府，仍属松花江地区行政公署领导。

1996年，松花江地区与哈尔滨市合并，木兰县归属哈尔滨市管辖至今。

老区历史境域变迁

木兰县建制前，仅辖大、小木兰达河两地，无明确境域。清代乾隆二十七年（1762年），吉林将军奏以三姓（今依兰县）西至阿勒楚喀（今阿城区）地处鸾远，驿递不便，清在呼兰城所属巴彦苏苏（今巴彦县）以东借给三姓副都统，安设庙口葛珊（今依兰县迎兰），鄂勒郭木索、蒙古尔库（今通河县三站）、富拉浑（今通河县富乡乡四站村）、佛斯亨（今木兰县木兰镇五站）驿站，即以布雅密河（白杨木河）为两省临时疆界，在河边立一界碑（今木兰县建国乡张小铺屯西南，白杨木河边）。县境内布雅密河以西属黑龙江将军之呼兰城守尉，以东借于吉林将军之三姓副都统。光绪三十四年（1908年）5月23日，吉林、黑龙江两省会奏，两省以松花江为天然界限。原吉林省汤原、大通两县所属江北地方及依兰府在黑龙江省之插花地归黑龙江省管辖。

光绪三十三年（1904年），黑龙江将军委派辛天成勘察木兰界址，西境以黄泥河中流为界，北境以东兴镇往来驿道为界与巴彦州毗连，南境以松花江中流为界与宾州厅（今宾县）相望。光绪三十四年(1908年)，吉林、黑龙江两省派员赴五站勘察，确定木兰县东境以二道河子中流为界，与大通县（今通河县）相连。

1927年3月18日，黑龙江省省长卫署批准划定东兴设治局境界，东西约200华里，南北约120华里。其四至：东至木兰所辖之大肚川，西将巴彦所辖东北一部分划入东兴与巴彦接界，南至三道横河、马鹿河，北至庆城（今庆安县）所辖之老道庙。

上篇 ★革命斗争历程

第一章 "九一八"事变后木兰（东兴）县沦陷

1931年爆发了日本帝国主义侵略中国东北的"九一八"事变。由于蒋介石政府执行"不抵抗"政策，仅4个月的时间，日军迅速占领辽宁、吉林、黑龙江三省。1932年9月侵占了木兰（东兴）两县后，到处烧杀抢掠，无恶不作，使得土地大片荒芜，商业店铺纷纷倒闭，真是民不聊生，家破人亡。

第一节 日军入侵木兰（东兴）县

一、木兰县城内驻军

1932年，木兰县城内的日本军官

　　1932年9月，木兰（东兴）沦陷后，木兰县城内驻扎两部分军队。一部分是伪满洲国军第四军区混成第十八旅步兵二十四团一营，代理营长尚志贤，营部设在木兰城内，群众称为"北大营"。1941年，这个营撤出；另一部分是日本侵略军守备队一个连，驻扎在广信公司院内（现址通江路南端路东粮食局），1933年，迁到木兰镇东门外，直到1945年8月15日日本投降。

二、木兰县城北飞机场

木兰县城北日军机场（进辉村北侧）

　　日本侵略者为实现长期霸占东北地区的目的，把木兰县作为军事要冲，于1936年秋，在木兰镇北门外修建一座军用飞机场。

　　这座飞机场在今木兰镇北城外，木白路（木兰镇至白杨木水库）东侧。由进辉村（朝鲜族村）向北至哈尔滨木兰县综合职业高级中学；职业高级中学向东至大树林屯西下坡；大树林屯向南至木兰一中西北下坡。机场占地总面积为400万平方米，占良田400公顷，现已变成进辉村朝鲜族水田地和建筑楼房用地。

三、东兴县城西飞机场

东兴日伪政权为侦察所谓匪情，于1936年10月，在东兴县（今东兴镇）西城外，修建一座飞机场。

这座飞机场在今东兴镇西，东至城西护城河；西至土岗；南至西北河；北至现在火车道轨。机场占地面积为220万平方米，占良田220公顷。现在变为回民村水田地。

四、东兴城内日本关东军

伪"东兴"设县初期，由于当地群众反日情绪日益高涨，对敌斗争烈火方兴未艾，故敌人将东兴地区定为"赤色"地区，大力施以军事镇压。除军、警、宪、特外又驻扎了日本关东军，为黑田领导下的精锐部队，虽人员只有30余人，但其装备精良，和伪军比较，是一土一洋。日军士兵走在街上更是耀武扬威。其驻防的大营则是森严壁垒，让人望而生畏。这些威震一时的武士道等人是日伪统治者依靠的军事力量。

五、日军、国军轮驻东兴

伪满初期，日伪统治者仍然利用旧制的军队维持当时秩序，以待逐步组建"自己的军队"。1933年首先驻防在东兴的是原东北骑兵第六旅三十七团第三连，连长王俊武。同年，伪国军步兵第六连到此换防，连长于会堂。

1934年12月间，伪国军第二旅第三连调进换防，连长王振德。

1935年6月，伪国军第二旅第一连调进东兴，连长崔肇阜。同年8月调走，中安队骑兵一连换防。10月，日本侵略军下枝部队驻防，直到1945年8月15日日本投降。

这些军队轮驻，为日伪统治者看家护院，维持社会治安。实际这批人大部是军阀、兵痞、鸦片吸食者，是日伪统治者的爪牙。

当时，东兴县的六合屯、七屯、刘忠沟等深山密林内，到处是土匪，经常出没于乡村，抢劫百姓财产，绑架群众作人质（用土匪话讲就是绑票）。人民生产、生活深受迫害，每日担惊受怕。群众寄希望于军队，能铲除这批匪患，事实是与此相反。这批旧军阀部队对人民的危害，则是有过之而无不及。

六、日伪军警特联合残害爱国群众

1936年10月18日，在驻守东兴县城内的日本守备队竹岛部队的配合下，由特务股长永井义宏（日本人）率领特务搜查班全体人员，在东兴县城街内，计划逮捕爱国群众22人，实际逮捕16人，有6人闻讯后逃脱。

这些人被逮捕后，由日本部队竹岛大尉和日伪特务股长永井义宏、稻之勇3人负责，分3个小组审讯，警务股长沙成新，特务金志仲（朝鲜人）和特搜班主任黄立叶担任翻译。在审讯中严刑拷打，施用各种刑具，残害爱国群众。梁子清、齐子丹被活活打死。韩文华、田子厚、王相九、王子春、程心斋、王凤、杜俊生等爱国群众被押送木兰县城北大营拘押。1936年11月，在木兰县城西门外被黑石部队用刺刀将这7名爱国群众挑死。

七、武警开拓团

东兴县的日本"开拓团"，1939年开始迁入，其本部设在"大营屯"和"北二屯"。两处附近的村屯皆为边远的林区。"开拓团本部"配备了全副武装的日本退伍军人。

名为"开拓"实乃强行收买农民土地，将农民驱之于开拓地区以外。该武装开拓团与伪政府的军、警、宪、特紧密配合，共同防御东北抗日联军活动。

八、七县联防

除了在军、警武装的严厉控制外，又由日系元田和赤端二人主持，建立了巴彦、木兰、东兴、通河、庆城、汤源、绥化等七县联防警备电话，互相联系，紧密勾结，采取统一步骤，一致对东北抗日联军实施武装暴力。

九、自卫团

木兰县自卫团始自1932年7月。它是日伪统治者为加强对山区人民的统治，在保甲内设立的武装组织。其中分"有给自卫团"和"无给自卫团"两种。"有给自卫团"是专业性质的，配有武器，经常从事游动巡察；"无给自卫团"是临时性的，一般于每年春季和秋季，利用农闲季节，由当地警察科长召集管辖内的青壮年进行训练，并在村屯游动，盘查过往行人。

木兰县自卫团，至1934年时，在全县6个保，共有99个支团，1 473名团员。

附：木兰县自卫团组织表（1934年）

区别	团别	所在地	支团数	团员数
第一区	第一团	县城	21	341
第二区	第二团	五站	12	130
第三区	第三团	石河镇	17	255
第四区	第四团	利东	20	300
第五区	第五团	大贵	15	225
第六区	第六团	大河沿	14	222
计	6	6	99	1 473

东兴县自卫团建于1933年3月。全县5个保，共30个团，有团员951人，配备各种武器770件。

附：东兴县自卫团组织表（1933年）

团别	所在地	支团数	团员		所有兵器		
			第一种	第二种	小铳	洋炮	其他快枪
第一团	城区	9	164	100		41	118
第二团	新民镇	7	148	70	12	26	28
第三团	赵家店	5	150	75	10	176	51
第四团	大营	6	49	60	41	101	6
第五团	陈家岗	3	90	45	45	78	37
计	5	30	601	350	108	422	240

第二节　日本开拓团迁入木兰（东兴）县

1939—1942年，日本侵略者先后从日本长野县迁入木兰、东兴两县4批日本移民，共设置7个开拓团。移民共761户、2 379

人。其中：男性1 395人、女性984人，占耕地面积1 714.5垧。

第一批于1939年迁入木兰县建国乡北部山区，先迁入的是男性，后迁入家属，共170户，496口人。先进住牟家炉屯、广信屯、石庙子等4处屯部落。后来又陆续迁入日本移民，又建立了6个屯部落。后在石

日本"川路开拓团"团长家原住宅
（今建国乡胜利屯）

庙屯南边又建立了两个屯，一个叫1号、一个叫2号；在牟家炉屯南边建立两个屯，一个叫北小林屯，一个叫马洪漠屯（光复后因无住户扒掉）。在广信屯北边新建一个叫东小林屯。本部设在钟顺屯（现红鲜屯也叫胜利屯）。开拓团名曰"川路村开拓团"，因这些日本移民原都住在日本长野县川路村，因此得名。本部管辖大小集团部落10个屯。牟家炉屯部落有日本移民11户，人口40人。壮劳力40人，其中雇用中国劳力20人。种地17垧，其中旱田12垧，水田5垧。建点后共建各种房舍21间，其中家属房5间，马棚5间，仓库5间，厨房和食堂3间，工棚3间（劳动休息地方）。有马12匹、牛15头、铁车6台，养猪20头。部落长叫九井，工作人员有管钱财、管生产、管仓库、喂马等，均由日本人担任。

迁入开拓团的日本移民，在建国老纸房设有"义勇队报国农场"，由一名男性壮年（日本人）带领二十几名日本男女青年边种地，边训练，随时准备扩入日本军队。同时，负责监视中国老百姓的行动，镇压中国人民的反抗。

同年，日本侵略者又迁入木兰县东风乡（现并入建国乡），

设置赵生屯开拓团,全称为"富士见村"开拓团。迁入日本移民177户、672人,建立大小集团部落十几处。有新生(东光屯)、民生屯、东山(沙坑子屯)南部,利山南部、利勤(李家粉房屯)东部和平(同玉福屯)东部。后来,日本人为了加强管理将各大小屯落编成号,如1号、2号、3号、4号、和上6号、7号、8号、9号。这些屯落共占有耕地面积近500垧。

第二批于1940年迁入东兴县(现东兴镇)移民144户、432人。设置大营开拓团,所管辖大营屯、三合屯、长发屯、刘忠沟屯、六合屯等。同年,又迁入东兴县移民76户、259人。设置北二屯开拓团,所管辖北二屯、福腰屯、七屯、福民屯。两次共计迁入220户、691人。

第三批于1941年从长野县佐久郡迁入木兰县移民共计93户、333人。迁入东风孙大骡子屯附近,设置"欢喜佐久乡开拓团"。所管辖建国乡孙大骡子屯(白杨木河西岸,日本时期编为3号),东山(沙坑子屯北部、东部)、利山东部、北至大贵镇大元宝屯,东至青山脚下的水田班屯。同年,又迁入木兰县五站(现并入木兰镇)移民共计67户、67人(男性)。设置元兴合(今临山)开拓团,所辖麻家房框子屯,聂家油坊、大厢房。

第四批于1942年迁入木兰县吉兴乡移民共计34户、120人。设置"兰花开拓团"(本部胡家窝棚屯),所管辖胡家窝棚屯(现红旗村),尹家屯。

迁入兰花开拓团的日本移民多数是无土地耕种的农民、退伍军人及社会底层的百姓构成。当时胡家窝棚屯有22户,本部设在那里,在尹家屯12户。在胡家窝棚选择最平坦的地块建16所房子,四周用铁丝网围起来,老百姓叫小屯落。在尹家屯也是选择平坦地块,建10所房子,叫院里。日本殖民者不许中国人进入开拓团领地,他们却可以到村外任何地方去,把大片良田占有,开垦种水稻，无地农民流离失所，使中国人无家可归。

1939年至1942年，在木兰、东兴两县山区，从老纸房"报国农场""川路村"（钟顺屯）开拓团往北和东北部山区"欢喜佐久"开拓团，一直延伸到青山脚下，水田班。还有"富士见村"（赵生屯）开拓团，再往北东兴"大营"开拓团，"北二屯"开拓团，向西吉兴"兰花"开拓团等。沿着西、北、东部建立一个半圆形的统治中国老百姓的监视网，其用心是想切断广大人民群众与抗日联军的血肉联系，妄图镇压反满抗日活动。最终目的不仅如此，而是妄图长期霸占我东北山河，奴役中国人民并进行残酷地经济掠夺，把东北变成"第二个日本"。可见，开拓团入侵，是日本帝国主义侵略政策中的一个更加阴险的步骤。

木兰、东兴两县共有"开拓团"761户、2 379人，占土地面积1 714.5垧，凡有日本"开拓团"迁住的屯落，原有土地及房屋全部没收，变为"开拓地"，原住居民绝大部分被迫迁居，流落他乡。少数未被迁者也成为日本人的附庸，给"开拓团"扛活，出卖苦力。如有从事耕种者，只好上山坡开荒，因熟地已全部被没收，即或自己一锹一镐，付出血汗代价刨的荒地，秋收后每垧地也得缴纳1~2石地租。除纳租外每垧地还要给"开拓团"部做40个义务工。

开拓团对农民的剥削是残酷的，对本地资源的掠夺是疯狂的。1939年，日本开拓团侵占木兰县后，县公署以每2元到2.5元（伪币）的低价强收土地约15 424垧，拱手交给日本开拓团耕种。开拓团把这些土地按对半或四六比例租给当地贫苦农民，每年庄稼收获后，除去缴纳地租，农民所剩无几。有的靠雇佣当地农民（苦力）耕种，只给吃的，不付工钱。

1939年至1940年，日本侵略者为了盗取东兴县北部山区和木兰县北部山区珍贵的红松木材，在木兰县城里设置一处"三合公司"，在三合店设立贮木场（木营）。日军指定工头，把套户和伐木工人编成组，定时间，定任务，付给微薄工资，将大量红松盗伐下山，利用白杨木河水进行筏运，到木兰县城西入松花江装船或扎成木排运往日本。每年掠夺这里的珍贵红松十万多立方米。

在日本开拓团地区，土地使用权，森林采伐权、行政领导权均由日本人说了算。不准中国人随便进入此地开发耕种，只能出苦力当亡国奴。本地除开拓团地区其余地区仅占总耕地面积的三分之一是由中国人耕种的，但也经常受日本人的骚扰。中国人路过或到开拓团地区办事，需有"良民证"，没有就要受刑，甚至被处死。

日本殖民者的如此压榨、剥削，农民心中充满了反抗的怒火，遇机就会燃烧。1943年东兴县满天星地区"北二屯开拓团"的马夫和工人，就趁"开拓团"武装追捕逃走的工人姜某时，将马棚用汽油给点着了，燃起了冲天烈火，迫使武装的"开拓团"全部返回，姜某安全逃脱。这场火灾共烧死奶牛22头、洋马18匹，还有其他物品，使"开拓团"损失惨重。

第二章 日本侵略者对木兰的残酷统治

第一节 建立伪政权和警务机构

一、伪木兰（东兴）县政权机构

日伪时期木兰县公署

日本侵略者1932年9月占领木兰（东兴）县之后，建立伪木兰县公署。经过改组，县公署便成为木兰县统一的政权组织，改变了以前县公署与县内各局的分立状态，将各局置于县公署一元化统治之下，更加便于日本侵略者对县政权的全面控制。

伪县公署首脑为县长，但伪满初期实行参事官制度。参事官由日本官吏充任，名曰"参事官辅佐县长"，但实际上日本参事官统揽县政一切大权。伪满时期，县公署虽然在机构设置上越来越简化，但分工却越来越明确，对人民的统治和压迫越来越残酷。加之日本侵略者搞地方政权总合化，结果形成了以县公署为中心，对人民进行政治压迫、经济统治、思想文化专制的全面法西斯殖民统治系统。

1932年，日伪官员内组参事处，外设县公署，由富连明担任第一任县长，日本人内田武夫任参事官。1933年，根据伪民政部各县改组办法，县公署下设警务局、内务局、财政局、教育局和总务科。警务局下设特务股、保安股、司法股和警务股；内务局下设电话局、实业股和行政股；财政局下设理财股和征收股；教育局下设学务股、礼教股、小学校（13所）和民众教育馆；总务科下设庶务股、文书股和会计股。

1933年8月，废止"东兴设治局"，建立"伪满东兴县公署"。建立初期由王世修担任第一任县长，日本人吉川正登任参事官。县公署下设警务局、内务局和总务科。警务局下设特务、司法、警务3个股；内务局下设教育、实业、行政3个股；总务科下设庶务、文书、会计3个股。

二、伪木兰（东兴）县警务机构

1932年，日本侵略者入侵占领木兰县后，成立了伪县公安局，同时，在木兰县城区、五站、石河、利东、大贵设置5个公安分局。1933年，伪县公安局改为警务局，所辖各公安分局改为警察署。1936年，将警务局改为警务科，下设4个股、5个警察署、4个派出所。1939年，五站、石河、大贵、王大板子警察署改为警察分驻所，按照地域分别隶属木兰县城区和利东警察署。1940年，伪木兰县警务科下设警察教习所和警备队，并在蔡家店和三合店设警防所。1943年，木兰县城区警察署撤销，其所辖（分）驻所归属县警务科直辖。

第二节　经济掠夺

日军入侵木兰、东兴两县之后，大肆掠夺森林资源，他们乱砍滥伐，成材优质树种几乎全被砍光、运走。仅1937年和1938年间，每年平均就从木兰东兴山里运出木材10多万立方米。1939年至1940年间，日军为了盗取木兰北部山区珍贵的红松木材，在木兰县域里设置一处"三合公司"，在建国三合店设立贮木场（木营）。将大量红松盗伐下来，装船运往日本。宜林地一片秃芜、残败，次生林砍伐殆尽，沿河林带、沿江柳条通均被破坏，丛林灌木凋敝一空。每逢春、秋之季，狂风四起，农田被害，百姓遭殃，给农业生产带来了很大损失和影响。

一、掠夺农民粮食

日本帝国主义垄断和掠夺粮食的主要手段是要"出荷粮"。1940年，农民开始缴纳出荷粮，出荷粮由村公所产业股管理，每年以行政村土地面积缴纳出荷粮，每垧地出荷粮数为两石多（1 000斤左右）。

日伪时期农民赶车送"出荷粮"

出荷粮的任务下来后，伪汉奸、地主积极为日军征收出荷粮，卖力效劳，并从中渔利取巧。地主自己把好地说成坏地，少纳出荷粮。然而，总数是不变的，穷人只好多纳出荷粮。另外还要给地主纳地租，最后穷人所剩无几，连口粮都难保。

二、物资配给制

日伪时期，对人民所需物资实行"物资配给制"。日伪通过这种办法，可以掠夺木兰、东兴两县人民更多的物质财富，用以解决日本国内的物质奇缺的问题和进行对中国的侵略战争，实现其"以战养战"的侵略政策。汉奸、地主在物资配给上大占便宜。配给物资，按社会的地位和出荷粮的多少来决定等级。发给各种配给通账。日本人、高级特务、较大的伪官吏发给"特种通账"，一般职员和地主发给"乙种通账"，老百姓发给"丙种通账"。规定每出荷1吨粮，配给一定数量的布，不足1吨的不给布，穷苦农民谁也不可能1家出荷1吨粮。要想领布，就得经地主把几家归拢到一起上报领布。老百姓不知底细，地主把布领回来，给谁多少是多少。地主出荷粮或多或少都能领到上等配给品。农民领到最差花洋布，还有的连最差的花洋布也领不到，只好穿日本人专为中国人准备的更生布。

三、垄断市场

日伪时期，通过各种工商业组合垄断市场，在木兰县设太阳公司、东亚公司、三太洋行，通过工农产品的不合理比价来榨取人民财富。他们为了垄断商品流通权，直接搜刮民财，又成立了棉布组合和物资配给所，这些组织把持着一切物资供给。对食盐、棉布、粮食、砂糖、靴鞋、火柴、肥皂、烟酒、油类等主要物资严加管制。食盐、棉布、面粉、砂糖、鞋、火柴、烟酒、油等物资，由城乡的物资配给所配给。因此，私营商业纷纷倒闭，

木兰县革命老区 发展史
MULANXIAN GEMING LAOQU FAZHANSHI

商品奇缺，更引起了通货膨胀，物价飞涨。粮食则由康德栈售给私营行业与粮米店，不准私买粮，粮米店则卖给市民。1943年，日军对粮食垄断愈来愈甚，实行了粮食配给。

四、控制金融机构

兴农合作社是日本侵略者在中国的一个垄断经济集团，掌握全木兰县的经济命脉，从县城到农村，从工业品到农产品全部垄断，一切经济活动都通过兴农合作社，它像一根吸血管一样，对全县劳动人民进行敲骨吸髓的盘剥，把地方经济掠夺归为日本。

其最高领导机构是理事会，由日本人和地方绅士组成，具体领导是理事长（日本人），掌控兴农合作社全部工作。以下设三部三系。

购买部：管物资配给。

信贷部：下设信贷系、储金系。

农事部：下设农事系、畜牧系、粮谷交易系。

三　系：庶务系、组织系、经理系。

各部由董事长负责，各系由系长负责，董事长全是日本人，系长也是日本人，副系长是中国人。

日伪中央银行是收罗资金，剥削中国人民的一种工具。日伪统治末期，每年在城乡发行大量的"国民储蓄""必胜储金"。农民卖粮的钱必须按一定比例存储。日军曾发行大量的储蓄券，人们把它叫"勒大脖子"收据。

日伪中央银行和兴农金库，都是通过贷款掠夺农民并给地主造成从中取利的机会。贷款有一定条件，家无负债，有地有马的才能得到贷款。其实只有地主够条件，而地主不需要这笔钱，便以高利贷转贷给农民。春借秋还，常有因此而破产的，所以农民说，兴农金库是"坑农金库"。

五、侵占土地

日本侵略者侵占木兰、东兴两县后，于1934年以"维护社会治安"为名，强行合并村屯，组建集团部落。其实质是日本侵略者为切断人民群众与抗日联军联系，将分散的住户迁到指定地点。这些农民因远离土地而无力耕种，造成2 000多公顷土地特别是靠近满天星、东兴、东风山区一带的肥沃土地荒芜。日本"开拓团"1939年进驻木兰县，另有一部分土地，日伪政权以"无主地"为由将24 382.5亩耕地收归"开拓团"。伪县公署还将每垧耕地付给贰元或贰元伍角（伪币）的低价，强行收15 424垧，拱手交给日本"开拓团"。"开拓团"把这些耕地按五五或四六比例租给当地贫苦农民，每年庄稼收获后，除去缴纳地租，农民所剩无几。有的靠雇佣当地农民（苦力）耕种，只给吃饭，不付工钱。"开拓团"如此盘剥劳苦农民，掠夺农业产品。

六、土地集中

日本帝国主义的残暴统治没有削弱木兰（东兴）县固有的封建制度。相反，由于日本帝国主义需要封建地主作它侵略统治的支柱；加之日伪各项统治政策都照顾到地主阶级的利益，这样封建地主的剥削大大加强。这主要表现：土地集中到地主手中，造成自耕农和小地主无地可种或者只能占有少量耕地。日伪统治时期，城关区128户地主共占耕地4 035垧，866户农民仅有耕地537垧。平均每户地主有31垧，贫民仅有半垧多一点。而954户雇农则一无所有。地主中的大地主占地最多。名叫武大舌头和魏景韩的两个大地主，所占耕地都超过1 400垧，他们的土地合起来占城关区土地总和的三分之二以上，真可谓"富者田连阡陌，贫者无立锥之地"。

七、剥削加重

日本帝国主义侵略者占领木兰（东兴）县之后，与当地地主相互勾结，互相利用，使穷苦农民遭受剥削越发加重。主要表现在土地、雇工和高利贷等方面：

雇工（俗称叫伙计）即地主家雇用的长工，按年计工资。一般要在农历正月十五开始上工，到腊月二十三下工。工钱很低，日伪统治后几年（1943年）一个最强的劳动力能种一垧半到两垧地的长工，一年赚伪国币150~200元，仅够全年养活四五口人的口粮，另外从黑市购买五丈的棉布换上单衣换不上棉衣。其他费用还无着落。

还有一种实物工资（抗大活）。一年大约可得七斗到九斗的粮食，无论什么样的工钱，长工欠一个扣一个工钱，农忙按当时工钱扣，农闲按平均日工钱扣。

地主阶级剥削农民的更残酷的手段是雇童工（半拉子），童工的工价低，有的白吃白干。童工的劳动量并不少，常常所干的活超过他们的年龄和能力。干得少、干得不好时，还挨打挨骂。

"月工"是农忙时地主雇的1—3个月的短工，报酬比长工略高些。还有一种"零工"，工钱按"工夫行"决定的。"工夫行"为大地主把持，工价只许低不许高。

分种地（俗话叫耪青）。一种叫"里青"。种子、饲料等一切东西都由地主出，秋收时地主得收成的60%，种地户得40%；另一种叫"外青"。地主只出地，其他什么也不出，秋后地主得30%~40%，种地户得60%~70%。无论采取何种方式，农民都是被剥削被压榨的。

租地。每垧地每年纳租一石五斗。也有将粮换成现钱的。租地户要担负全部"出荷粮"。

典地。贫农一时缺钱或遭不幸时，把土地典给地主，立下契约，规定抽回日期，过期不能抽的即告"死契"，土地归地主所有，有的连青苗一起典出去，叫作"兑地"。这种"兑地"的形式，一般都是一文不值半文的。

地主、官商把持粮价。新粮下来，穷人等钱还债、花费，非卖不可。地主就压低粮价收买，等到来年青黄不接时，穷人缺口粮地主则高价出卖。

换工。地主用一匹马换农民两个人工。一副犁，三个牲畜一个人，至少换农民七个人工。换工农民要给地主先干活，自己的庄稼就要晚割晚打。

高利贷。农村流行的高利贷形式是"抬粮"，春借一石秋还一石八斗。逾期不还，将本利合在一起再滚利。贷款利息最低的为月息8.9分。有所谓"大加一""驴打滚""出门利"等高利贷名堂。农民因受高利贷盘剥，倾家荡产，卖儿卖女的不计其数。

第三节　思想文化专制

一、教育侵略

日本帝国主义侵占木兰（东兴）县时期，实施了殖民奴化教育，大改学制，教育内容和教育方法服务于其殖民统治思想与体系。

1939年，日本人在木兰县境内设立4处日本学校：川路在满国民学校（现建国胜利屯）、富士见在满国民学校（现建国乡赵生屯）、大营在满国民学校（现东兴镇大营屯）、省立木兰农业学校（现木兰镇内）。

1941年，在木兰镇城东岗建立一所木兰县最高学府——滨江省立木兰国民高等学校（简称木兰国高），是年招收第一期学生。日军从文化教育入手，特别是以青少年一代为主要对象，企图从小的时候起就把学生奴化成效忠大日本帝国主义的奴才。所开课程：日语、满语（汉语）、代数、物理、修身、生物、生理、卫生、军事、体育、音乐、园艺、作物，后来又增加几何、化学课程。1944年，将园艺、作物两科改为日语课。此外，学生时常要背诵日本天皇发布的诏书和国民训，目的是要中国人服服帖帖地为日本帝国主义效力，麻痹中国人民的思想，束缚手脚。

学校里经常进行"敬神""爱神"教育，"上帝"和"神"的意志是不可违背的。旧县城东门外路北建造了一所砖瓦结构的庙，曰"神社"。"国高"师生上学或放学时必经神社门前，每过一次都要行90度大礼，表示敬重"天照大神"，无限效忠日本天皇。每逢12月8日，神社门前人来人往，各校师生聚会这里。日本人手攥一把纸条，在整齐的队伍前，摇摇晃晃，排列整齐队形的学生们则大气不敢出，小气不敢喘，看着那摇晃纸条的人在自己面前走过，表示接受那些纸条掸除一切不尊神、不敬"天照大神"的杂念，规规矩矩地接受"洗礼"，受神的"恩典"，听神的支配。因为这一天是"大东亚共荣圈"宣战纪念日，是第二次世界大战爆发日（1942年12月8日太平洋战争爆发），每月8日叫作"诏书奉戴日"。日本侵略者企图用这种礼仪把从青年学生到人民群众的意志奴化成为绝对服从，并为日本军国主义充军，为日本"大东亚"战争充战，为日本天皇效忠，甘心顺从其摆布，充当炮灰。

第四节　毒害百姓

一、设烟馆

1941年，全县有烟馆9处，登记吸烟者2 047人，此外尚未登记者不乏其人。全年出卖烟膏44.58两（私贩者未计入）总金额8 306.56元。

鸦片，俗称大烟。其用法，抽吸或吃或打吗啡针。打吗啡针，需要把鸦片再提炼成为海洛因，向人体注射。这些用法不同，但害人效果同样恶毒。吞服、吸入或注射过量鸦片、吗啡等引起的中毒分急性、慢性。急性中毒的人先有短暂的舒适感，渐现眩晕、嗜睡、瞳孔缩小、呼吸缓慢，严重者进入昏迷状态，乃至发生呼吸困难而死去。慢性中毒，有性格变化、精神萎靡、营养不良等现象，瘾发时呵欠流涕，坐立不安，馋懒，丧失劳动能力。

二、开妓院

日伪时期，木兰、东兴两地是历史上妓院最多时期。

在木兰有3家妓院。一家为日本妓院，一家为朝鲜妓院，一家为中国妓院。在木兰的一家中国妓院，有"小老好"等十多名中国妓女。随着时间的流逝，她们有的染上了性病，有的染上了吸毒的嗜好。吃、穿、用不断增加，欠老鸨的账越来越多。由于债务与沉重捐税的挤压，1943年以后，老鸨无力开业，只好听其自便。这些妓女为求得温饱，渐渐失去了做人的尊严。

第三章 木兰（东兴）县人民奋起抗日

第一节 爱国青年举刀枪自发抗日

一、张秀岩东北抗日铁血军

张秀岩，山东省郓城县人，逃荒来到东兴县新民地区（今木兰县）落户。当时只有25岁左右的张秀岩要得一手好刀法，吸引了附近的一些青年人，纷纷投在他的门下，拜他为师，习武练功。1932年春，以张秀岩为首的60余人，在东

张秀岩（油画）

兴县新民地区六家户组织起大刀会，内部设有八大处，张秀岩自称"法师"。

日军侵占中国东北后，一次，张秀岩宴请大刀会队员，席间，张秀岩起身敬酒说："如今，日本侵略者的铁蹄踏进了中国的国土，我东北三千万同胞，在日本人的铁蹄下生活，国难当头，同胞受欺，我们坐视不管于心何忍……"说着落下了两行热泪。这时，队员们把已举起的酒杯放到桌子上，有的说：

"打他！"也有的说："同胞受辱，我们脸上也无光。"还有的说："抗日救国！"立刻，大家七嘴八舌，议论纷纷。接着张秀岩的拜把子兄弟郭为让说："今天把大家请来，就是要商议救国"。边说边哗啦抖出一面旗帜，大家抬头一看，旗上绣着："东北抗日铁血军"七个大字。张秀岩接着说："我张某无德无才，愿为国尽忠，替民效力，有愿意跟着我干的，今后就在这义旗下和侵略者决一死战！"张秀岩话音刚落，几乎是异口同声："跟着张军长，和侵略者决一死战！""好！我们干了这杯抗日酒，庆贺东北抗日铁血军的成立。"事后，张秀岩把新民女校作为军部指挥所。当即任命董凯轩为参谋长。一些有血气的中国男儿纷纷参加抗日救国的队伍，数日间，铁血军日益壮大，名声大振。当时，东兴也有一伙抗日义勇军，领头的叫李大磨和周成祥，他俩手下有百余人。一次，张秀岩宴请李大磨和周成祥，目的是合兵一处，共同抗日。席间，李大磨领会其意，便说："张军长深谋远虑，兄弟早有此心不敢轻举妄动，既然军长不嫌弃，愿合兵一处，共赴国难。"李大磨说完，又面向众人说："来，为抗日救国，浴血奋战，共饮一杯！"从此，二军合兵一处，队伍发展到700余人。

日本帝国主义侵占木兰（东兴）县后，铁血军把日军先遣救济大员内田伍夫等驱逐出境。不久又在大贵一带把"马团"消灭。

马团，团长名叫马振东，是原国民党马占山的部下，当过几天团长，后来，从青冈、肇源等地溃窜于大贵一带，搞起了自己的武装，人们称之为马团。马团报号"占东""占省""五龙"，都是亲日派。到了大贵境地，便四处收拢土匪力量，烧杀掠抢，奸淫妇女，骚扰百姓，乡里流传着："出了个马振东，家乡不消停"。老百姓对他恨之入骨。张秀岩早就想收拾这伙乱兵混将，无奈，马振东人多势众，不能以卵击石，自从李大磨合兵后，张秀岩收拾马振东的想法愈加强烈，可是，总找不到下手的机会。有一次，恰巧马振东带着一小股队伍，来到新民村北门外，张秀岩觉得下手机会来了。他紧急召集手下进行短暂的商议后，各执兵刃，按计行事。然后，张秀岩换上黑色礼服，把马振东接进营中，大摆酒宴招待马振东。席间马振东只顾自己大吃大喝，目无旁人，傲慢无礼。马振东吃个酒足饭饱后，张秀岩命人撤下酒席，茶水相敬，马振东喝完茶，擦擦嘴巴，也不道谢，为了赶路，起身告辞，张秀岩传令下去，全军送马将军启程。马振东也不推辞，他觉得在张秀岩面前该抖抖威风，以后使用他的时候，才能俯首帖耳，所以，也就不应酬，也不拒绝。

张秀岩与马振东骑马并行，两军中，马军在前，张军在后，马嘶人欢，烟尘滚滚……这样浩浩荡荡的欢送，马振东洋洋得意，心中暗想：都说你张秀岩威震一方，现在看你在我马振东跟前也不过如此，不觉心中大快。马振东觉得目的已经达到，再让人家送下去，人这么多，兴师动众，行路也不方便，马振东勒住马缰绳，对张秀岩说："我喝了你的酒，吃了你的菜，又烦你和诸位兄弟送出这么远的路，我马振东足见兄弟一片真情……"说完挥手告辞。张秀岩这时也勒住了马头，心中暗想：我搭上了酒菜、赔上了笑脸，能让你这么一扬胳膊就走吗？放你走，我这满肚子气朝谁撒呀？丢掉这送上门的机会还到哪去找呢？于是提议以欢送为名，舞刀助兴。马振东不知是计，他早就听说张秀岩刀法过人，没机会看，今日主动献技表演，一是对我马振东的孝敬，盛情难却；二是趁此机会了解一下张秀岩到底有多大本领，日后也好对付，就顺水推舟地应许。

张秀岩啪的一声，甩掉了黑礼服，抽出了大片刀，早有人打开了场地，只见那刀在他身前身后，身上身下，身左身右飞舞起来，银光刀影，护头盖顶，把张秀岩团团围在中间，只看得马振东眼花缭乱，目瞪口呆，连连传来场外的叫好声。就在这功夫，那刀越舞越快，越舞越神，只见那刀尖一转，刀片向马振东的方向舞来，马振东已感到了那舞动的阵阵凉风，连称："好刀法！""好刀法！"正待往后一闪，说时迟那时快，那刀已飞到了马振东的眼前，马振东大喊一声："不……"那好字还没等说出来，只听见"嚓"的一声"扑"地涌出一道鲜血，马振东的脑袋掉在了地上。原来，张秀岩鹞子翻身，把刀弄出"当啷啷"响动的时候，是通知自己部下做好杀敌准备的暗号。张秀岩手下的人听见了暗号，人人抖擞起精神，瞪圆了眼睛，把注意力偷偷地移到马振东身上。马振东和他的部下哪知这其中的计策，个个都伸长了脖子，张大了嘴巴，聚精会神地看热闹呢。当张秀岩的大刀飞到马振东眼前时，马振东的将士们吃了一惊，但是，由于没有思想准备，加上张秀岩的大刀来得太快了。就在张秀岩刀砍马振东的同时，张秀岩的部下一齐动手。随之杀声震天，以迅雷不及掩耳之势将马团兵杀得人仰马翻，伤的伤，亡的亡，尸体纵横，血流成河，杀得马振东的部下跑的跑，逃的逃，200多号团兵，只剩50来人投降了。

随后，张秀岩又领兵杀进营底子。营底子里，早就有人受够了马振东的窝囊气，那些不愿意卖命的，见主帅已去，无心打仗，乖乖地投降了，没费多少力气就又打了一个胜仗，把得到的扎枪、步枪、马匹、粮草运到新民，对投降的将士进行了整编。

"东北抗日铁血军"驱逐了日军，替百姓铲除了一霸，老百姓们排着队迎接张秀岩队伍进城。从此张秀岩队伍不断扩大，军队给养供应不上，使张秀岩深深陷入困境之中。1935年，驻扎在巴彦县的国民党军队的李司令，招降张秀岩说："张将军，投降吧，我们是正规军，发粮饷，发衣服。"张秀岩看看自己的困境，也实在无路可走，在敌人的利诱下投降了，被任命第八团团长。后来，又派正规军混编进来。使不惯火枪的张秀岩，仍然使用扎枪和大刀。张秀岩由于自己过去自由惯了，受不了伪军的规矩，拉出一个连，上了东兴满天地区五顶山，李司令派人去找他，当他回来走到东兴北二营被黑枪打死。

"东北抗日铁血救国军"这支队伍，因为没有革命政党的领导，缺少正确的政策和策略，最终归于失败。但是，反映了木兰、东兴两县人民的抗日救国的共同愿望，鼓舞了人民的抗日救国热情，打击了日伪反动势力的嚣张气焰。

二、杨青山红枪会

1932年6月2日，以杨青山（山东籍人，会武术、气功）为首的农民在东兴县满天星（今东兴镇满天村）五顶山组织起一伙"红枪会"，亦称大刀会。宣称"以保国救民为宗旨，对于地方一切，并不加害"。所以人们很拥护，参加

杨青山（油画）

的人数越来越多，由原来的32人，迅速增加到1 000余人。队伍分红旗、蓝旗、黄旗、白旗、黑旗五队。红枪会的服装与队旗同色，军装统一式样，裤腿边缘都压黄色布条，头上的扎巾也和队旗一样颜色。首领杨青山身穿黄袍，手使红缨大刀。法师车自华身披袈裟，头戴僧帽。行军时，用四轮双牛车拉着一面二丈高的"大势"，四面扯着牵绳，还有很多士兵护卫。队前有一士兵扮成孙悟空模样，挥舞"金箍棒"开路。这支"红枪会"纪律严明，规矩很多，并且带有一定的封建迷信和帮会色彩。

　　"红枪会"成立起来后，杨青山率队西进，欲取道东兴、巴彦、兴隆镇、松浦等地打击日本侵略者。

　　同年6月3日，"红枪会"攻破东兴城。起初，东兴设治局员高韵泉不许队伍进城，并率领200余名自卫团阻击。杨青山下令强攻。法师车自华给士兵吃符念咒，名曰"上法"，全体将士吃符以后，手执明晃晃大刀，杀声震天，蜂拥而上，挑死了自卫团长，自卫团死伤多人，冲进了东兴城内，焚烧了东兴设治局衙署，捣毁了电话局，大刀队首战告捷。

　　6月8日，这天正是端午节，"红枪会"攻入巴彦县城，城里官兵一看，人多势众，又"刀枪不入"没敢阻击。因"大势"太高过不了城门，又不能倾斜而入，因杨青山将士忌讳旗倒，所以拆毁了城墙，锯倒了东西牌楼。巴彦县的头号大爷——岳殿举出来说情也没好使。"红枪会"进城后，便向官衙冲去，焚毁了伪县公署和部分大队营房，放了狱中犯人，捣毁了征收局，赶跑了县长程殿希，刺死了一名县长随从和带班的哨兵。

　　"红枪会"在巴彦城里驻扎了7天，指挥部设在仁和顺粮店。这期间，杨青山的队伍在巴彦招收了20多人，有的全家参加。几个铁匠炉成了兵工厂，夜以继日地锻造扎枪头和大片刀，皮匠铺的大鞭杆子全部用作扎枪杆，成衣铺都忙着加工服装，卖布匹的商店理所应当地成了后勤供给处。

　　为了消灭这支反满抗日的农民队伍，伪巴彦县县长程殿希组织自卫团，在房顶上一齐向"红枪会"开枪，使"红枪会"将士伤亡惨重，鲜血染红了大街。6月14日下午，杨青山的队伍拆毁北城门，撤出巴彦县城。

　　6月19日，"红枪会"又聚集1 000余人，准备攻下兴隆镇后去松浦一带打击日军。"红枪会"先攻进了兴隆镇，打跑了自卫团团长，驱散了自卫团，烧毁了兵营。在进攻火车站时与日本守备队正面交锋，"红枪会"的队员不怕日本侵略者的枪炮和装甲车，与日军鏖战3个多小时，由于只有大刀、长矛，没有枪炮，杨青山阵亡，队伍伤亡很大，在车站东大坑埋个坟，余者溃散。

"红枪会"从诞生到解体，仅仅半个多月时间，接连攻破了3座城池，给日伪军以沉重打击。"红枪会"虽然失败了，却显示了他们决不屈服和不怕流血牺牲的爱国主义精神，这支反满抗日的农民队伍，当时在木兰、东兴、巴彦影响很大。

三、马保长反击日伪军

马保长原住蒙古山边缘无名屯，为人忠厚正直，性格刚烈。从小练过拳脚，勇武过人。一次因急事深夜赶走山路，被3个"棒子手"截住，他赤手空拳同3人搏斗，硬是制服了手持木棒的强盗，并让他们轮流背着自己翻过蒙古山。不

马保长杀敌（油画）

打不成交，后来这几个人却成了他的生死弟兄。

1933年，日本侵略者为了强化对木兰、东兴两县人民的监视和奴役，割断人民群众与抗联活动的联系，实行了毒辣的"归屯并户"政策，疯狂烧杀边远山区的抗日群众。马保长就是在这一活动开始前，凭借其在群众中的威望而被日伪当局聘定为保长。可是，有其民族气节的马保长却不愿屈服于日军的淫威而为他们卖命。

1933年秋，一股日伪军进山搞并屯，马保长带几个人在东西山头，点了几处火，企图牵制日军的行动。可是狡诈的敌人没

有理会，包围了小山村，然后挨家逐户地驱赶群众，望着烟火突起、鸡飞狗跳的屯子，望着哭天喊地的群众，马保长心如刀绞。当他来到自己家门前，发现老婆已被日本兵奸污，昏死过去，房子已被烧毁，3岁的儿子被日本兵摔得半死。他胸中愤怒的火焰更加燃烧起来，眼睛像要流出血，牙齿几乎咬碎。这奇耻大辱，这深仇大恨，使这血性的汉子把一切都置之度外。他手举铡刀，带领几个生死弟兄，把正在奸污妇女的4个日本兵砍死，夺了枪支和日本人的大洋马，又打死了10多个日本兵，冲出了包围。从此，一小股抗日武装出现在蒙古山地区。他们高举抗日的战斗旗帜，不抢大户，不杀穷人，专门打日本人。老百姓听说马保长的队伍来了，宰鸡杀猪招待他们。日伪人员听说马保长要来，都吓得心惊肉跳，惶惶不可终日，他们称马保长的队伍为"胡子"，马保长也就成了"胡子头"，成为日伪汉奸的"克星"。

马保长身配两支手枪，在骑马飞驰中，可以左右开弓，百步之内弹无虚发。一次，夜间在野外露营，哨兵耐不住蚊子叮咬，点上一支烟，被巡哨的马保长看见，在距离50多米的地方，他用枪把哨兵嘴上叼的烟卷打落，可是没动哨兵一根胡须。

1934年春，他带十几个人袭击牌楼店伪村公所，由于情况不明，被50多名日军包围，红了眼的日军不惜任何代价要捉住马保长。在万分危急的情况下，赵尚志率领的抗联小分队，迎着枪声打了过来，解救了马保长的队伍。这样，马保长和"于九江"等队伍，一起接受了赵尚志的收编，随着队伍活动在蒙古山前后和大小青山一带，后又转向方正、珠河南山里与日军作战。

1934年10月，马保长配合"于九江"袭击了柳河靠山屯的一股日军。战斗打了一上午，他们的子弹已经打光，日军冲了过来，马保长脱光了上衣，双手抡着两把带红缨的大砍刀，舞得像一团火似的冲进敌群，一连砍死18个敌人，全身被鲜血染红，吓得日军望风而逃。

这次战斗后，他领着队伍苦练武功，每人配一把日本战刀，要杀出中国人的威风。他说，日本人杀我们，我们要以刀还刀，以命偿命。跟随他的三十几位弟兄，每人都有拳脚功夫，可以把三四百斤重的碾坨子抱起来，放在公路中间，使日本人的汽车无法通过。他们夜间行军，可以悄无声息地在日本人岗哨前通过而不被发觉。他们能像壁虎一样爬上陡峭的城墙，端掉日本哨所，日本人称马保长为"大大的马胡子"，悬赏1 000银圆，要他的头。马保长风趣地说，1 000元你背不动，你看我的头多有价值，这是打出来的威风。

一次夜袭日本军营，他领着4个弟兄，在浓重夜幕的掩护下，只带手榴弹和短刀，蹿房越脊，摸到日本军官部队长的住房，以两颗手榴弹的代价，炸死了日本军官和3名随军妓女，并把一名日军哨兵用绳索吊在营房的大门上，用刺刀把马保长的名字刻在门柱上。

马保长不抽烟，不喝酒，不近女色，但信佛，迷信色彩很浓，队伍里养着"师爷"，既当文书，又当军师，还占卜算卦。

1938年，在赵尚志的统一指挥下，马保长的队伍配合六七股抗日武装力量，在宾县二龙山地区包围了一大批日伪军。他们放过"满洲国"伪军，专门打日本侵略者。战斗进行了三天三夜后当即率队撤走，到深山里占山为王去了，与抗联失去了联系。不久，队伍溃散。

令日军闻风丧胆的马保长，由于缺乏明确的政治斗争目的，自身崇奉迷信，最后，与抗日队伍失去了联系，令人慨叹。然而，狠狠地教训了野蛮的日本侵略者，为以后抗日游击战争准备了雄厚的群众基础，功绩将永远载入史册。

第二节　建立中共党组织，领导抗日

1928年秋，木兰县王大板子屯20余名青年组成青年会，王大板子屯为总会，并在东兴建立分会。同时，王大板子屯四年级以上学生建立少年团组织。青年会、少年团组织在广大青、少年和群众中，进行进步思想教育，引导群众进行反对帝国主义侵略，反对封建制度的斗争，打击反动势力，提高群众反帝反封建

木兰建党从这里开始

的革命觉悟，为后来继续进行革命斗争，建立中共木兰分支部奠定了思想和组织基础。

1930年7月，中共庆城特别支部派韩宽淑赴木兰、东兴一带开展工作，发展党、团和群众组织。

韩宽淑来到木兰县王大板子屯（今大贵镇民胜村）吴万春家（青年会员），以给吴家做长工为名，隐蔽政治身份，利用各种机会开展秘密活动。组织青年会员学习，向广大青年宣传反帝反封建的思想。1931年5月1日，中共满洲省委发布《"五一节"告满洲农民书》，号召农民团结起来，同帝国主义，国民党进行斗争。韩宽淑在广大群众中秘密传播省委这一告

韩宽淑

农民书，积极争取革命群众，鼓舞了群众斗争的热忱。经过深入

调查了解和做思想工作，1931年10月，木兰党小组创始人在王大板子屯发展了吴万春、金东哲、金德山、金立训（东兴）4人为第一批中共党员。建立了中共木兰县王大板子小组，韩宽淑任党小组长。并决定吴万春负责共青团工作。从此，在中共庆城特支的领导下，木兰党小组积极开展活动。同年秋，在王大板子屯建立了农民互助会，以抗日为主要内容，在经济上相互救济。互助会有男女会员70人。11月，中共党员吴万春在王大板子屯发展金惠三、金永熙为共青团员，并成立了共青团小组，吴万春兼任团小组长。团小组成立后，吸收了张光先、郑赞为共青团员。同年冬，在王大板子建立了反帝同盟会，领导当地群众进行反帝反封建斗争。为了壮大党组织力量，1931年12月，在东兴县（今东兴镇）吸收了李在石、李××（李在石爱人）张平两人为中国共产党党员。随之，建立了东兴党小组，金立训任党小组长。木兰、东兴党小组在韩宽淑同志领导下，认真贯彻中共满洲省委的政治任务和工作路线，扩大了活动范围，壮大了党组织力量。

1931年12月，中共满洲省委为了扩大革命的活动范围，发展党的组织，开辟新的地下活动区域，批准在木兰县王大板子屯建立中国共产党木兰分支部。韩宽淑任支部书记，金东哲任组织委员，金德山任宣传委员，当时有中共党员7人。中共木兰分支部建立后，积极发展壮大党团组织。在王大板子屯吸收吴赞弘，在东兴县吸收李秉俊、金一浩、金东元加入中国共产党。这时，分支共有党员12人。同时，木兰分支部在王大板子建立了共青团木兰分支部。党员吴万春兼任团支部书记。金永熙为组织委员，张光先为宣传委员，共有团员7人。1932年春，为了组织群众进行反日斗争，分支在王大板子和东兴县相继建立了反日会，会员150多人。会内设有青年、妇女夜校班，进行政治和文化学习，主要是进行抗日斗争宣传教育，号召群众团结起来，进行抗日斗争。

1932年3月1日，是朝鲜"三一"人民起义23周年纪念日。中共庆城特支木兰分支部利用这一机会，召开群众大会，痛斥日本帝国主义的侵略罪行和国民党不抵抗政策，号召劳苦大众团结起来，共同抗日，反对地方当局对人民的压迫和剥削。会上群情激愤，木兰分支部借机组织王大板子屯反满抗日会全体会员和全屯男女老少100多人，手持大棒铁棍与文学斌、沈云吉为首的朝鲜伪独立团80余人展开搏斗。独立团系乌合之众，不堪一击，民众把独立团伪兵10多人装进麻袋扔到了屯外，余下的独立团伪兵狼狈地逃出王大板子屯。这场反抗日本帝国主义侵略，反征兵、抗捐税的斗争打击了反动当局的嚣张气焰，使广大人民群众看到了只有团结一致，共同对敌，才能取得反对日本侵略者及地方反动当局剥削和压迫的胜利。这一斗争鼓舞了民众的抗日斗争士气，轰动了庆城、铁力、木兰、东兴等地。同年，在中共木兰分支部和共青团分支部的培养教育下，在少年中成立了少先队组织。少先队员站岗放哨、撒传单、贴标语、送信件，出色地完成了党交给的任务。

1932年秋，朝鲜伪独立团大肆反扑，根据中共庆城特支关于"开展武装抗日斗争，号召党员、团员参加抗日游击队"的指示，中共木兰分支除留下吴万春、金东哲、李秉俊、吴赞弘、李××（女）5人转入地下开展武装斗争外，其余党员、团员和部分进步群众参加了活动在巴彦地区的张甲洲抗日游击队（后改编为中国工农红军第36军江北独立师），打响了中国共产党领导的攻占巴彦县城、奇袭兴隆镇、攻打东兴设治局，震惊中外的抗日第一枪，消灭了日伪军的有生力量，赶走了地方官吏。 1933年1月26日，中共中央发出《满洲各级党部及全体党员的信》（简称"一·二六指示信"），指出："要使反日游击运动取得胜利，中国共产党就要进行坚决斗争，巩固和扩大东三省反日游击运动及一切革命群众运动。"根据中共中央指示信精神，木兰、东兴先后组织起抗日武装和反满抗日统一战线，抗日斗争进入了新阶段。

附：中共木兰大板子党小组（1931.10—1933.6）

韩宽淑	朝鲜族	（1929年11月入党　党小组长）
吴万春	汉 族	（1931年10月入党　第一批党员）
金东哲	朝鲜族	（1931年10月入党　第一批党员）
金德山	朝鲜族	（1931年10月入党　第一批党员）
金立训	朝鲜族	（1931年10月入党　第一批党员）

党组织隶属关系示意图

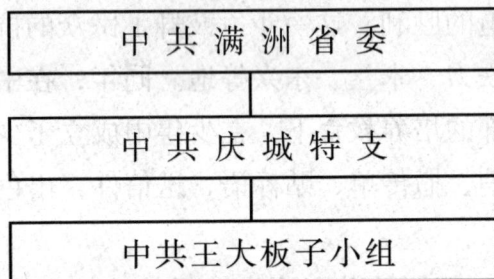

中 共 满 洲 省 委

中 共 庆 城 特 支

中共王大板子小组

中共东兴党小组（1931.12-1933.6）

金立训	朝鲜族	（1931年10月入党）
李在石	朝鲜族	（1931年12月入党）
张 平	朝鲜族	（1931年12月入党）

党组织隶属关系示意图

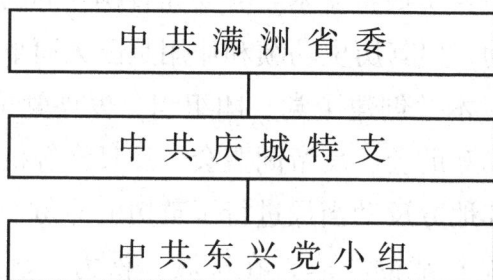

```
┌─────────────────────────┐
│     中 共 满 洲 省 委      │
└─────────────────────────┘
            │
┌─────────────────────────┐
│     中 共 庆 城 特 支      │
└─────────────────────────┘
            │
┌─────────────────────────┐
│     中 共 东 兴 党 小 组   │
└─────────────────────────┘
```

中共木兰分支部（1931.12—1933.6）

支部书记	韩宽淑	（1931.12—1932.10）
	吴万春	（1932.10—1933.6）
组织委员	金东哲	（1931.12—1933.6）
宣传委员	金德山	（1931.12—1932.3）
	金立训	（1932.3—1933.6）

党组织隶属关系示意图（1931.10—1933.6）

```
┌─────────────────────────┐
│     中 共 满 洲 省 委      │
└─────────────────────────┘
            │
┌─────────────────────────┐
│     中 共 庆 城 特 支      │
└─────────────────────────┘
            │
┌─────────────────────────┐
│     中 共 东 兴 党 小 组   │
└─────────────────────────┘
        │           │
┌───────────┐   ┌───────────┐
│  王 大 板   │   │  东  兴    │
│  子 小 组   │   │  小  组    │
└───────────┘   └───────────┘
```

木兰党组织遭破坏

1933年，中共庆城特支木兰分支在日伪当局的白色恐怖下，虽然停止了活动，但其历史功绩和作用是巨大而卓著的。在不到两年的时间里，木兰创建了党、团组织，发展党员12人，团员7人。组建了农民互助会、反帝同盟会、反日会等抗日群众组织，与日本侵略者和地方反动当局进行了英勇的斗争，震慑了敌人，鼓舞了人民团结抗战的斗志，在庆城、铁力、巴彦、木兰、东兴、绥棱一带扩大党的影响，撒下了革命种子，为东北抗日战争的发展做出了卓越的贡献。

第三节　义勇军万众一心，奋起抗日

据赴辽宁省档案馆查证，伪《大同报》刊载的日伪军对木兰（东兴）县加入东北抗联的义勇军和独立活动的抗战军队的"讨伐"情况记载：1936年5月至1938年3月，近两年间，日军对义勇军采取了毁灭性的打击。也证明了不愿做奴隶的义勇军们，用血肉之躯，冒着敌人的炮火，与日伪军警（自卫团）顽强抗战54次。

木兰东兴县的战斗

1936年5月12日午前9时，第十一版：5月11日在木兰县老高家（现吉兴乡尹家屯），日军江波部一部向"北海""九江"等义勇军40余人的根据地袭击，义勇军战死1人。

1936年5月13日，第十一版：5月11日午后8时，日军市村部队于东兴南18里之杨家窝棚（三合屯西南），袭击义勇军"天龙"部50余人之根据地，义勇军战死3人。

1936年5月14日，第十一版：5月10日午前11时50分，日军山田部之桥木部长，于木兰县西北24里的万宝河子与义勇军"九江""八号"等部40余人战斗，此战日军乔木部队长亡，义勇军战死15人。

1936年5月17日，第十一版：5月11日午前10时，日军在木兰西北11公里之北广利屯与义勇军15人战斗。

1936年5月22日，第三版：5月10日午前7时，伪军某部在木兰县东北26里之六屯（新发屯），袭击义勇军住宅20余家，义勇军战死3人，被俘1人。5月12日午前9时，伪军某部在木兰县老高家北侧与义勇军"九江""平满洲"等40余人之根据地战斗，义勇军战死1人。5月13日午前8时，日伪军某部在木兰县东南18里窝棚袭击义勇军"大龙""兴德江""黑山"等50余人之根据地，义勇军战死3人。5月13日午后4时，日军某部在木兰、东兴南方8里之万泰山与义勇军20余人战斗30分钟，义勇军退入山中死2人。

1936年5月23日，第十一版：5月16日午前30分钟，日军山冈部在木兰西北锅子桥与不明之义勇军40人战斗，义勇军战死2人。

1936年5月27日，第十一版：5月18日午前4时20分，日军山某部在东兴县境山中之义勇军"天星""越山"等山寨三处攻击，义勇军战死7人。5月20日午后4时，日军山某部在木兰县五站东7里潘家屯与赵尚志部骑兵百人、步兵300人战斗。赵部向新发屯方向退走。

1936年6月8日，第三版：5月21日，日军山冈部之市某部与赵尚志部骑兵200人游战，赵部退走。5月22日午前6时，日军山冈部之市某部攻击赵部杨树河根据地，赵部向南退走，死13人。5月27日，午前4时半，日军山冈部之某部，在木兰县大贵西8里王家，与赵尚志部300人战斗40分钟，赵部向大贵镇太平桥方向退走。5月27日午前，日军山冈部之市某部，在太平桥南与赵尚志部190人战斗30分钟，赵部向西退走。余后日军追击，在范宽店附近又战斗，赵部死2人、伤1人。5月31日拂晓，日军山冈部某部，在马喜珍屯与赵尚志部遭遇，战斗15分钟，赵部退走，死18人。

1936年6月23日，第三版：6月18日午前11时，赵尚志与义勇军"大东来"部300人攻打木兰县上芳店（尚家店）集团部落十三处房屋，日军溢谷部与之战斗，赵部退走，赵部战死3人，日军伤1人。

1936年6月23日，第四版：驻防木兰之伪军驻兵在木兰北方横头山谷地（大转山）与义勇军"孟来好"部50人激战多时，义勇军南北方退走，义军战死6人。

1936年6月26日，第十一版：6月20日午后7时，伪龙江江防队两个舰于摆渡河木兰下游十里处，发现义勇军"旭东"等部200余人集结。21日午前4时15分，日伪舰及自卫团与之战斗数时，义勇军退入山中，义勇军战死7人，伤多数。

1936年7月7日，第三版：6月23日午后6时30分，日军山冈部之溢谷部在木兰县北广利屯、上芳店（尚家店）与义勇军15人战斗。义勇军向东北退走，战死1人。

1936年8月8日，第四版：8月3日午后6时，日军下枝部之中田队及江防队，在木兰县南广利屯与赵尚志部之义勇军"化民""一抹脸"等部500人，激战10小时。日军死1人、伤3人。

1936年10月10日，第五版：10月6日，日军神尾骑兵连60人及伪军骑兵一连，在木兰县东南三星之老刘家与义勇军张甲洲部战斗，义勇军西南退走，战死1人。

1936年10月20日，第十一版：10月8日，日军森部之下枝部在木兰县太平桥屯西12里土门子与义勇军"九江""大东来"部300人战斗4小时，我方战死36人，日军死1人，伤5人。

1936年10月20日，第二版：10月13日午前6时，东北抗联及义勇军"天照应""张团长""八哥""李好""一抹脸"等300人袭击东兴县新民镇，伪军警与之激战3小时，抗联向西南方退去，战死5人，伤10余人，伪军警伤17人。

1936年11月11日，第十一版：11月3日军山冈部之青木部于木兰县太平房子（鸡冠山北）附近之山寨，急袭义勇军30人，义勇军战死10人，被俘2人，日军伤1人。

1936年11月21日，第五版：11日午前11时20分，日军山冈部之青木由谷部于木兰县太平店附近与义勇军"永平""北来好"部40人战斗1小时，义勇军向东北退去，战死2人，山寨四处被烧。10日午前零时30分，日军太平部在木兰县杨家窝棚与义勇军10余人战斗30分钟，义勇军南北退去，战死4人。

1936年12月17日，第二版：12月7日，日军下枝部之原田部于木兰县闫令屯与义勇军"白龙"部50人战斗20分钟，义勇军向南方退去，战死5人，伤无数。

1936年12月26日，第一版：12月22日上午11时30分，日军松井部于木兰县南蒙古山与义勇军"青山"部20人战斗。义勇军战死12人，日军伤1人。

1937年1月22日，第四版：1月6日，伪军江北治安队于木兰县西四马架松花江岸与义勇军百人战斗，义勇军向南退去，战死3人。

1937年2月23日，第五版：2月6日，伪木兰县警务局长率50人，在齐一齐阿洼地方与抗联齐主任及义勇军200人激战4小时，抗联向蒙古山退去，死27人，伪警伤1人。

1937年3月16日，第四版：3月7日午后7时，赵尚志部之"东来"45人于木兰县北十里之双椅子与伪军某团战斗3小时，抗联死5人，伪军伤1人。

1937年3月24日，第十一版：3月13日上午8时，日军下枝部之铃木部于木兰县滥柴顶子附近与义勇军20人战斗50分钟，灭山寨五处。

1937年4月11日，第四版：4月1日午后5时，日军下枝部松井部于木兰县柳河镇藤家烧锅袭击义勇军"化民"部40人，战斗1小时，义勇军战死5人，被俘1人。

1937年5月13日，第四版：5月8日午后1时，东北抗

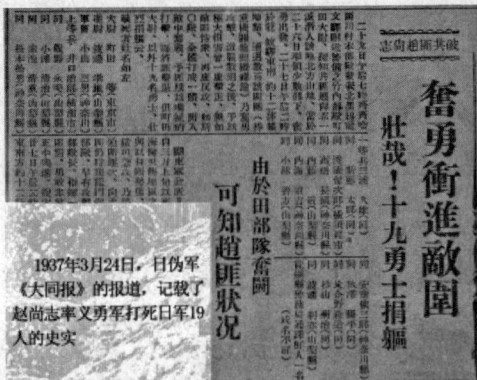

1937年3月24日，日伪军《大同报》的报道，记载了赵尚志率义勇军打死日军19人的史实

联赵师长与义勇军"九江""东来"部300人，在木兰县五站警察署与伪警9人战斗4小时，我方战死40人。

1937年5月23日，第四版：5月4日午前11时，抗联张师长200人，在木兰县北30里之孟家店与木兰县治安队战斗2小时。抗联向北退去，死7人。5月7日午后3时，伪军团在大贵镇西6里之太平村与义勇军30人战斗，在日军协助下，义勇军战死27人。5月6日，伪军及日军在大贵镇西22里之太平村与义勇军30人，激战数小时，义勇军战死27人。

1937年6月4日，第五版：5月28日午后7时30分，抗联赵尚志部数十人，在木兰县东北大顶山南之太平山附近与日军佐伯部之和田队遭遇，抗联战死5人。

1937年8月8日，第五版：7月20日，抗联李化民部20余人，在木兰县石头河子东18里之东杨树河子与日军酒井部之菅井队战斗，抗联向北退去，死2人，伤多数。

1937年11月12日，第三版：9月30日，义勇军"一抹脸"在木兰县娘娘庙西与伪县治安队战斗2小时，向南退去，义勇军战死8人。

1937年11月14日，第三版：11月9日，抗联义勇军李化民部800人与日军酒井部之菅井部，在木兰石头河东8公里处战斗，义勇军战死14人，日军死2人，伤2人。

1937年11月26日，第三版：11月8日，伪军某团在木兰县蒙古山西南方之左家沟与义勇军某部百人战斗30分钟。

1937年12月25日，第二版：12月16日午前5时，抗联张师长率40人，在木兰县老戴家与伪军48人战斗20分钟，抗联向北退去，被俘1人。

1938年3月19日，第三版：3月10日，抗联雷师长率30人在木兰县东北之鸡冠砬子与伪军步骑兵战斗2小时，抗联南北退去，死15人，伤甚多，山寨（密营）三处被烧，伪军伤1人。

第四节　赵尚志率部西征，建立鸡冠山游击根据地

东北日联军第三早鸡冠山根据地鸟瞰图

　　据抗联老战士李敏回忆，1936年5月，赵尚志率部西征进入木兰、东兴县境内，见这里东有鸡冠山、西有蒙古山、北有青峰岭，群山叠翠，林木茂密，进可攻，退可守，是一处战略要地，便决定："以鸡冠山为核心建立抗日游击根据地。"建立了秘密通道，用于从鸡冠山出兵和秘密交通线。建立以鸡冠山根据地为核心的鸡冠山密营、夹谷山密营、青峰岭密营、大东密营、白石密营和滥柴顶子密营等。辐射伪满北安省15县、滨江省1市22县1旗，三江省1市12县，共23 046平方千米，51个市县旗。

　　开荒种地，建设"火烧营"储备基地：根据史料记载该部的主要活动有：赵尚志率部在鸡冠山下开荒种地700余亩，种植粮食作物和蔬菜，除此之外种少量的"大烟"，一部分在黑市上出卖换回钱补助生活上的资金不足，一部分用于战士们的疗伤止痛。秋天粮食和蔬菜大丰收，又率领部下挖大窖19座，下层储菜，上层钉上木棚苫上洋草储粮，开荒种地所收获的粮菜可以补充一大部分生活的消费。

　　修筑防御工事，作好应战的准备：赵尚志率部在喊岭设前哨阵地，修单体掩体百余处，建哨所房一处为临时指挥所，在大转山子山脊上建战壕1 100余米，呈"弓"字形，设火力点7处，从山上到山下建曲折交通壕500余米；在山洼建临时指挥部一处，在山脚下建军火库一处；在战壕南端东坡下部建伙食点一处，挖储藏窖一处，伙食点北100余米处挖饮用水井一处。

　　在小转山沿山脊修战壕850余米，从山脊到山下设交通壕，整体格局呈"丁"字形，有住房3处，设火食点一处，挖储藏窖一处。

　　在"簸箕掌"建指挥中心：因此处三面山脊呈U字形，似簸箕状，当地老百姓称"簸箕掌"。在三面山脊上布火力点8处，建战壕1 500余米，建交通壕1 000余米从山上直达山下南哨所，在簸箕掌中心平坦处建指挥部房舍1处，伤员救护所1处，大型马厩1处，小型马厩3处，伙食点3处，马架子、地窝棚、木刻楞式等驻兵点20余处，挖水井1处。

在沙河两岸设驻兵区，建有加工粮米的作坊多处；在傻子庙遗址设交通站一处；在中央山、大鸡冠山北坳建驻兵区，有住房遗址数十处；在夹谷山设物资分流点，通河凤山方向送来的抗联物资在这里集散分发给各部队；在卧龙山南麓建战地医院1处，有房址多处。

1936年8月1日，赵尚志在鸡冠山收编"东来""九江""化民""一抹脸""绿林好"东北抗日义勇军等40余部4 500人。这些部队与东北人民革命军第三军基本部队1 500人，改编为东北抗日联军第三军。

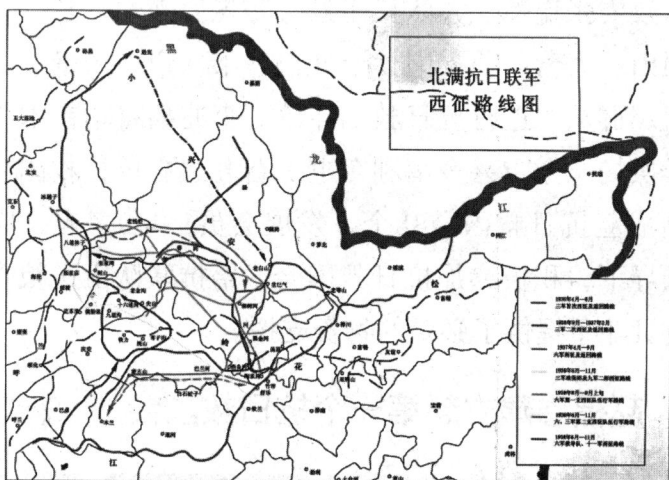

北满抗日联军西征路线图

第五节　建立抗日救国会，发动抗日

抗日救国会，亦称反日救国会。早在1937年春，中共北满临时省委就制定了发动群众，武装群众，扩大反日统一战线和游击战争的策略。

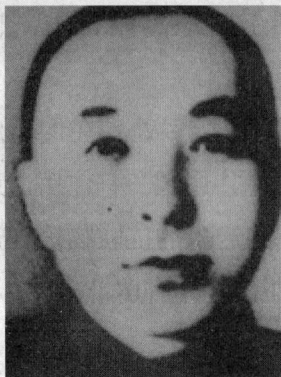

李兆麟

此后，省委派抗联第三军李兆麟、冯仲云，第十二支队长朴吉松、政委张瑞麟、大队长钼景芳等先后来木兰县，分别在东兴、五顶山、大营、姜家岗、十九户、十八户、大贵、石河等地发动、组织群众，进行抗日救国斗争。李兆麟将军在木兰县南广利东小学操场（今吉兴乡南利东屯）召开建立抗日救国会动员大会。会后成立抗日救国会38个，发展会员1 000多人，广大群众在党的领导下，积极参加抗日救国会，给抗联队伍送粮食、衣物等，为抗日斗争提供了必要的物资支援。

一、赵福恩建立起第一个抗日救国会

1941年春，家住东兴县满天地区前二屯的农民赵福恩到屯东边二道河子山里砍椽子，天傍黑的时候，砍够了椽子在树墩子上歇息，边吸烟边想着怎样才能

熬过这苦难的日子……他越想越生气，越想越不是滋味，越想越

没有希望，这日本人的统治啥时候才能有个头呢？想到这，赵福恩腾地站起来，操起大斧向对面一棵小树砍去，不料竟砍了一个空，斧子落在地上，两腿一软坐了下来。赵福恩有点茫然，独自叹息。这时，一只大手搭在了他的肩上。"大爷，你该回家了吧！"赵大爷听有人说话，浑身一颤，不知道来的是什么人，也不知道那人是不是看到了自己刚才的举动。这位陌生人坐了下来靠在赵福恩的身边，赵福恩仔细把他端详一遍。这个人从来没有见过，好像几天不洗脸，瘦长的个子，长而蓬松的头发，看上去不过27岁。那人和气地问赵福恩的姓名、住址、家庭人口和生活情况等。赵福恩听出他不是坏人，便如实地告诉了他。赵福恩问他："你是什么人？"那人笑了笑，干脆地回答说："我是中国人！"接着那人更加和缓地说："你不也是中国人吗？我们都是中国人啊！"赵福恩一听有人说自己是中国人，心里十分高兴。接着那人便对赵福恩讲述了抗日救国的道理，说："我们中国人不能忍受日本侵略者的压榨，我们必须团结起来和日本侵略者斗争……"赵福恩越听越痛快，越听越有滋味儿，两人谈得情投意合，很快就熟得像多年的老朋友，一见如故。

天黑了，那人劝赵福恩早点回家，赵福恩拿起斧子要走，忽然想起来还不知道人家的姓名和他家住在哪里呢？他问那人叫什么名，家住在哪里。那人说："我姓张，家住在山里。"赵福恩一听他在山里住，心里就有了"八搭"了。赵福恩回到家里，没跟家里人说白天的事，但他的外表情绪显然与往日不一样。细心的妻子刘玉珍十分了解自己的丈夫，丈夫的变化，哪怕是一点点，也瞒不过妻子。看到丈夫的变化，妻子问他怎么啦，他一句话也不说，只是略微一笑。第二天，赵福恩早早就起来了，带上干粮，快步地往东山走去了。妻子不知道是什么事，心里很纳闷，但她凭着婚后与丈夫共同生活20多年的经验断定，不管发生什么事，总不是坏事。

第二天傍晚，赵福恩和那位姓张的青年又见面了。那位青年又给他讲了许多爱国抗日的道理，还讲了国家的形势和前途。那人说："我们要抗日，必须发动群众，把大家组织起来，一致行动。光靠一个人的力量是不够的，只要我们大家都能参加斗争，抗日救国，就一定能打败日本侵略者。"以后，赵福恩和那位姓张的青年又见了几次面。最后，发展赵福恩为抗日救国会会员。在赵福恩成为抗日救国会会员那天，那位姓张的青年告诉赵福恩，自己是抗联十二支队的张瑞麟。

不久，张瑞麟成了赵家的一位过往甚密的客人，常出现在赵家。

赵福恩建立起第一个抗日救国会任会长，妻子刘玉珍、妻哥刘庆田等5名家人都参加了抗日救国会。刘玉珍建立起红色联络站，向群众宣传抗日救国主张，发展救国会员。她更主要的任务是负责给抗日联军筹办粮食和副食品。

赵清林

刘玉珍哥哥抗日救国会副会长刘庆田组织爱国群众，为抗联部队送给养、传情报、救护伤病员，赵福恩儿子赵清林年少就参加抗日活动。

赵清林在父母言谈之中，懂得了许多抗战救国的道理。于是，他经常上山为抗日联军宿营地送粮食，用竹筒子装鸡蛋往山上送。还经常同父亲、舅舅往抗联军营送猪肉、小鸡、粉条。抗联指挥员在他家常开会研究工作，他就在门外站岗放哨和跑腿送信等。"巴木东"大检举时，17岁的赵清林同父亲、母亲、舅舅同时被捕。他在严刑拷打面前，一问三不知，不惜一切，甚至生命，保住了抗联指挥员张瑞麟同志。就这样在监狱里苦苦熬过8

个月，敌人无奈释放了赵清林。

1942年8月，抗联第三路军总参谋长许亨植来木兰检查小分队工作，返回指挥所途中在青峰岭遇难。事后，抗联十二支队的同志来到许亨植遇难地，发现其随身携带的笔记本不见了。因本中记着抗日救国会的情况，抗联十二支队的同志担心敌人采取行动，通知赵福恩一家和救国会员到外地躲一躲。可他们还存有侥幸心理，以为日本人还没有发现，决定等等看。但他们哪里知道，一个巨大的阴谋正在筹划中。几个月后，"巴、木、东"大检举事件发生了，赵福恩、刘玉珍、刘庆田、赵清林等抗日救国会会员全部被捕入狱。

被捕后，他们在东兴县警察署被审讯11次，每次都要挨一顿拳打脚踢。审讯问的问题总是这几个：张瑞麟在什么地方？你为抗联做了些什么？你知道谁是救国会会员，等等。刘玉珍的回答是："不知道！""没有！""不知道！"

在东兴县关押一个月后，他们又被转送到巴彦县和哈尔滨监狱关押，共230人。

1943年农历五月十一那天，赵福恩和刘庆田受审回来，从刘玉珍的号前经过，刘玉珍把手从"风眼"里伸出去，问她哥哥判了什么刑。刘庆田站了一站说："死刑"，他看了看自己的妹妹，并坚定地说："我们一定会胜利！"

农历六月十九那天清早，看守警告刘玉珍不许面向走廊坐着，不许往走廊看。刘玉珍心里明白了八成，她猜想那不幸的事情可能要发生了。不一会儿，走廊深处响起了沉重的脚镣声，越来越近。刘玉珍从"风眼"里向走廊望去，只见她的哥哥和丈夫被带到楼下……

晚上，一个看守告诉刘玉珍说："你的哥哥和丈夫今天被绞死了。"刘玉珍心里十分难过，但她当着看守的面却没有落一滴泪，没表示一丝一毫的软弱。她十分坚定地说："他们死得光荣！"看守走后，刘玉珍悲痛欲绝，心中一方面充满了亲情骨肉生离死别的痛苦；一方面充满了对敌人的切齿痛恨。至于死，刘玉珍有自己的看法。她认为人生免不了一死，能为祖国而死，把生命献给祖国，是光荣的也是幸福的。刘玉珍从严酷的现实生活中更深刻地领会了老张说那些话的含义。她耳边响起了老张那洪亮、坚定的声音："我们的事业是正义的，只要我们大家动手，团结一致，就一定会打败日本侵略者！"

同年农历七月初五，刘玉珍被判刑八年。后被押送到安东（今丹东）市服苦役，受尽了棍棒之苦。1944年初又被转押到瓦房店，在瓦房店给织网会织网。繁重的体力劳动折磨得她九死一生，但她却从没动摇过和日本侵略者斗争到底的信念。

1945年8月15日，日本宣布无条件投降。刘玉珍结束了3年的监狱生活，她又重新获得了自由。

第六节　热血青年参军抗日

一、抗联战士李绍刚

李绍刚，1921年5月出生于黑龙江省木兰县原满天星富荣屯（今东兴镇富荣村）贫农家庭。

1932年，李绍刚年仅12岁，参加伪满洲国组织的国兵检查，虽然没有检查上，但被奴役的这一天总是没有逃脱。不久，他这个"国兵漏子"被迫参加勤劳奉仕和受训。12个月的惨苦生活，使李绍刚深深尝到亡国奴的滋味，天

李绍刚

天挨打，嘴巴被打肿了，身上的伤痕接连不断，严重的时候不能走路。那时有钱家的孩子，可以给日本兵、警察送点礼，就可以免遭毒打，没有钱送礼的穷苦人，只好等着受折磨，度日如年。几个月过去了，总算熬到头，回到家后，母亲已经故去了，父亲又没能力管他，几个哥哥也无办法安排他的出路，他只好由满天星来到东兴学木匠。后来，经人介绍到日本"开拓团"赶马车。到了"开拓团"日本兵张口八嘎、闭口八嘎，这样的屈辱怎能受下去呢？不满的情绪经常表露于外，愤怒的语言不绝于口。这种表现，被当时与抗联队伍有联系的卢春祥同志所了解，因而经常启发、教育李绍刚，使他不断地提高了觉悟，认识到日本侵略者一天不滚出中国，中国人就一天得不到解放。

出头的时刻终于来临了，他开始踏上抗日救国之途。1941年5月的一天，李绍刚和卢春祥越过高山密林，走着崎岖的山路，到第三天终于找到了抗联队伍。东北抗联十二支队政委张瑞麟接见他们两人，他们说明来意后，张政委以和蔼可亲的口吻说："打日本侵略者是非常艰苦的，你受不了这样的苦，家里还有父兄，还是回去吧。"几句话虽然是温暖的、关心的心情，但对一心一意投奔抗联的人来讲，真是冷水浇头。李绍刚停了一会儿，于是央求起来。张政委还是不同意，怎么办呢？踌躇了半天向张政委说："我既然跑出来，回去也没好，是不能回去的。你们不要我，我跟你们后边走。"由于张政委看到李绍刚这样坚决的态度，才表示暂时留下来。讲到这里他接着说："这是对你的考验，当时没有体会这点。"参加抗联后，走山路，跟不上老战士，困难很多。但在老战士的关怀照顾下，学会了射击、瞄准、行军、打仗等军事技能。

李绍刚由开拓团跑出参加抗联后，日本人就已经知道了。特务们就逼李绍刚二哥在三天内把李绍刚找回来，不然……就这样李绍刚的二哥在第三天逼得没有办法，在挑水的时候，走到村公所门前用剃头刀割断了喉咙自杀了。李绍刚的家事被张瑞麟知道后，对李绍刚说："敌人抓不到你，逼死了你的哥哥，你应当把革命意志锻炼得更坚强，把悲愤化为力量。"不久李绍刚加入了青年团，在赴苏途中加入了中国共产党，在党组织的教育下，逐步锻炼得更勇敢坚强了。

1941年5月，李绍刚正式参加了东北抗日联军第三路军第十二支队十一小队，当战士；1943年，任第一队十一小队代理队长、队长；1944年12月，转到苏联编入八十八特别旅。1945年"八一五"光复后，他随苏联红军接收辽宁省大连市、旅顺市，任沙河口区苏联红军司令部副官。

李绍刚在东北抗日联军第三路军期间，主要活动在木兰、东兴、巴彦、通河和庆安等抗日游击区。随同朴吉松、张瑞麟、鈕景芳等，参加过多次战斗。

二、夜袭欢喜岭

1942年6月7日，抗联十二支队中的一小队5人，由大队长鈕景芳率队，有张祥、安福、李桂林、李绍刚，从当时东兴县的大青山，经过大肚川，来到白杨木河西岸（现在是建国乡境内）。在白杨木河上游的左岸，居高临下，观察对岸——欢喜岭，发现了过去没有人居住的欢喜岭下，却搭起了几顶帐篷。

河岸边有一位老人正在垂竿钓鱼，于是他们便走上前去进行了解。原来是迁来的开拓团。有1名团长和33名日伪军，除4名赴木兰县城开会外，尚有30名日伪

军盘踞在这里。根据这一情况，他们决定夜袭欢喜岭。几个人研究了战斗分工与部署，并动员老渔翁作向导。

这天夜里（1942年6月7日），天下着小雨，黑得伸手不见五指（后边人看不见前边的人），游击队员踏着泥泞的山路，来到了日本开拓团军营居住地欢喜岭山下的帐篷窗前。他们试探着摸近哨所，只见敌人哨兵与警犬已睡在一起，屋内还亮着灯，快步冲到窗前，朝屋内猛烈地射击，敌人已经全部进入梦乡。他们立刻投掷了一颗手榴弹。一声巨响，屋内浓烟滚滚，敌人混乱起来，不知抗联队伍有多少人。抗联战士高声喊道："缴枪不杀。"敌人的翻译在屋里高喊："缴枪留命！"队伍停止了射击，敌人将枪和战刀从窗口扔了出来，部队一部分人进屋，一部分留在屋外，以防万一。进入室内的战士，通过打哆嗦的翻译，向敌人宣讲了日本帝国主义侵略中国，中国人民反侵略救国的道理，并警告敌人，改恶从善，不许欺压群众，教育后全部释放。这次战斗共缴获短枪20多支，所有大枪全部毁坏扔到山里。缴获的物资在伐木工人的帮助下，运往山里密营。

战斗历时很短，然而却打败了几倍以上的敌人，给敌人造成了沉重的打击。据敌伪内部材料记载，敌人对这次袭击非常重视，当成一个重大的事件，也成为"巴木东"大检举的起因之一。木兰、东兴两县广大群众得知抗联的这一胜利消息，受到了极大的鼓舞。

三、攻打大贵镇

1942年9月11日，在抗联十二支队队长朴吉松、政治委员张瑞麟率领下，鈕景芳、张祥、安福、李桂林、李绍刚等12名同志攻打大贵镇。大贵镇位于木兰县北部，是出入蒙古山的咽喉，也是沟通巴、木、东三县等供给养的要塞。当时考虑，一要控制这个咽喉要塞，二要打击和牵制敌人对山区的"讨伐"。此时，部队在山中遇到新民杨木荡子屯进山采蘑菇农民李家兄弟两人，向他们了解大贵镇的敌人情况，并动员两人作向导。这时已近中秋佳节，夜间月亮很亮，决定以庄稼作掩蔽向大贵镇进发。部队走了几十里路，于夜间12点左右到达大贵镇，进行短时间休息，并作了战斗部署。把部队分为两个战斗小组分头进攻。半夜里，镇内鸦雀无声，劳动一天的人们早已入睡。大贵镇南大门的自卫团李玉书站岗，当他发现队伍时，放了一枪向敌人报警，李玉书立即被我军打伤，并将他押起来。朴队长率领的战斗小组打进了警察分所，将值班警察孙有德（外号孙缺德）打伤，把七八名自卫团和十几名警察全部缴械，将他们集中起来进行抗日宣传教育。告诫他们改恶从善，重新做人，不准再当日本走狗与人民为敌。另一小组包围了警察所长李德春的住宅，当即将他逮捕并缴获一支短枪。然后又砸开大烟所，将大烟烧毁，把钱款和部分手枪、子弹带走，大枪全部毁坏。对伪警、自卫团进行教育后将其释放。在伪警察的要求下，给予他们部分弹壳，以做他们向上司交代（假供对抗后被攻占）的理由。部队在饭店吃过饭后，购买部分物资，于天亮前撤出了大贵镇，隐蔽在大贵镇东南不远的大路旁柳树沟内。第二天夜间，部队又向石河进发了。

这次战斗，使敌人大为震惊，出动了大批伪军、警察到处搜查抗联去向，并将进山林的"讨伐队"调回增援，其结果是徒劳的，不久抗联又在石河传来胜利的消息。

四、火烧石河镇

1942年秋天，抗联十二支队夜袭大贵镇后，转移到蒙古山地区活动，9月18日又攻打了石河镇。石河镇位于松花江北岸，西距巴彦县30华里，是"巴、木、东"三县交通要道。当时，石河镇的警察、特务多数被调往大贵镇追捕抗联队伍，镇内所剩人员很少，战斗力量不强，易于攻取，并会造成敌人首尾难以相顾的局面。同时，也会牵制巴彦县伪军不敢放弃城镇来支援追讨抗联部队。

队伍在向石河镇进军中，到了石河北蔡家屯，向在田地里干活的农民王江等5人了解石河镇的情况（这些人家住在石河镇，是到这里来开荒种地的）。动员王江等人作向导，天黑时冒着小雨进入石河镇北沟。分两个战斗小组，像两把尖刀直插敌人心脏——石河镇。

一组包围警察所长老常头的住宅，缴获1支短枪，然后迅速砸开大烟所，将现金拿走，大烟烧毁；另一小组直攻警察所，把岗哨李显臣（自卫团）的枪缴获后，即进入院内。这时自卫团士兵正在赌钱。战士们冲进屋里，将他们的枪支缴获后，全部破坏。然后把自卫团员集中起来，向他们进行抗日救国的宣传教育，同时在镇内散发一些标语、传单，用宣传抗日救国的思想，激发群众的爱国主义觉悟。部队在饭店用完饭后，购买些东西，按价付了钱，纪律严明，对待人民群众秋毫不犯，受到群众的赞扬。队伍于夜间3点撤退前，将警察所上房7间、厢房2间，用火烧毁。熊熊的烈火持续烧到第二天傍晚时分。房屋的坍塌像给敌人敲丧钟一样发出阵阵响声，预示着敌人将要瓦解、灭亡。

抗联的枪声响遍了木兰各地，尽管敌人严加封锁、控制，但胜利消息迅速传遍了松花江两岸，鼓舞了群众，增加了抗日胜利的信心。"抗联已被消灭"的谎言被揭穿了。

第七节　在校师生团结抗日

一、木兰国高学生的反抗

　　1941年，滨江省立木兰国民高等学校（简称木兰国高），设在木兰县城东岗。这所学校是日本帝国主义从奴化教育入手，特别是以青少年一代为主要对象，企图从小时候起就把学生奴化成效忠日本帝国主义的奴才。

　　木兰县爱国师生富有顽强斗争的历史，日本帝国主义的奴化教育难以束缚具有反抗精神的木兰县师生。当时该学校的教师和青年学生痛恨亡国奴生活，痛恨日伪汉奸警察，蕴藏着反奴化教育的反抗意识。有一次，一个学生说句"日语话不用学，三年以后用不着"，校长吉川（日本人）听到之后，就拿这个学生出气，学生被他打得死去活来，一整天不准喝水，不准吃饭。

　　青年学生的爱国热情是打不住、饿不倒的。1941年，一位家住宾县的学生张坤乘客船返校途中，刚到木兰码头，伪警用日语问："拿的什么？"学生都有一种民族尊严，早已仇恨日伪官兵，自己民族不用本民族的语言，反而说些"洋语"。张坤当即回击说："你说的驴语（不是人语），我不明白！"这下可惹得伪警大怒，伸出手朝张坤的耳后扇了两大巴掌。他哪能容得下这股怒气，上前揪住伪警的衣领，两人在码头上撕打起来。眼看张坤被伪警按倒在地，要吃亏挨打，有民族气节的同学团结助战，蜂拥而上，围住那伪警乱捶乱打，一直推拉到南门派出所。这时学生们齐拥警务科，警务科怕学生闹起大事收不了场，于是当场对当事伪警进行严厉斥责后，将其调出南门派出所。

　　1944年的一天，正值全县防空演习，日伪组织学生进城防空放哨，学生不听指挥和调动，王明奇等学生出头与在场的伪警官李彦又发生了争执。当时学生反抗情绪高，人多势大，受压抑的学生如决堤的河水，蜂拥而上，一时棒棍横飞，直朝伪警打去，打得他们叫苦连天，狼狈逃窜。后来伪警找到校方仍无结果，学生又拿出学校的木枪、木剑，见伪警就打就砍，吓得伪警们龟缩警察署窝里不敢出来。后来经胡向臣教官出头平息了这场争战。

二、兴兰小学燃起反满抗日的烈火

在暗无天日的伪满时期，木兰县城内由朝鲜族农民节衣缩食，捐资出力，辛辛苦苦地办起了一所朝鲜族小学，名曰"兴兰小学"。在这所小学师生中燃起反抗殖民统治的烈火。年轻教师柳景和，家境贫困，靠亲戚帮助读完了国民高中，无钱继续到大学深造，只得到兴兰小学任国民优级教师。其父早年参加抗日，英勇牺牲。柳景和继承父亲抗日救国的遗志，经常通过讲课向学生渗透"不要忘记祖国"的进步思想。据1943年的一个在校学生说，柳景和很进步，当时具有反满抗日的思想，关心和热爱朝鲜族学生，也很受师生尊敬。后来不知为什么这位老师就不见踪影了，大家都很为这位老师担心，不知道其是否被伪警特务逮捕，成为"政治犯"或"思想犯"。

1945年8月日本投降后，柳景和在哈尔滨一所中学出现，当年在兴兰小学读书的学生得知柳老师还在的消息，无不欢喜庆幸。1946年，柳景和返回朝鲜，在朝鲜人民共和国国家机关担任重要职务。

1941年，兴兰小学毕业生张洪恩，在木兰解放前夕的1945年末便自动奔赴宾县，投入革命怀抱，参加了朝鲜义勇军。1946年参加了解放木兰战斗。张洪恩没有忘记柳老师在黑暗年代里传播给他的进步思想，内心深深地埋下了柳老师惠播下的革命火种。在张洪恩的革命行动影响下，百成根、桂荣清等一大批朝鲜族青年，于1946年初便都踏上革命征程，参加了朝鲜保安队。

面对残酷的敌伪统治，几百户朝鲜族农民自发捐款办学，其精神难能可贵，更值得称赞的是这所小学确实为中国革命事业和朝鲜国家革命事业培养了一批栋梁之材。许多当年在兴兰小学读过书的青年，之后都走上革命道路，他们在中国人民解放战争和社会主义建设中，在朝鲜抗美救国与和平建设中，都分别做出了卓越贡献。

第八节　爱国群众参加抗日

一、双枪女侠朱翠花枪响日军亡

朱翠花出生于今尚志市亚布力，1936年，她24岁时来到老区木兰县大贵镇，组织起地方武装打击日伪军。由于她手持双枪，机智勇敢，对日伪军出手狠，枪法准，在巴彦、木兰、通河一带成为传奇人物，而得名——"双枪女侠"。

1936年9月，赵尚志领导的东北人民革命军第三军改编为东北抗日联军第三军，"双枪女侠"由于枪法准威震四方被收编。

1938年秋，攻打于大木匠屯"集团部落"时，为引诱日军入阵，"双枪女侠"骑着马伪装逃跑，数十名日军尾随其后奋力追击，当敌人进入射程后，"双枪女侠"弯腰、侧身、举起双枪向日军射击，当场撂倒七八个日军，她骑着战马继续向前奔跑，再举枪向日军射击，又打倒了五六个日军。日军看到"双枪女侠"如此英勇，不敢再追。从此一提起"双枪女侠"，日本兵就胆战心惊。

同年秋，"双枪女侠"在于大木匠屯又与日军山林队交火。战斗从早打到晚，"双枪女侠"带领战士们找好地势，向敌人开火，先用双短枪射击敌人，使敌人一个又一个地倒下，当枪口打热了再换长枪，长枪又打热了再重新用短枪，几个轮回打得日军狼狈而逃。"双枪女侠"趁着天黑带领战士们撤到安全地带，从此日军山林队再也不敢前来袭扰。

1944年，朱翠花在木兰县彭大房子与日军激战时，左臂肘部受伤，粉碎性骨折，最后截肢，回到大贵镇务农成家。

二、爱国青年赵万金为抗联送饭传信

1938—1942年，东北抗日联军第三路军十二支队队长朴吉松，政委张瑞麟、大队长钼景芳、小队长张祥等人，经常活动在木兰县蒙古山、东兴县五顶山一带与日伪军交战和组建抗日救国会。

1942年秋，住在蒙古山下大贵镇孙恒屯的赵万金家来了两位年轻小伙子，商量让他家准备十几个人的饭菜。当时，对来人提出的要求赵万金有点犹豫，经过几句交谈，年

赵万金

轻小伙子看出这家人是老实厚道的农民，把实话说了，他们是打日本侵略者的。一听，赵家非常高兴能为打日本侵略者的人做点事，太好了，于是，赵万金把家里养的大花猪杀了，为战士们焖猪肉、炖大豆腐、烙油饼，趁天黑和抗日救国会的孙恒等一伙人胳膊扎着白手巾，挑着炖好的菜和油饼来到战士们的临时住的苞米地里，战士们高兴得跳起来，抱着赵万金不撒手，连声谢谢、谢谢，饭后付了饭菜钱。后来听说，这个部队在抗联朴吉松带领下，攻打大贵镇，又奔往石河去战斗。

一年夏天，赵万金走着去巴彦县城，回来时在巴彦东门的一家小铺买了二斤饼干，当时白面很少，饼干是用苞米面和白面混合面做的，他来到蒙古山山神庙时候，被抗联部队站岗的截住了，盘问后见他拿着饼干，小战士便说："饼干卖给我们吧，我们首长好几顿都没吃饭了"。赵万金听首长挨饿，心里有点软了，就同意了。当他跟着小战士来到首长面前时，只见首长依靠在树根下闭着眼睛。小战士和赵万金向朴吉松队长说明情况后，他睁开了眼睛接过饼干大口大口地吃着。战士付给了赵万金钱后接着说："老乡求你啦，你再去买一趟干粮，给战士们吃好吗？"赵万金答应后又去巴彦买饼干去了。当时，一个人只能买二斤饼干，赵万金找了几个熟人帮着买，强凑了10斤，用破麻袋包好，背着又回到蒙古山密营地。战士每人只分得两块，用大茶缸子舀了些野菜汤吃着饼干。付了钱，赵万金走的时候，朴队长把他叫到一边，劝他到这里和抗联一起打日本侵略者。

据赵万金回忆，他还给蒙古山抗联部队送过三次信，朴吉松告诉了赵万金与地下党组织设在骆驼砬子秘密交通站和交通员赵春霖接头的手势和暗语，赵万金来交通站时双手举着一张"黄仙纸"，口称道长，我家掌柜病了，吃不下东西，请您给出个偏方。赵春霖没有及时答复，只把手里的"黄仙纸"拿走了，过了大约一袋烟工夫，他拿来一块黄纸条，上边写的什么赵万金一点都不认识，他说："我给你们掌柜的写了一道符，让他烧了后用白开水喝下去就好了。"

赵万金把写的"符"包好藏在衣服里，从骆驼砬子出发，攀山冈经过土门岭、乔家大岭、小黑砬子、李发大山、北大山、山神庙，回到蒙古山。头道岗的战士问："什么人？"赵万金按照早交代好的暗号答"自家人"，高高举起"黄仙纸"，对上了暗号，战士将秘密交通站传来的黄纸条交给首长。赵万金就这样来往于蒙古山和骆驼碰子之间，给抗联部队传送情报。

赵万金正想参加抗联部队时，没想到被特务告密了，因他为抗联送信办事，被抓进了哈尔滨监狱。光复后，赵万金走出监狱回到老家，才知道母亲被日本人打死了，小妹妹让日本人活活地摔死了，爹和大伯都死在了监狱里。

三、画匠师傅石万和巧救抗联战士

在1936年秋，木兰镇西门外有一家万生（木）器店专门经营寿材（大棺材），店里雇一个画匠师傅名叫石万和，绘画艺术高超，远近闻名。

一天，画匠石万和画完了一幅二十四孝图，感觉很累，没有盖棺材盖就收工回家了。深夜，城里响起了一阵阵枪声，一位抗联战士急促地跑到万生（木）器店，左右一看有口棺材没有盖上就钻到里边去了，后边追杀抗联战士的人一哄而过。后来，抗联战士又费很大的劲把棺材盖移过来盖好，安全地躺在里面。

次日一大早，石万和来到木器店，发现棺材盖怎么盖上了，走近一看，从缝隙里冒出哈气来，里边躺着一个大活人，那人挥了挥手，小声说："不要声张。"师傅明白了昨夜城里枪声，想必待在里边的一定是抗联战士，他转身回到店里向掌柜说明缘由。掌柜理解这位战士的处境，让石万和务必处理好这件事情，石万和为这位抗联战士烙了白面饼，送了开水，并叮嘱他不要动，又盖好了棺材盖继续往棺材上画二十四孝图案。

天渐渐地黑下来，石万和叫起了躺在棺材里的抗联战士，为他指明要走的方向、路线，趁着天黑，这位战士安全地出了木兰城。三天后的半夜里，小战士又偷偷地来到了万生（木）器店，在大门上挂了一个布袋，里边装有十五块银圆，用以表达对他的救命之恩。

四、修理业主宋魁为抗联修理枪支

宋魁是柳河镇三星村于家沟人，早年宋家就以修理为业，挑着担子走街串户，锯缸、锯锅、锯盆、锯碗等。到了伪满洲国，他又多了一样手艺——修枪。不管长短枪，他只要拿到手，就知道啥毛病了。

在1936—1939年期间，他又成了抗联密营地的修枪"专业户"。当时蒙古山、鸡冠山都有驻兵，夏天宋魁时常到蒙古山为抗联部队去修枪，每次修枪时都是黑天去，蒙古山上来人骑着马接他上山，在"地窖子"里修枪。冬天，宋魁多次去鸡冠山里的营地修枪，每次抗联部队都是起大早贪大黑，赶着二马爬犁来接宋魁去修枪。修枪的时候抗联的领导们对他非常客气，招待也很热情，从此关系相处得很融洽，来往很密切，只要抗联需要修枪，宋魁二话不说就准备好修理的工具及时到场。

一次大雪天，宋魁被抗联部队来人接走了，天气特别冷，下着大雪，刮着"大烟炮"，坐着马爬犁飞奔鸡冠山密营地，到了地方天黑黑的冻的直打哆嗦，暖和片刻开始修枪，修完枪时天快亮了，还得回家，这时抗联领导于天放走过来，看宋魁穿得很单薄，就把自己穿的猞猁皮短皮袄给他穿上，说："衣服送给你了，路上别冻着。"宋魁谢过后又坐上马爬犁，趁天还没亮回家了。

现在宋魁已过世多年，他的后人说永远不会忘记这件事。现在于天放送的猞猁皮袄，经过多次缝补还可以穿。他们要把这件皮袄作为抗联人留给他们的最珍贵的礼物，永远地珍藏起来，留给后人永世不忘。

五、蔡家店李大嫂舌斗日伪军

蔡家店位于木白路24公里，东侧老石场运材路1公里处，帽碴子山脚下。早在 7 000 年前这里就是古代先人的聚居地。这里出土了许多新石器时代晚期的各种石器、石斧、石刀、石臼等 200 多件，后来考古专家定为蔡家店遗址。大约在民国期间，因这里过往的人越来越多，有的去老石场运石碾石磨，有的到深山里采伐木材，有的到山里挖人参药材，有的到山里打猎等。李凤在这里开了个过路客栈——蔡家店。

据木兰县抗战历史研究人员调查得知，蔡家店、帽碴子都坐落在大小鸡冠山西侧，呈东西排列之势，山高林密，当时赵尚志的东北抗联第三军，就在这里战斗和生活，在老石场召开秘密会议，在蔡家店交换过军事情报，接收过乡亲们送来的物资，在欢喜岭袭击过日军开拓团，在三合店攻打日本兵站。

据史料记载，1936 年 7 月的一天，赵尚志领导的东北人民革命军第三军袭击了驻木兰县城的日伪军，烧毁了伪警察署，夺取了 20 多支枪后，又率收编的"九江""东来"部队，来到帽碴子一带活动，也经常来蔡家店"喝水""吃馍"（当时土匪的黑话，"喝水"指打间，"吃馍"指小住几天）。这里的小店也"红火"一时，有的是伐木工匠、有的是打猎人、有的是上山采药的人，都在这里打间小住。店大嫂李凤是一位机灵、纯朴、能干的乡村农妇，以开店为掩护，为山上抗联部队传递情报。

有一天，城里的日伪军进山"讨伐"寻找抗联营地，路过蔡家店打间时，想从李大嫂的口中寻点风声。时值李大嫂正在退鸡毛，一个伪军头儿上前搭讪："老板娘，你这是家鸡还是野鸡（野鸡是东北暗娼）。"店大嫂灵机一动，笑着说："老总你别问它是什么鸡，只要看着这又黑又黄的皮毛，我知道他不是纯种，是杂种。"李大嫂说的"黄"是指黄皮的日军，"黑"是指穿黑衣裳的伪警，狠狠地骂了他们一句"杂种"。开饭时，又一个警察狗子想占李大嫂的便宜，嬉皮笑脸地指着屋里擦得净明瓦亮的躺柜，问大嫂："老板娘，这柜是漆（妻）的吧。"李大嫂哈哈一笑道："不是漆的，那是抹（妈）的。"这帮家伙没有寻到抗联营地的消息，反倒挨顿臭骂，又不好找茬发作。

这时李大嫂早已把日伪军进山"讨伐"的消息送给山上的密营，完成了她的任务。

六、木匠师傅刘勇斧劈日军头

木兰县建国乡新立屯部落有个叫刘木匠的，1944年冬，他赶牛车上山，遇上广信屯部落的日本人小林，因说话不投机，便打起来，小林把刘木匠打了一顿。这个仇牢记在刘木匠心里，他想等有机会一定要报。有一天，小林由新立屯回广信屯，路过刘木匠的家门口，刘木匠一眼就认出是打他的日本人小林。仇人见面，分外眼红。刘木匠从屋里拎起伐木用的斧子，就从后面追了上去。等走到小林的近前时，刘木匠一斧子砍向小林，小林的后脑当时就被砍了个大口子，鲜血四溅，小林栽倒在地。接着刘木匠又连续砍了几斧子，一边砍一边骂："你们这些狗强盗，霸占我们的土地，欺压中国老百姓。"小林跟随日本侵略者的彻底失败，一块儿上西天了。刘木匠干了一件大快人心的事！

第九节　伪警士刘鸿学反叛击毙日本参事官

1933年，驻木兰县城东门、西门和伪县公署警察主要代表、伪警察署警士刘鸿学，十分不满官署欺压百姓和克扣粮饷的行径。他看到众警士难以维持生活，怨声载道，便联系30多名伪军，与接受抗日思想、活动在木兰、巴彦之间的孙朝阳派来的20多人的武装小分队内外夹击，于10月4日夜晚，向伪县长及日本参事官居室猛烈袭击。伪县长起初以枪还击，后见枪声四起，火光冲天，喊杀声逼近，不敢恋战，仓皇逃跑。这时，伪县公署已被包围，他们打开监狱，放出在押"犯人"。日本参事官久泉隆腰部中弹，当场被击毙。

第四章 老区人民是鸡冠山抗联游击根据地的大后方

东北抗日联军第三军将领赵尚志、李兆麟、冯仲云、金策、许亨植、朴吉松、张瑞麟、于天放等，经常活动在以鸡冠山根据地为中心的蒙古山、五顶山、青峰岭等抗日游击区，与日本侵略者开展殊死搏斗。由赵尚志、李兆麟等指挥打击统治机构东兴设治局（东兴县）、三县指挥部、伪警察署，进行了蒙古山突围战、夜袭欢喜岭、摧毁集团部落、切断水上交通、打开通南北通道等战斗89次。

第一节 依靠老区爱国青年，壮大抗联队伍

1932年，老区大贵镇王大板子屯和东兴县第一批加入中国共产党的部分党员、团员参加了张甲洲、赵尚志组建的抗日游击队。在他们的带动下，老区木兰、东兴两县爱国青年踊跃参加抗联队伍。东兴县新民镇新华村爱国青年何耀东、何祚山兄弟在木兰达河边玩耍，这时河水上涨，桥梁被淹没，赵尚志队伍要过河去打日伪军，两兄弟得知后回家拿来铁锯和斧子，砍树绑成木排，天黑前用木排送抗联战士渡河。两兄弟从此参加了抗联队

伍。第二年春，何耀东带领40多名抗联战士，跟随赵尚志到大青山打游击。接着，又有张福、吴白江、王生等近千名爱国青年参加了抗联部队。

第二节　依靠老区地方武装扩大抗联队伍

赵尚志率队在木兰（东兴）县活动期间，"于九江""一抹脸""滚地龙""南霸天""大东来""化民""长山"等山林队多带有匪气，既打日本，又骚扰地方，但多是为了筹集粮饷而袭击大户，较少掠夺贫苦百姓。当时，老区木兰（东兴）县有40余股山林队，人数达4 500余人。

1934年至1938年期间，这些地方武装在赵尚志等人率领下，主要战斗有：在木兰县袭击大河沿警察署，袭击了日伪滨江省三县联合指挥所；在石河与日军交战击毙了木兰县警察署长寺崎了三（富山）；袭击木兰境内日军单谷部队；木兰城西袭击日本参事官等。在东兴县袭击日军驻地新民镇，火烧警察署；袭击滨江治安队日伪军等大小战斗12次，缴获大批武器、弹药和物资，沉重地打击日伪军，使木兰、东兴两县抗日斗争活跃起来。

第三节　依靠老区人民建立抗联交通站和供给基地

一、刘玉珍建立满天抗联供给基地

刘玉珍的家住在前甸子屯是个四面靠山的地方。她家是独门独院的三间泥草房，紧靠屯子东头，院东南角有一个小院门，出了门便是一片稻田地，田边的池埂便成了救国会与张瑞麟等抗联同志联系的桥梁，刘玉珍家便成了抗联十二支队的供给基地了。

赵福恩、刘玉珍夫妇和刘庆田负责给抗联十二支队筹办粮食和副食品。平日里，主要给抗联队伍买粮食，粮食放到赵家，晚上抗联背粮的同志站在东墙外，按事先约好的方式敲墙，里边的人听到暗号后，将粮食一袋一袋扔到院外去。

刘玉珍

刘玉珍的哥哥刘庆田是五顶山前二屯的屯长，每逢年节，他都亲自出面去东兴县城为抗联队伍买回足够的肉和其他副食品，送到赵家转交给抗联队伍。不论群众送给什么东西，抗联队伍都照价付钱。

张瑞麟和他的战友们常常来到赵家，给人们讲抗日救国的道理和抗日一定胜利的必然性。抗联同志的衣服破了，赵妻刘玉珍就亲手给补上。赵家唯一的儿子赵清林当时只有17岁，他坚持给抗联的同志送信、放哨。就这样刘玉珍一家在中国共产党的领导下，在抗日斗争中带领群众，源源不断地给抗联游击队提供粮食、物资、情报等，使抗联游击队在极其艰苦的条件下，坚持进行抗日斗争。

二、赵春霖建立骆驼峰交通站

抗日战争时期，中共地下党组织在骆驼砬子的主峰上设立了一个秘密地下交通站，交通员赵春霖以道士的身份作掩护，奔走在骆驼砬子周边的群山中。为抗日联军传递信息，接送情报。

赵春霖石刻

赵春霖，群众称他"赵老修"。1889年生于巴彦县张家店屯的一个贫农家里。他只读了四年私塾，后因家穷，便中途辍学，回家给地主扛活。在十多年的雇工生活中，他因不堪忍受地主的剥削和压迫，便产生了"脱离红尘"的念头，所以31岁时出家当了道士。

赵春霖来到骆驼砬子山上玉皇庙以后，化缘积攒些钱，将一座小板庙改建成大砖庙，并起个很有文采的名字，叫"月台石院"。那时，他还一心修身养性，想得道成仙，摆脱苦难深重的人间。"九一八"事变的炮声惊醒了他的迷梦，在如火如荼的抗日战争中，他认识到了共产党才是救苦救难的"菩萨"，只有跟共产党闹革命，驱逐日本侵略者，推翻黑暗的旧社会，穷人才能过上幸福生活，采取"脱离红尘"的态度是不对的，而是要起来斗争。所以他参加了抗日活动，给抗联第三路军第十二支队当交通员、做后勤供应工作。他以出家当道士为掩护，开展地下工作。平日，他天天挎个青布兜子，上写"一台山"和"慈善"五个大字，经常以化缘为名，到处奔走，收集日伪军的情报和筹集物资，支援抗联。

赵春霖很能联系群众，他文笔过硬，常为群众代写书信。特别是春节时，骆驼砬子山脚下的老乡都请他写对联，坐在谁家就是一天。

骆驼碴子山下的王家屯是赵春霖经常活动的根据地。屯里佃户王魁家里是他存粮的地方，也是过往抗联同志的住所。十二支队的同志有时来运粮，有时来住宿，非常方便。赵春霖晚间时常住在本屯的学校里，这也是他的一个联络点。日军说："王魁家是抗联的粮仓，学校是红匪的情报处。"

赵春霖也时常到家乡一带去活动。他劝地主孙凤廷等捐些资金和粮食，支援了抗联，并教育孙凤廷参加抗日救国。所以，木兰解放以后，孙凤廷就主动把家产都分给了穷人，说他早就跟赵老修革命了。因此，"土改"时，群众没有斗争孙凤廷，称他是"开明绅士"。

抗联的同志也常到山上的庙里去，他们每次来，赵春霖都给烙些发面饼带走，还送些胶鞋、棉衣、乌拉、电池和药品等东西。

赵春霖的抗日活动被来"包户"侦察的特务赵洪升发现了。因此，他和王魁以及学校的教师陈维新、王吉云等与他有联系的人都被列入黑名单。"巴木东"大检举时，他们全部被捕入狱。赵春霖被捕时，嘱咐老韩头说："骆驼碴子山上的石洞里，藏有很多豆油、米面，还有咸盐，拿出来给抗日联军。"

赵春霖被捕后，被关押在哈尔滨的监狱里，虽然受尽了严刑拷打，但他什么都没说，一问三不知，只说他是"吃斋念佛"的人，不管人间事。敌人无可奈何，判他15年徒刑。赵春霖最终被折磨死于狱中，时年55岁。

三、木兰县城周家皮铺交通站（皮铺后人口述）

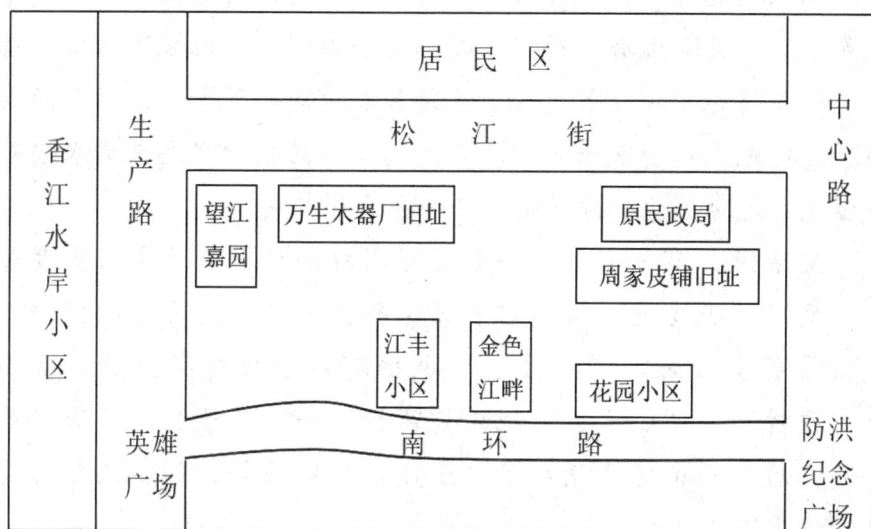

交通站——周家皮铺旧址图

　　早年，常听父亲说，伪康德年间我家在木兰镇西南隅，紧靠松花江岸边（今民政局家属楼小区至望江嘉园小区生产路以东），经营皮具行业——周家皮铺。

　　皮铺一开张，制作的马具、皮具等用品卖得很快，一时人手不够用，就在吉兴大灰堆屯雇来一个工匠，小名叫襄子，大约十六七岁，人很精明，皮铺里的事多数由他来跑，每件事都处理得很妥当，人们称他"小皮匠"。他更多的时间与来买马具的人打交道，有时也接待皮货商。大约1937年，木兰城区的警察署长高中歧，外号"高大架子"，牵来一匹马，让小皮匠为他办点事，小皮匠答应了，骑马就去了"北山里"（指鸡冠山抗联密营），第二天小皮匠回来了，我四奶见他受了伤，又怕有人找他麻烦，就把他藏在家中最安全的地方养伤。一个月后，才知道小皮匠是给抗联队伍送信去了，从此才知道他与抗联人有联系。

没有多久，我家又来一位姓付的先生，要租我们家的房子，我父亲见此人稳稳当当，就答应租给他一间半房，付先生住下后，整天奔忙。一天晚上有人叫门，父亲刚一推门，早以设下埋伏的特务误认开门的父亲是付先生，于是长短枪同时开火，父亲身受重伤。当付先生秘密回来时，连声谢谢父亲的救命之恩，后来才知道付先生是地下党，按照组织安排去了佳木斯。

父亲说，有一次来了一个皮货商打扮的人，这个人气度非凡，见了"小皮匠"举起右手五指并拢与"小皮匠"打招呼，小伙计买卖可好？"小皮匠"也举起右手应对问：老板都要什么皮货……"小皮匠"把皮货商领到一间屋子里去"洽谈业务"，后来父亲终于明白了"小皮匠"的手势，问答的话都是在对接头暗号。

父亲对这些不是亲人胜似亲人的"小皮匠"、付先生、皮货商等人的言行看得一清二楚，打心里佩服这些有骨气的中国人，暗下决心支援抗联队伍，同心协力早点把日本侵略者赶出中国去。从此，周家皮铺就成了抗联鸡冠山根据地的物资供应站。周家皮铺为抗联队伍提供马具、皮具等，马鞍子制作得非常好，不磨马背，人骑上也舒服。鸡冠山密营部队来买马鞍子、马具、皮具的较多，有时没钱拿货就走，有钱时再还，记忆中买马鞍子就有上百套，还有"六个钉"的乌拉250双，狗皮帽子500顶。周家皮铺还为抗联部队提供铁器用具。部队建房、种地、养马需要很多铁制用品，如扒拘子、铁钉、铡刀、切豆饼刀、马掌、掌钉、砍刀、镐头、各种斧子、锯、镰刀等，父亲都按照需要的数量到于家铁匠炉订货，然后想办法送到抗联密营地或来人取，他们也很讲究按数付款，一分不少。

为抗联部队筹集粮食。大约是1937年，抗联队伍逐步扩大，粮食供应不足，他们来到我家找我二爷商量怎么解决急需粮食问题。有一次要的数量太多，苞米碴子10石、小米10石、高粱米15石，猪肉桦子10个。当时木兰的"大兴当"，也筹集不够这些粮食，我二爷只好求助巴彦、西集、呼兰的亲戚朋友们筹集，用大铁车运回来，再想办法送到抗联密营地。为抗联部队代买中草药。几年来，仅治枪伤的药就能装几麻袋。按照部队的需求，我二爷和我父亲就去找当时最有名的老中医吕调阳和刘景茂按数量满足需求。因部队住在潮湿的地窖子里，生了疥疮，父亲找到吕调阳开了几味中药，装上几麻袋偷偷运到密营地，按照中医的指点用大锅熬水一洗便可，洗了三次就都好了。为抗联部队筹集资金。父亲说：抗联部队多次找我们周家商量，先是借款，借款额也相当的大，按当时的币值得上百万元，本地也解决不了，还是走老路，去巴彦、西集、呼兰找亲朋好友借，我们家总是按照需求满足抗联部队需要，后来钱都如数还清，帮助抗联部队处理"黑货"。"黑货"是指种的"大烟"熬成的大烟膏子，抗联部队拿来大烟膏，变成钱补充部队资金不足。我二爷便托人到哈尔滨道外"黑市"上送"黑货"，每一次都很得手，"黑货"都变成了现钱送到密营部队去。

四、田玉富建立傻子庙交通站

1936年5月，赵尚志到达木兰后，驻军在鸡冠山脚下。为了搜集巴彦、木兰、通河、宾县、东兴、凤山等地日军情报，传递信息，赵尚志在鸡冠山脚下（鸡冠山景区十八米桥）盖了一座小庙，作为秘密交通站。

交通员田玉富一只脚残疾，长头发、方脸，长相憨傻，平时张着大嘴傻乎乎地笑，挂着拐杖勉强走动。过往的路人看见田玉富傻乎乎的，就把这个地方叫作"傻子庙"。

田玉富平时就靠在傻子庙附近种地、种菜（现在，他过去种的韭菜还年年生长），到河里用"憋亮子"方法打点冷水鱼维持生活。

当时十八米桥这个地方是大车道，过路的大车和行人到了这里都停一停。看见田玉富一个残疾人，独立生活在深山老林，无依无靠，猎人路过给一些猎物，大车路过给留点米油盐。

实际上，田玉富是赵尚志重要的情报员（抗联女战士李敏陈述），他故意装疯卖傻隐蔽自己的身份，经常和山外的"打猎人"（其中有赵尚志侦察排长卜俊堂）联系，西南方向主要通过"打猎人"与蒙古山水葫芦窖子的抗联联系，秘密地传递情报和信息。正西方向与骆驼砬子的玉皇阁道士赵春霖联系。北面与东兴香磨山三合屯姑子庵崔和尚联系。

这四个交通站构成了地下交通体系，相互搜集、传递情报，为赵尚志传递各种信息。

五、翟青轩建立葫芦窖子交通站

翟青轩家住大贵镇新屯落，由于家庭人口多，生活很贫困，他就吃住在蒙古山主峰南坡的水葫芦窖子那里，做些水瓢卖钱来维持家庭生活。

当时，赵尚志的抗联部队经常在蒙古山一带活动，因翟青轩常住在蒙古山水葫芦窖子刨水瓢，就和抗联队伍有了联系，抗联队伍对老百姓也很同情，关系相处得非常好。就这样翟青轩和抗联人逐渐熟了，他就开始经常以在山上刨水瓢为掩护，给抗联队伍传递情报，并与蒙古山下孙恒屯的抗日救国会会员孙恒经常联系，帮助孙恒等人往蒙古山上送粮、送饭，得到抗联部队指战员的信任。

有一次，抗联队伍要去东山里的滥柴顶子执行任务，需要他去当向导，他二话没说服从命令，为部队当了向导。时年42岁，大家都称他"老翟头"，由于这次行进路线准确无误，避开日伪特务人员的监视，完成了预定的任务，抗联队伍胜利而归，翟青轩心里也暗自高兴。回到蒙古山以后，本屯的坏分子刘祥盯住了翟青轩，并向大贵镇的特务王甲森告密。将翟青轩以刨水瓢为掩护，给抗联队伍做事为由逮捕入狱。他在木兰北大营监狱被活活打死，时年48岁。

第四节　依靠老区人民抗战取得全面胜利

1931—1945年的十四年间，木兰老区人民为驻鸡冠山抗联根据地，包括蒙古山、五顶山、青峰岭抗日游击区的抗联部队，补充兵源，提供生产工具、生活用品、运送枪支弹药、医疗器具药品、传送情报、补给粮食衣物等。这些共产党员、抗日救国会会员、爱国群众为抗战做出了巨大牺牲和重要贡献，养育了东北抗联第三军，真正成为鸡冠山根据地的大后方，对抗战起到了可靠的保障作用。

抗战时期，以鸡冠山抗联根据地为中心，东北抗日联军同老区军民共同与日伪军作战139次，其中木兰（东兴）89次、巴彦15次、通河35次。木兰（东兴）主要战斗如下：

打击统治机构　1932年10月29日，张甲洲、赵尚志率领攻打东兴设治局（东兴设县之前的称谓），伪县长举白旗投降。1936年7月13日，李兆麟率队袭击了日伪滨江省三县（巴彦、木兰、东兴）联合指挥所（驻木兰县）。据敌人向伪省警务厅报告称，这次袭击损失惨重。1937年3月，在木兰县石头河子与日伪军交战，击毙了木兰县警长寺崎了三（富山）。同月，在木兰境内袭击了日军单谷部队，击毙了日本警官。

1936—1942年，赵尚志、李兆麟、朴吉松等率队，先后袭击大河沿警察署、大贵警察所、石河警察所、西北河警察署、新民警察署、贾家屯警察所、木兰城西警察署、利东警察署和三合店伪山林警察兵站，对日伪统治机构给予沉重打击。

突围战斗 1935年11月，这次战斗由三、四军军长赵尚志、李延禄指挥，击毙了日本指挥官岩本、参事官廉田等。缴获步枪200余支、轻机枪2挺、军服500多套。1936年5月，赵尚志在蒙古山召开连以上的军事会议

赵尚志

时，被日伪军包围，在赵尚志的指挥下，突破了日伪军的包围圈，安全转移。1942年8月3日，由东北抗联第三路军总参谋长许亨植指挥的青峰岭突围战，3人与30多人的"讨伐队"激战，参谋长许亨植、警卫员陈云祥壮烈牺牲。

摧毁集团部落 1936年5月至6月，赵尚志亲自指挥，先后摧毁木兰县太平桥屯、木兰县牌楼店、木兰县谭家店、木兰县尚家店等集团部落。《泰东日报》以《北满共匪王者赵尚志匪全灭，战事亡烈前所未有，日满联军已奏凯旋》为题的不实报道。可见，敌人总是盼望其心患赵尚志立刻"全灭"。

炸毁战舰打通南北通道 为了把江北鸡冠山根据地、通河游击区和江南游击区连成一片，赵尚志策划了打通与江南游击区的水上通道。

当时通往江南的主要通道是位于木兰县9公里处松花江摆渡口，封锁摆渡口江面的主要是日本海军江上防备队炮艇广宇号炮舰和两艘江防舰。日夜不停地在松花江江面上巡逻，阻断了江南

江北的东北抗联第三军的通道。

切糕房位于木兰县吉兴乡南部木兰达河进入松花江的入口处，是江上防备队的驻扎点，防守松花江两岸的东北抗联的战略要地。要打通这条通道，把江南江北的东北抗联游击区连成一片，就必须拔掉切糕房这个据点，打沉这三艘日军军舰。赵尚志经过仔细侦察，摸清了江上防备队的活动规律，制定了伏击计划。1936年7月13日，赵尚志率领小分队进入切糕房，在广袤的芦苇中设下了伏击圈。2小时之后，日军江上巡逻队快艇挂着膏药旗向切糕房岸边开了过来，进入了赵尚志设的伏击圈，赵尚志下达了战斗命令，小分队机枪、土炮、步枪、短枪一齐开火，日军军舰的驾驶员被打死，军舰失去动力。经过激烈的战斗，击毙日军30余人，缴获机关枪2挺、小钢炮2门和其他物资。

从7月14日至27日，赵尚志又在宾县摆渡西口子屯至东口子老船站江面上先后击沉了日军的另外两艘舰艇，打通了江南江北的东北抗联第三军通道，江南江北游击区连成一片，两岸抗联战士遥相呼应。

袭击日本武装开拓团　1939—1942年，日本侵略者向木兰、东兴两县进驻7个开拓团，761户、2 379人。他们绝大多数是日本退伍军人，来到木兰、东兴后，主要任务是霸占耕地，生产粮食，砍伐木材供给日军和运回日本；进行军事训练，补充日军兵源。1942年6月7日深夜，东北抗联十二支队队长朴吉松率队袭击了欢喜岭开拓团，缴获长短枪20多支，团长等30多人被活捉。火烧北二屯开拓团，烧死马匹、奶牛和住房。

日本建"川路开拓图"遗址（今建国乡胜利屯）

沉重打击武装开拓团的消息传出后，另外几个开拓团的日本人惊恐万分，几个月没敢在中国人眼下进行武装训练。

第五节　木兰抗日游击区五次重要会议

1936年5月，赵尚志在蒙古山上召开连以上干部会议，传达党中央《八一宣言》精神。主要议题是传达1936年1月26日汤原会议精神，响应中共驻共产国际代表团关于成立民选东北人民政府、组建东北抗日联军的倡议。商讨建立统一战线，组建东北抗日联军第三军事宜。会议期间被日伪军包围，后突围。

1936年6月上旬，赵尚志在木兰县蒙古山召集"大东来""九江""靠山好"等抗日义勇军、山林队首领会议，会议主要精神是打破日伪军的封锁，研究攻打集团部落、日伪据点及攻打木兰县城之事，进一步扩大抗日游击区。

蒙古山会议旧址

　　1936年8月1日，赵尚志在木兰县召开了改编会议，将东北人民革命军第三军改编为东北抗日联军第三军赵尚志为军长，并发表了"八一通告"。收编了于九江等40余部义勇军4 500多人，改编了共产党领导的东北人民革命军第三军1 500人（详见2019年4月21日《关于在鸡冠山根据地收编义勇军改编人民革命军为东北抗日联军第三军的时间地点研究会纪要》）。

　　1937年春，中共北满省委派东北抗日联军第三军政治部主任李兆麟等到木兰、东兴两县组织动员群众建立抗日救国会，开展抗日斗争。3月5日，李兆麟在南广利东小学操场（今吉兴乡南利东屯）召开抗日救国动员大会。会后，木兰、东兴两县先后成立抗日救国会38个，发展会员1 000多人。青年义勇军和农民武装24支。同时，收编了10支地方武装队伍参加抗日。

　　1937年6月16日，赵尚志派李主任（李兆麟）到木兰老石场（现水泉所营林所学校校址，距鸡冠山根据地约5公里处），召集韩团长、康主任、李化民、"九江"、"东来"、"一抹脸"等抗日队伍开会，主要是研究建立统一战线，收编地方武装事宜。

老石场会议旧址

　　会上，传达了赵尚志指示，过去所指示的编成抗日军毫无进展、武器的统一、编成不好等，对第七师师长于九江进行了申斥，强调一定要尽快按预定计划完成编成工作。

附：1931—1945年原东兴县抗日救国会会员与爱国群众参加抗联和支援抗联人员记载表

东兴（满天）：

姓名	住址	事迹及所受迫害情况	依据
韩兴亮 郭 富	东兴镇西北河村（原东兴县满天地区张大房子屯）	林区木炭工人，抗联十二支队政委张瑞麟早期发展的抗日救国会会员，并建立抗日救国会组织。经常为抗联队伍筹粮款，送衣物。后被日伪军特逮捕，韩家被捕3人，2人被杀害。郭富被判10年徒刑。	张瑞麟回忆录《抗日救国会》
阎永昌	东兴镇西北河村（原东兴县满天地区包大房子屯）	抗联十二支队战士张祥在一次战斗中下颌骨受伤，在阎家精心护理下伤愈继续战斗。后被日伪军特逮捕。	采访韩友山笔记
靳永林	东兴镇西北河村赵玉屯	为抗联队伍送米送药。	采访韩友山笔记
李绍刚 卢春祥	东兴镇西北河村（原东兴县满天地区）	1940年参加抗日斗争做地下特工活动（给抗联队伍送信、通情况）。1941年参加抗日联军第三路军第十二支队十一小队战士。1943年任小队长。一同参加抗联队伍的还有卢春祥，后无音信。	张瑞麟回忆录
赵福恩	东兴镇满天村（原东兴县满天地区满天星屯）	抗联十二支队政委张瑞麟早期发展的抗日救国会会员，在满天星屯创建抗日救国会担任会长。经常为抗联队伍送情报、供给，成为抗联队伍与抗日群众联系的桥梁和供给的物资基地。后被日伪军特逮捕，杀害在狱中。	张瑞麟回忆录
刘玉珍	东兴镇满天村（原东兴县满天地区满天星屯）	早期参加抗联十二支队政委张瑞麟组建的抗日救国会会员，负责给抗联队伍筹粮食、副食品和通报敌情，建起抗日联络站。后被伪满哈尔滨高等法院判处8年徒刑，押送安东（今丹东市）服苦役。	张瑞麟回忆录

续表

姓名	住址	事迹及所受迫害情况	依据
刘庆田	东兴镇满天村（原东兴县满天地区满天星屯）	早期参加抗联十二支队政委张瑞麟组建的抗日救国会会员，在抗日救国会会长赵福恩领导下，同妹妹刘玉珍共同完成支援抗联活动。与赵福恩同被杀害在狱中。	张瑞麟回忆录
赵清林	东兴镇满天村（原东兴县满天地区满天星屯）	当时17岁，给抗联跑腿送信，张瑞麟等在他家中开会，他在门外放哨。协助父亲赵福恩、母亲刘玉珍和舅舅刘庆田完成支援抗日活动。后被判徒刑6个月。	张瑞麟回忆录
金立训 李在石 张 平 李秉俊 金一浩 金东元	东兴镇（原东兴县）	1931—1932年，根据中共庆城特别支部的指示，中共木兰王大板子党小组在东兴县先后发展了李在石、张平、李秉俊、金一浩和金东元为中共党员，建立了中共东兴党小组。组织和带头参加巴彦地区张甲洲抗日游击队。1932年10月，张甲洲率队袭击了东兴设治局，赶走了地方官吏，后金一浩、李在石被捕，押往绥化宪兵本部，在狱中被残害成重伤，医治无效死亡。	中共黑龙江木兰县组织史资料
陈连科 李忠臣	东兴镇东北村（原东兴县城后山屯和四屯）	陈连科多次将自家的粮食送到四屯北石门沟里，交给抗联队伍。四屯的李忠臣，也经常给石门沟里送食物，后来在石门沟里被森林警察抓住活活勒死。	采访笔记
孙相武 孙相林	东兴镇东北村（原东兴县城东北屯）	孙家兄弟参加抗联十二支队张瑞麟部队，部队转移时，在回家探听情报时，被伪警察逮捕，关押狱中被杀害。	木兰县公安局存被捕名单档案
李延生	东兴镇东联村（原东兴县刘忠沟屯）	李延生原来是给地主家看门守院的炮手队队长，由于不满地主和日本侵略者的双重压迫，便爆发了反抗复仇的怒火，带领炮手队，拉到山上参加了"镇东洋"的队伍，经常活动在五顶山一带，后合并到抗联队伍里。	《东兴镇志》449页

新民镇：

姓名	住址	事迹及所受迫害情况	依据
崔和尚	东兴镇东合村（原东兴县三合屯）	三合屯东南有座姑子庵，里面住着一位崔和尚，是抗联队伍与地方爱国群众的联络站、情报员。后被日伪军警特逮捕处死。	木兰县公安局存被捕名单档案东兴镇志
汤海户	东兴镇东合村（原东兴县三合屯）	汤海户是抗日活动骨干分子，经常为抗联十二支队张祥部下送粮食、衣物和情报。光复后，汤海户多年担任东合村党支部书记。	采访笔记
杨青山	东兴镇满天村（原东兴县满天星屯）	1932年6月2日，以杨青山为首的农民在满天星五顶山组合起一伙"红枪会"，亦称"大刀会"。宣称"以保国救民为宗旨，对于地方一切并不加害"。参加人数达千余人。后与日本守备队交锋时阵亡。	木兰人民革命斗争史
刘广财杨顺子	新民镇新富村（原东兴县新民地区）	1938年农历八月十四日，赵尚志率10余人小分队来到杨永君屯，地下人员杨顺子带领小分队来到刘广财家，刘家老母亲为小分队烙黑面饼吃。然后开会研究战事，刘广财在门外放哨。	采访刘广财回忆
张 福	新民镇吉祥村十九户屯（原东兴县新民地区）	张福与其他10名青年参加赵尚志部队，跟随到苏联边境，回来后曾任新民区中队长，在一次战斗中牺牲在新民地区十九户。	采访笔记
金维舟	新民镇吉祥村十八户屯（原东兴县新民地区）	金维舟富户家庭出身，读过大学，因受进步思想影响，参加抗日救国活动，南征北战。抗战胜利后，曾担任尚志县某区区委书记，"土改"时被敌人暗枪杀害。	新民镇申报老区吉祥村综合材料
张兰秀	新民镇太平村（原东兴县新民地区十九户屯）	张富参加抗联队伍，被日本人抓走残害致死后，弟弟张兰秀为抗联队伍送粮食、衣物，购买日用品。	采访笔记

续表

姓名	住址	事迹及所受迫害情况	依据
杜 仲 杨 生	新民镇新民村（原东兴县新民地区）	1942年秋，天快黑了，于天放部队来到杨家粉房，拿出钱让农民会长派人买200个鸡蛋，煮熟后送到山上抗联小分队。会长杜仲派杨生完成了任务。	采访杨润明回忆
胡 发	新民镇新胜村（原东兴县所管辖）	1938年7月，胡发给赵尚志小分队做向导，并送过粮食。后来被汉奸告密，被日本人打死。	采访张青山回忆
吴白江 王 生	新民镇新安村（原东兴县新民地区）	吴白江和王生参加抗日联军队伍，后来在战场上牺牲。	采访笔记
张忠顺	新民镇新丰村（原东兴县赵家店区于家屯）	张忠顺于1938年春，在赵尚志率队路过于家屯后山时，加入了抗联队伍。在攻打巴彦县城战斗中负伤回家。	采访笔记
庞文成	新民镇新华村（原东兴县新民地区杨树林屯）	为抗联队伍送粮食500斤，后被日伪特务抓走，1945年8月15日光复后从监狱放回。	采访笔记
沈喜斌 吕井辉	新民镇新华村（原东兴县新民地区于师长屯）	为抗联队伍送粮食、衣物、情报等，后被日伪特务抓进监狱。	抗日老人李希福回忆
康广财 郑秀明	新民镇新合村（原东兴县姜家岗地区万家屯）	担任抗日救国会会长，组织爱国群众参加抗日救国会，为抗联队伍送粮、送衣、送药和情报。郑秀明家掩护赵尚志及在他家休息，天黑转移。	抗日老人郑秀明回忆
王 岐	新民镇太平村（原东兴县新民地区十九户屯）	抗联队伍急需用鞋100多双，一起买100多双鞋怕日伪特务发现出大事。爱国群众王岐带领20几人，到东兴县城分散到几个鞋店，一人只买1~2双。这样，用二天时间买了100多双鞋送到抗联队伍。	抗联群众王岐老人回忆
祁半拉子	新民镇太平村（原东兴县新民地区十九户屯）	参加抗日联军队伍，战斗勇敢被提升为连长，后来在一次战斗中光荣牺牲。	抗联群众王奇老人回忆

续表

姓名	住址	事迹及所受迫害情况	依据
黄庆峰	新民镇太平村（原东兴县新民地区十九户屯）	佯装去耕地播种，赶着牛爬犁将喂牛的草袋子里装满粮食，从特务的眼皮底下偷偷地往山上抗日联军队伍送。有一次，米袋子被树枝划破，粮米撒了出来，落地下的米被特务发现，将他抓走，受尽了日伪特务的残酷迫害。	黄耀武回忆
王福延	新民镇吉祥村（原东兴县新民地区十八户屯）	王家送儿子参加赵尚志抗日队伍，与日军多次战斗。后来被狗腿子举报将王福延抓走，残害致死于东兴县狱中。	赵德新回忆
何耀东何祚山	新民镇新华村（原东兴县新民地区杨树林屯、于师长屯）	木兰达河发大水，桥梁被淹没，抗日小分队需过河打日伪军。在河岸边玩耍的何家兄弟，回家拿来铁锯和斧子，砍树绑成木排，天黑前用木排送抗联战士渡河。何家兄弟也参加抗联，随部队战斗。在他两人带动下，又有10多名爱国青年参加抗联。第二年春，何耀东带领40多名抗联战士，跟随赵尚志到大青山打游击，需要粮食。当时，凑五百多斤米，送到抗联宿营地。	抗联群众李希福回忆
张忠顺	新民镇新富村（原东兴县新胜地区）	春季的一天，赵尚志带领10多人在少陵河边吃干粮，喝水，张忠顺看见后转身就跑，被一名抗联战士叫住，并问他想不想参加抗联队伍，张忠顺同意后回家拿一双鞋，晚上就和他们走了，顺着少陵河往巴彦方向去了。1939年在巴彦县一次战斗中负伤后回家。	张忠顺回忆，邱洪富采访录
尹成玉	新民镇新民村（原东兴县新民地区新民屯）	参加抗日救国军"大刀会"，后来在一次战斗被日本兵枪杀。	抗日老人尹成发回忆，王有春采访录

附： 1931—1945年木兰县抗日救国会会员与爱国群众参加抗联和支援抗联人员记载表

大贵镇：

姓名	住址	事迹及所受迫害情况	依据
吴万春 金东哲 金德山	大贵民胜村 王大板子屯	中共木兰县第一个小组在大贵王大板子屯成立。发展吴万春、金东哲、金德山等为第一批共产党员。1932年成立中共木兰分支部。组织抗日活动，参加巴彦游击队。	中共黑龙江省木兰县组织史资料
金永熙	大贵镇民胜村 王大板子屯	1932年春，在大贵王大板子屯发展金惠三、金永熙、张光先、郑赞为中国共产主义青年团员并成立中国共青团木兰小组，吴万春兼任小组长。组织团员及爱国青年参加抗日活动。	中共黑龙江省木兰县组织史资料
孙 德	大贵龙泉村 新屯落	抗日救国会会员，为抗联队伍送粮食、衣物、子弹、药品和送信，当向导。 一次为抗联队伍送子弹3 000发，有时也直接参加战斗。	采访笔记
孙 恒	大贵富兴村 孙恒屯	1941年春，孙恒参加蒙古山半砬子战斗，转移时掉队，支队长朴吉松大声召唤孙恒，结果被敌人暗探听到，孙恒回到家后被日伪军抓去杀害。	木兰县公安局存档、"巴木东大检举"名单
赵春霖	蒙古山 骆驼砬子	距太平桥西10余里，骆驼砬子山上有座玉皇庙，爱国道士赵春霖为抗联部队收集情报和筹集物资，支援抗联部队，成为抗日联军的联络站和物资供给点。	木兰文史资料记载

建国乡：

姓名	住址	事迹及所受迫害情况	依据
单成文 吕 二	建国乡 胜利村	老百姓自发地给抗联队伍送物品。单成文、吕二往山上抗联送洋油（煤油）、送水和送粮食。	单成文老人口诉，王彦彬整理

吉兴乡：

姓名	住址	事迹及所受迫害情况	依据
赵喜有	吉兴乡陈家屯（原陈切糕屯）	1936年秋，在吉兴陈切糕屯（今陈家屯）日军将150多名手无寸铁的群众押解一起，并将与抗日联军有联系的爱国群众绑上，跪在西场院，架上机枪，让交出抗联战士，群众不交，当众杀死赵家两兄弟。	郁海龙采访整理
王朝一	吉兴乡红桥村	1936年春，王朝一父亲被李兆麟的一个团部人接去，商量急需用粮一事，王父回家后筹集4石小米（1石10斗，1斗10升）送到原东风乡（现建国乡）山头刘屯，交给抗联队伍。	王朝一口述郁海龙采访整理
邱喜财邱喜胜徐天胜	吉兴乡永胜村韩家屯	吉兴乡永胜村韩家屯邱家两兄弟，把经常活动在吉兴地区的日本特务"丁老箭"抓住，活活埋在邱家房框子地北面。地方武装头领徐天胜带头活埋日本特务"丁老箭"。	知情人王有全口述郑炜整理
王玉珊	吉兴乡滕家屯	1937年，吉兴乡滕家屯王玉珊被捕时，日伪军特在他家搜出了有关宣传抗日书刊。把王玉珊带到东兴县游街时，他高喊打倒日本帝国主义等爱国口号。1938年，在哈尔滨特务机关被杀。1964年，黑龙江省东北烈士纪念馆来此地收找王玉珊的遗物。	木兰人民革命斗争史、记载
吴龙志	吉兴乡陈切糕屯	抗战时期，吴家3次掩护抗联战士，帮助解脱日伪军追捕。	吴龙志回忆
姜玉洁	吉兴乡陈切糕屯	姜家藏着5面中国共产党旗，盼望抗日联军解放木兰城用。后来姜家成为抗日联军联络站，冯仲云在她家开会，她在外面站岗放哨。	姜玉洁回忆
王玉恩	吉兴乡陈切糕屯	在一次战斗中冯仲云腿部受伤，在王家养伤治疗愈合回部队。新中国成立后，冯仲云任水利部副部长时，曾给当地政府写信，建议给王家优厚待遇，安排工作等。	王玉恩回忆

柳河镇：

姓名	住址	事迹及所受迫害情况	依据
王 江	柳河镇（原石河乡蔡家屯附近）	1942年9月18日，在石头河蔡家屯田地里干活的农民王江等，给抗联三军十二支队队长朴吉松小分队当向导，天黑时摸进石河警察所，火烧警察所，砸开大烟所，缴获短枪1支，烧毁大烟。	张瑞麟回忆录
宋喜德	柳河镇文雅村后宋家屯	1944年夏，东北抗日联军第三路军军长李兆麟一行6人，从哈尔滨起程，途径呼兰、巴彦向苏联进发。被200多名日军紧追不放，后宋家屯甲长一连4天给隐藏在后宋家屯东北孟家沟一带树林子里的李兆麟等6人送饭、送药品，保住了他们的生命顺利去往苏联。	宋喜德女儿宋秀英听父亲回忆
张洪生白子静吴风海	柳河镇柳河村	柳河村原有一个小屯叫张小窝棚，农户张洪生经常给抗联部队李化民提供给养，后来被日伪军发现，将屯子里的农户强行赶出山外住，并将张洪生抓起来。由于封锁很严，山里抗联部队粮食供应不上，在魏家烧锅屯有一位叫白子静的开点心铺，经常深夜派吴风海给抗日联军送麻花到蒙古山。	张洪生侄子张玉禄回忆
于天放关立华陈 山赵国志	养伤住地柳河镇北利村王家屯东山	劫法场救助人，1933年5月2日，中共满洲省委委员，南满地区抗日游击队政委杨靖宇，在关立华、陈山掩护下，来到蒙古山下，柳河镇北利村王家屯东山脚下养伤，后安全地去哈尔滨参加会议。	《杨靖宇徒步赴哈历险记》作者：刘德全、刘德那、刘德丽

续表

姓名	住址	事迹及所受迫害情况	依据
	柳河镇三义村（原万宝村孙连甲屯、刘信屯、李芳屯）	抗联部队一位指导员姓祁，来万宝村孙连甲屯开会，发动群众参加抗日。散会后将甲长孙洪德领到山里找抗联部队。被日军知道后，借孙洪德侄子结婚，来了30多日军把孙家院子包围找孙洪德。孙洪德趁日军不注意顺着河套跑到松花江江沿，过江逃走。日军没有抓到孙洪德，就将刘信屯的吴金、潘××，李芳屯的宋××、邹××，共18人抓走，带到蒙古山北王守开屯，绑在树上，被日军用刺刀活活挑死。	目击者原万宝村党支部书记谭宝禄口诉，原县党史办主任宋国玺整理
	柳河镇复兴村李贤屯	1942年，复兴村李钱屯来了两个日本便衣特务，对百姓进行无端残害，日本便衣问一句姓衣的老人是哪国人，回答中国人，日本便衣特务就大吼大叫让衣老头说是满洲国人，并拽住老人的头发一顿毒打，致使老人昏死过去。	原沈阳市文化局局长牟浚回家乡复兴村口述，牟秀华整理
牟洪义	柳河镇复兴村李钱屯	牟浚爷爷牟洪义，经常给蒙古山游击队送衣、送药、送弹药，被日本人抓去审讯，灌辣椒水，逼迫交出抗日爱国群众。	牟浚口述，牟秀华整理

第五章 日本侵略者的累累罪行

1931年"九一八"事变后，在亡国的岁月里，日本侵略者把多少阴谋和暴虐、杀戮与摧残强加于木兰、东兴两县人民的身上，叫人无法尽知，只能凭借部分零星档案记载材料，窥其一斑了。

第一节 "大检举"与残酷的大屠杀

1943年春，伪松江省警务厅调集500多名警察、特务和警备队，在巴彦县、木兰县、东兴县（以下简称巴木东）连续进行两次大逮捕。

1943年3月15日的夜间，实施第一次大逮捕。日伪将抽调的大批警特人员以班划分检举担当区。在木兰县五站地区逮捕4人；石头河子和柳河地区逮捕24人；利东地区逮捕77人；大贵、大板子两屯逮捕25人。

同年5月25日，敌人根据第一次逮捕所漏，又实施了第二次大逮捕。此次，在木兰地区逮捕4人；石头河子和柳河地区逮捕13人；利东逮捕79人；大贵逮捕25人。两期在木兰县共逮捕我爱国人士和群众251人。

东兴县两次共逮捕165人。其中在姜家岗地区逮捕12人；新民地区逮捕13人；赵家屯地区逮捕22人；满天地区逮捕78人；大营地区逮捕7人；东兴北二屯地区逮捕33人。

巴彦县两次共逮捕我爱国人士222人。这两次在巴彦、木兰、东兴三县共逮捕爱国志士638人，破坏抗日救国会组织24处，农民武装13支。使"巴木东"地区的反满抗日活动遭到极大的损失。

据史料记载，木兰被抓的251人中，在刑讯中死亡和判处死刑的125人，判处徒刑的84人，先后释放得以活命者仅42人。

东兴县被捕的165人中，放回42人，判处死刑的64人，审讯中死亡5人，判徒刑的54人。被捕人员多数是35岁以下的青年。从1942年3月15日开始，直到同年6月，历经3个月的时间才结束了这场血腥的镇压。历史是不会忘记日本侵略者欠下中国人民的血债的。

　　附："巴木东大检举"木兰县被捕抗日爱国群众名单

姓名	住址	姓名	住址
韩廷荣	木兰县木兰镇	李　侦	木兰县木兰镇
王凤岐	木兰县木兰镇	岳德明	木兰县木兰镇
王奎发	木兰县木兰镇	常春芳	木兰县木兰镇
金井洲	木兰县木兰镇	辛德林	木兰县木兰镇
徐秀生	木兰县木兰镇	姜振林	木兰县木兰镇
韩跃东	木兰县木兰镇	王川宝	木兰县木兰镇
丛占春	木兰县木兰镇	陈　有	木兰县木兰镇
张忠阁	木兰县木兰镇	李万清	木兰县木兰镇
吕自修	木兰县木兰镇	田景和	木兰县木兰镇
王庆武	木兰县木兰镇	杨井新	木兰县石河蔡家屯
车仁凤	木兰县木兰镇	王　河	木兰县石河本屯
单德有	木兰县木兰镇	魏　广	木兰县石河本屯
姜凤山	木兰县木兰镇	任子庚	木兰县柳河振兴屯
聂　清	木兰县木兰镇	魏广福	木兰县石河本屯
孙井芳	木兰县木兰镇	梁少轩	木兰县石河本屯
辛瑞生	木兰县木兰镇	赵文春	木兰县石河本屯

续表

姓名	住址	姓名	住址
冀有有	木兰县木兰镇	孟甲三	木兰县石河本屯
蔡远有	木兰县木兰镇	王海	木兰县石河本屯
李德才	木兰县木兰镇	王江	木兰县石河本屯
王振	木兰县木兰镇	张焕楼	木兰县石河靠山屯
田金玉	木兰县木兰镇	刘德仁	木兰县柳河本屯
于万禄	木兰县木兰镇	李生	木兰县柳河李钱屯
张有	木兰县木兰镇	常文新	木兰县石河北利屯
董常富	木兰县石河永利屯	张子范	木兰县利东娘娘庙屯
孙占一	木兰县石河永利屯	张青喜	木兰县利东大木匠屯
耿作善	木兰县利东	从林	木兰县利东大木匠屯
曹洪恩	木兰县利东	李青新	木兰县南利东大灰堆屯
崔伯元	木兰县利东	董庆凯	木兰县大贵尚广和屯
马金昌	木兰县利东安家屯	郝文祥	木兰县利东北胜家屯
王富	木兰县利北村	曹栋	木兰县利东三胜屯
王海生	木兰县利勤潘家屯	王喜福	木兰县大贵新兴屯
王占山	木兰县利山赵兴屯	谭宝山	木兰县大贵孙恒屯
左万福	木兰县石河屯内	刘发	木兰县大贵新兴屯
侯万荣	木兰县石河屯内	王文生	木兰县大贵新兴屯
王珍	木兰县石河东屯	于长有	木兰县大贵新兴屯
杨凤	木兰县石河北利屯	于顺	木兰县大贵孙恒屯
常文士	木兰县石河北利屯	万永生	木兰县大贵张副官屯
张志	木兰县石河北利屯	赵富	木兰县大孙恒屯
李德山	木兰县石河北利屯	张喜武	木兰县大贵三千吊屯
曹洪福	木兰县大贵长发屯	朱德山	木兰县大贵三千吊屯
李万林	木兰县大贵长发屯	夏万林	木兰县大贵王全江屯
张花	木兰县大贵六家户	谭永春	木兰县大贵张副官屯
奠荣喜	木兰县大宁家店	马春令	木兰县大贵本屯
李珍	木兰县利东	纪永富	木兰县大贵本屯
牟凤山	木兰县公义	孙焕文	木兰县大贵北新屯
姜贵	木兰县利东利勤	孙吉才	木兰县大贵本屯
潘山	木兰县利东四合屯	吴道奎	木兰县大贵新兴屯

续表

姓 名	住 址	姓 名	住 址
陶凤林	木兰县大贵屯	孙井芳	木兰县大贵新兴屯
师顺坤	木兰县大贵街	孙 恒	木兰县大贵孙恒屯
李福臣	木兰县大贵屯	马集贤	木兰县大贵新兴屯
王永生	木兰县大贵长发屯	尹德福	木兰县大贵孙恒屯
于凤林	木兰县大贵袁家屯	田恒峰	木兰县大贵孙恒屯
彭 全	木兰县大贵彭家岗	李君时	木兰县大贵孙恒屯
于 详	木兰县大贵三千吊屯	牟井洲	木兰县大贵孙恒屯
辛 林	木兰县大贵新兴屯	宋永发	木兰县大贵新兴屯
宋 发	木兰县大贵新兴屯	韩凤林	木兰县大贵本街
王景发	木兰县大贵新兴屯	冯起禄	木兰县大贵太平桥
项连臣	木兰县大贵项家岗	佰化民	木兰县大贵本街
金万全	木兰县大贵金家岗	张永久	木兰县大贵本街
邵振海	木兰县大贵孙恒屯	李广祥	木兰县大贵本街
孙秀文	木兰县大贵孙恒屯	田 福	木兰县大贵本街
于德武	木兰县大贵宝全岭	刘忠礼	木兰县大贵本街
杨 春	木兰县大贵孙恒屯	赵万福	木兰县大贵本街
翟凤臣	木兰县大贵新兴屯	王佐清	木兰县大贵本街
周 贵	木兰县大贵新兴屯	沙永福	木兰县大贵本街
周 武	木兰县大贵新兴屯	程国范	木兰县大贵本街
李德才	木兰县大贵新兴屯	许振帮	木兰县大贵本街
李 义	木兰县大贵新兴屯	魏 贵	木兰县大贵本街
周 文	木兰县大贵新兴屯	迟殿臣	木兰县大贵张副官屯
赵 贵	木兰县大贵孙恒屯	张凤林	木兰县石河玉才屯
初连芳	木兰县大贵三千吊屯	徐秉武	木兰县石河玉才屯
白凤山	木兰县大贵新兴屯	翟玉武	木兰县石河玉才屯
周长德	木兰县大贵新兴屯	刘青和	木兰县石河玉才屯
孙连奎	木兰县大贵北新屯	陈焕廷	木兰县石河玉才屯
赵万金	木兰县大贵孙恒屯	王胜春	木兰县石河玉才屯
王 才	木兰县石河玉才屯	于 福	木兰县石河玉才屯
莫 生	木兰县石河玉才屯	崔殿君	木兰县大贵左撇子
孙德山	木兰县石河玉才屯	孙连纯	木兰县大贵左撇子

续表

姓 名	住 址	姓 名	住 址
刘全富	木兰县石河玉才屯	于秀涛	木兰县大贵左撇子
朱化南	木兰县石河玉才屯	唐连臣	木兰县大贵左撇子
文 春	木兰县石河玉才屯	张海山	木兰县大贵左撇子
王 杜	木兰县石河玉才屯	宋国俊	木兰县大贵左撇子
史 有	木兰县石河玉才屯	王景全	木兰县利东王生屯
蒋文儒	木兰县石河玉才屯	孙国安	木兰县利东孙殿才屯
杨万发	木兰县石河玉才屯	李 范	木兰县利东李范屯
厚占江	木兰县石河玉才屯	赵广禄	木兰县利东利山屯
王悦贵	木兰县石河玉才屯	董连彬	木兰县利东和平本屯
田 才	木兰县石河玉才屯	陈莫英	木兰县利东卢家店
王海山	木兰县石河玉才屯	许子峰	木兰县利东玉德屯
程广玉	木兰县石河玉才屯	于文洲	木兰县利东和平屯
陶 坤	木兰县石河玉才屯	赵 全	木兰县利东王家油房
李 芳	木兰县石河玉才屯	许振宝	木兰县利东尚家店
王 男	木兰县利东大木匠屯	左万发	木兰县石河蔡家屯
刘付氏	木兰县利东大木匠屯	李明珠	木兰县石河北利屯
高奎一	木兰县利东王生屯	王金玉	木兰县石河北利屯
李香普	木兰县利东利山大队	张 有	木兰县石河北利屯
刘 英	木兰县利东利山大队	常文焕	木兰县石河北利屯
秦振华	木兰县	李 福	木兰县石河北利屯
于天有	木兰县大贵	孟宪武	木兰县石河北利屯
林奎山	木兰县大贵	姜云奎	木兰县石河北利屯
李华民	木兰县	姜殿生	木兰县石河
王福才	木兰县五站张小铺屯	樊贵德	木兰县石河北利屯
史万林	木兰县大贵项家岗	刘长起	木兰县大贵新兴屯
纪广君	木兰县大贵本街	徐德庆	木兰县五站张小铺屯
邵贵林	木兰县大贵项家岗	李振东	木兰县大贵张副官屯
邵贵先	木兰县大贵项家岗	谭殿臣	木兰县大贵元宝山屯
邵贵枝	木兰县大贵项家岗	白井全	木兰县大贵街内
翟青轩	木兰县大贵新兴屯	王会民	木兰县大贵街内
王文轩	木兰县大贵新兴屯	袁喜才	木兰县大贵袁家屯
邵春发	木兰县大贵项家屯	孙士清	木兰县大贵本街

续表

姓　名	住　　　址	姓　名	住　　　址
宋国侦	木兰县大贵后宋家屯	王喜亭	木兰县大贵苇塘沟屯
张永贵	木兰县利东利北屯	刘长荣	木兰县大贵本街
于文阁	木兰县利东尚家店	王凯轩	木兰县大贵奉街
丁连春	木兰县利东利勤屯	李永山	木兰县大贵项家岗
毛景顺	木兰县石河毛家屯	罗振扬	木兰县大贵罗家屯
刘凤武	木兰县大贵罗家屯	刁凤山	木兰县石河
李殿生	木兰县大贵罗家屯	徐秀生	木兰县石河
李林本	木兰县大贵罗家屯	王洪海	木兰县大贵长发屯
张德胜	木兰县大贵罗家屯	韩跃东	木兰县石河
常文启	木兰县大贵罗家屯	吕德福	木兰县五站
张凤林	木兰县大贵罗家屯	万凤林	木兰县大贵三千吊屯
张海楼	木兰县大贵罗家屯	李　发	木兰县大贵新兴屯
尚洪彬	木兰县大贵罗家屯	庄海清	木兰县利东尚家店屯
牛清林	木兰县大贵张小铺屯		

附：“巴木东大检举”东兴县被捕抗日爱国群众名单

姓　名	住　　　址	姓　名	住　　　址
胡文苟	东兴县	宋德江	东兴县
高玉才	东兴县	金　录	东兴县
王永红	东兴县	贾　荣	东兴县
赵清林	东兴县	于　江	东兴县
赵乃更	东兴县	左万保	东兴县
李文林	东兴县	任金所	东兴县
姜　海	东兴县	任　凤	东兴县
孙占武	东兴县	左万贵	东兴县
吕　发	东兴县	马洪福	东兴县
刘子青	东兴县	常　顺	东兴县
陈　俊	东兴县	宋殿俊	东兴县
马振东	东兴县	康洪勋	东兴县
冯　友	东兴县	姜　苹	东兴县
李锡镇	东兴县	苏　臣	东兴县

续表

姓 名	住 址	姓 名	住 址
赵刘氏	东兴县	康广吉	东兴县
于会昌	东兴县	王玉民	东兴县
张 财	东兴县	晏占海	东兴县
丁 明	东兴县	徐秀生	东兴县
丁殿举	东兴县	韩耀东	东兴县
韩青云	东兴县	颜显章	东兴县
李树文	东兴县	任德胜	东兴县
江 花	东兴县	蒲文儒	东兴县
李洪勤	东兴县	于长和	东兴县
肖金生	东兴县	颜占海	东兴县
王玉香	东兴县	胡万旬	东兴县
肖占有	东兴县	毛甲富	东兴县
曹 森	东兴县	郑 福	东兴县
李金山	东兴县	邢 才	东兴县
周捷贵	东兴县	顾洪儒	东兴县
代凤祥	东兴县	李 荣	东兴县
王玉符	东兴县	孙相林	东兴县
郭 龙	东兴县	孙相武	东兴县
卢云清	东兴县	段兴武	东兴县
刘 富	东兴县	樊春礼	东兴县
李凤才	东兴县	毛 金	东兴县
姜振和	东兴县	王 有	东兴县
姜洪儒	东兴县	刘长江	东兴县
赵福恩	东兴县	刘庆田	东兴县
刘 凤	东兴县	姜玉财	东兴县
张玉喜	东兴县	陈 平	东兴县
杨 才	东兴县	阎广有	东兴县
唐广吉	东兴县	张福玉	东兴县
王胖子	东兴县	温学师	东兴县
关甲长	东兴县	段振东	东兴县
裴俊青	东兴县	王学增	东兴县
吴英和	东兴县	孙二丫头	东兴县

续表

姓　名	住　址	姓　名	住　址
王配服	东兴县	王玉林	东兴县
杨　福	东兴县	陈甲玉	东兴县
刘中汉	东兴县	孙万山	东兴县
王兴礼	东兴县	芦广吉	东兴县
刘文海	东兴县	赵成礼	东兴县
齐振海	东兴县	芦广胜	东兴县
姜连登	东兴县	陆广文	东兴县
张金生	东兴县	曾庆奎	东兴县
苟德生	东兴县	崔和尚	东兴县
乔国祥	东兴县	董占林	东兴县
吴永昌	东兴县	江　生	东兴县
孙志山	东兴县	刘文桂	东兴县
韩兴亮	东兴县	阎国栋	东兴县
陶万福	东兴县	张殿厚	东兴县
陶万发	东兴县	李万春	东兴县
郭振芳	东兴县	杨德林	东兴县
刘　三	东兴县	赵福成	东兴县
邵天录	东兴县	李景堂	东兴县
邵　林	东兴县	毕文才	东兴县
温喜太	东兴县	王　兴	东兴县
孙长江	东兴县	陈焕章	东兴县
李　英	东兴县	王桂林	东兴县
冯德瑞	东兴县	汤记兴	东兴县
张　荣	东兴县	郭喜山	东兴县
张洪和	东兴县	兰桂荣	东兴县
刘长福	东兴县	丁殿举	东兴县
张永昌	东兴县	温　学	东兴县
李贵显	东兴县	佟加林	东兴县
耿子明	东兴县	姜巳更	东兴县
毛　仁	东兴县	付景山	东兴县
李云生	东兴县	毕丰年	东兴县
赵　健	东兴县	李　永	东兴县

续表

姓 名	住 址	姓 名	住 址
张玉春	东兴县	关少廷	东兴县
霍振明	东兴县	沈喜彬	东兴县
郭 富	东兴县	韩廷荣	东兴县
任日贵	东兴县	韩刚元	东兴县
刘庆和	东兴县	赵国志	东兴县

第二节　铁的见证、血的控诉

一、残害活埋中国人的"北大营"

杀人魔窟。木兰"北大营"位于木兰镇西北隅，即现在的民主路西与振兴大街交汇处，木兰县气象局院内，民主路52号。

1932年9月，木兰县沦为日本帝国主义的殖民地。日伪为了维护反动统治，在木兰建立了庞大的警察特务组织，一部分驻扎在城外，另一部分是伪满洲国第四军混成第十八步兵二十四团第一营，营部设在木兰镇西北隅，占地面积一万多平方米，被当地人称为"北大营"。

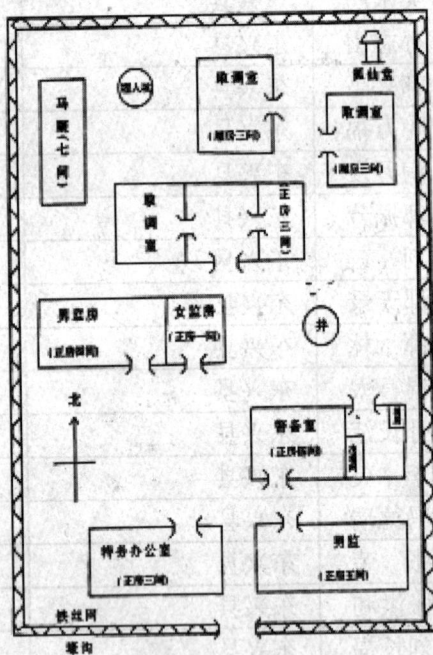

伪木兰街"北大营"监狱平面图

"北大营"戒备森严，正门和院落四角设有日军岗哨，中间部署游动哨兵。任何人不准接近或从门前通过，偶有误入禁区者就会大祸临头，轻者打得皮开肉绽，重者丧命。"北大营"东西两侧为耕地，农民耕种土地时不准接近"北大营"，违者视为窥视"北大营"内幕行为不轨。

"北大营"主要用于关押抗日军民。1943年"巴木东"大检举时这里成了杀人魔窟。日军大肆搜捕我抗日军民和爱国人士，羁押在这里，进行残酷的迫害和血腥的屠杀。

"大检举"期间，"北大营"日伪特务施用的主要刑罚有：

拷打。这是一般常用的刑罚。就是把"犯人"的衣裤剥光，用皮带、木棒、铁丝等拷打"犯人"身体的任何部位，使人皮开、骨碎、鲜血飞溅，受刑人常常被打得晕厥过去，甚至被活活打死。

上大挂。把绳子拴在"犯人"双手大拇指上或"驷马攒蹄"吊在半空中，或打或悠，受刑人往往被悠掉膀子，拇指脱臼，疼痛难忍，乃至终生致残。

过电。用军用电话机，连接两根铜线，绑在"犯人"的两个拇指上或耳朵上，摇动电机，刺激被害人的神经。这种刑罚，被害人表面不留伤痕，但酸麻难忍，施刑中常导致大小便失禁，痛苦抽搐，日本特务常用此刑折磨"犯人"招供。

灌辣椒水或凉水。把"犯人"头低脚高仰面捆在长条凳上，头伸出凳外，用烧纸或布把嘴蒙上，缓慢不停地往烧纸或布上浇辣椒水或凉水，渗进去的水随着人的呼吸，灌进肚子里，被灌的受害人肚子膨胀，鼻孔流血，头发根冒血丝，待肚子里灌满了水，才把人头朝下往外控水，控完再灌，直到把被害人灌得不省人事，失去知觉为止。有时特务为了省事，施刑时，常常只用凉水，把犯人按在凳子上往鼻孔里胡乱灌。

用火烧。把"犯人"吊起来，用点燃的蜡烛去烧被害人的脚心。脚心是异常敏感的地方,用火烧烤疼痛钻心、极难忍受。有时还用香火、烟头去烧灼受害人的胡须或皮肤,将被害人烧得皮肤流油。

压杠子。让"犯人"跪在地上,把两臂倒背后面绑紧,两个人用碗口粗的木杠去压被害人的小腿,受这种刑的人,常常不能忍受痛苦而昏死过去,以致两腿失去功能,然后再把人装在皮口袋里,抬起往地上摔。

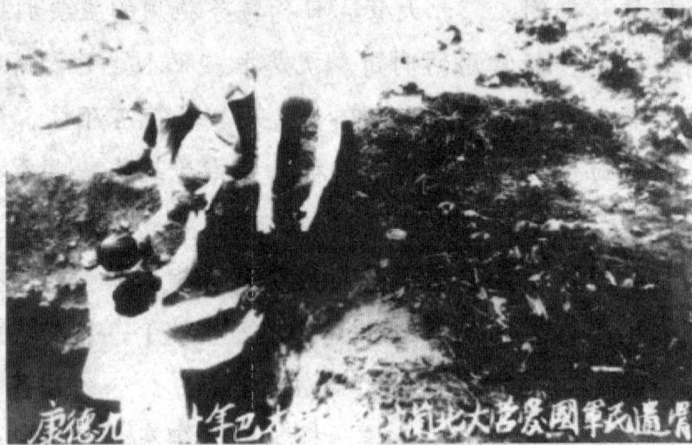

"巴木东大检举"木兰"北大营"爱国军民遗骨

埋活人。我叫王荣,伪满时的名字叫王晓波。1943年5月中旬,奉伪阿城县警务科的命令出发经哈尔滨去木兰县"讨伐"。到木兰县后直接由木兰县警务科的人把我们送到"北大营"。我们到"北大营"具体的任务是看守"犯人"。我们来木兰县共计24人,分为2个班。第一班的金希贤工作表现是积极效忠日军,他参加过五六次审讯工作。我亲眼见的他就被小队长刘文玉叫过2次。在木兰县看守"犯人"时我经历了五次埋活人的事。

第一次是1943年5月下旬的一天下午2时多,我和赫玉书正在值班时发现,一名"犯人"因为受刑过重及有病昏过去了。当时，赫玉书报告给小队长刘文玉。刘文玉领着朱涤民等人来到现场，刘文玉叫朱涤民和谢文满把这个人从炕上捞下来拖出去，靳琨、李其威、贺会卿3人帮着把那人捞到埋人坑给活埋了。

第二次是在6月上旬，一天上午刚吃过早饭不久，我们正在宿舍闲说话，这时小队长刘文玉来到宿舍对我说："现在看守所里死了个'犯人'，委屈你们帮着把他埋了。"当时被叫去的有我和赵继州、赫玉书、尹子君。我们把这个昏死的犯人连拉代捞地弄到"北大营"的埋人坑给埋了。

第三次也是6月上旬一天午后4、5点钟的时候，由刘文玉等人，把一个因受刑过重致昏的"犯人"给埋了。

第四次是在6月中旬，一天夜晚12点多钟，正是我和赫玉书的勤务。在接交时我还没到看守所，赫玉书比我早去了一点，就在这时全部"犯人"就都在炕上站起来了，还大声喊叫。这时，我也就跑到看守所的门口了，赫玉书吹响警笛，一边拉枪栓，一边喊："都坐下，再不坐下就要开枪了"！南北炕上的"犯人"差不多都坐下了，只有南炕一名和北炕一名没有坐下，这时刘文玉及山田（日本人）等人也都跑来了，见还有两个人没坐下，朱涤民就用枪把子打南炕那个"犯人"给打倒在炕上了，当时是打在头部了，当即就昏过去了。同时，谢文满也用枪把子把北炕那个没有坐下的"犯人"给打坐在炕上了，这时山田（日本人）就说："这样的都拉出去死了死了的。"朱涤民等人把南炕那个打昏迷的"犯人"捞出去了，谢文满等人把北炕那个人也捞出去了。他们把这两个人捞出去后，隔有40多分钟时间，金希贤等3人又把北炕那个架回来。我就问"那个呢？"周景春说："已经埋了。"

第五次有一天午间，我从医院回"北大营"，刚吃过午饭，正和大家在宿舍闲说话，听见后院枪响。不一会儿，刘文玉、荆世良等人从后院回来，我问荆世良，"方才枪响什么事？"荆世良说："在审讯时，一个犯人把日本人山田骂恼了，山田说把他拉出去死了死了的。朱涤民、谢文满架着这人往外走，还没有走到门口，刘文玉就喊躲开！还没等他们躲开呢，山田的枪就响了，一枪打在姓黄的头部，让我们把这个人捞到西北角给活埋了。"

再补充一下我们参加审讯时的情况：我们在木兰县的40多天内，大约共审讯五六十次，经常参加审讯的人有王林等人。在审讯时一般用的刑法有打板子、打鞭子、压杠子、过电等。过电时，是男"犯人"多数把电线接在小便上，是女"犯人"多数是把电线接到奶头上，更残酷的是把电线插到阴道里，其惨状不堪入目。

注：根据木兰县公安局，1961年5人小组追查"巴木东大检举"伪军警士王荣的供述整理。

二、日伪特务据点和监狱

日伪统治时期，为强化对山区的统治，扼制抗日力量的发展，在木兰、东兴两县设置了很多特务据点和监狱。其中比较大的特务据点有两处：一处是伪东兴县警察署设置在东兴南烧锅的秘密特务据点；一处是伪木兰县警察署设置在大兴当铺的秘密特务据点。

南烧锅据点，在伪东兴县南门里道东，由王子言、丁伯方、金融合伙经营的烧锅房处。1942年8月，伪东兴县警察局在这里为滨江省警务厅来的特务设立了据点。日本特务令木、大场弥作、平井，伪特王玉琛、黄希南、刘殿铭、盘绍荣、尹国良、王维先就住在这里。叛徒、密探宋一夫、杨永祥、李文生、李文祥、张海楼、邹天录、韩士林经常在这里出入，研究、交递情报。掌柜王子言为了使他们研究、交递情报方便，在烧锅后院单拨出三间房供他们居住活动。为了不泄密，还指派勤杂工刘道思专门侍候他们的饮食起居。这些人在东兴北二屯、大贵、王大板子、姜家岗、新民、赵家店、满天、大营等地进行秘密侦察。经过几个月的活动，在初步掌握我抗日群众活动后，于1943年3月15日夜，他们带领着六、七特搜班，开始了在大贵、王大板子的大搜捕，使25名抗日群众遭受到了缧绁之苦。1943年5月，他们又从这里出发，在姜家岗、新民、赵家店、满天、大营、东兴北二屯逮捕了100多名抗日群众。在这里，他们进行了突审，然后，分别押解到巴彦"人和商场"和木兰警察署，继续进行惨无人道的拷打和迫害。

大兴当铺据点在木兰街兴安区保安街356号。1942年秋，叛徒、秘密特务倪福祥被派到木兰进行秘密活动，在这里设置了秘密特务据点。这个据点由日本特务野泽光之助负责，叛徒李文生、李文祥、倪福祥就住在这里。警特、密探李殿文、刘玉秀、金百珠（女）、孙福江、于在汕、王仙斌、黄希南、王顺、邢景玉、车福海、王殿吉、王治平等经常在这里出入、交递、研究情报。敌人经过周密的准备，于1943年3月15日夜，秘密地集中到这里。深夜，敌特人员带领一、二、三、四、五特搜班，在五站、石河、柳河、利东，开始了对抗日群众的大逮捕，制造了有名的"巴木东大检举"事件。在这次行动中，除经理、主任知道些情况外，其他大兴当办事人员根本不了解此事。加上5月的大逮捕，两次共逮捕了爱国志士和无辜群众417人。

除两处比较大的特务据点外，日伪警察署还在木兰、东兴两县设置五处监狱。

第一处是木兰县建制时所建的监狱，设在伪县公署院内。

为了需要，木兰县伪警察署又重新进行了修整。修整后的监房呈十字形建筑，分南北两进，南进为内监，东西各有6间监舍，南有6间、北有8间监舍，中间为甬路，四周筑有围墙。北进为外监，有正房5间，驻有看守。西有厢房7间，其中3间为女监，4间为厨房。在"巴木东大检举"以前，日本特务机关将其改成刑讯场所——留置场（临时拘留刑讯场所），设有管狱员、看守、差役。在监狱的墙上曾有人写下了"青山不改，绿水长流，来日方长，后会有期"的字迹，还讽刺挖苦凶恶的警察孙福江"祝孙福江升官发财"等。

第二处是1935年在建筑木兰县城区伪警察署的同时，又建筑了一座监狱。这座监狱是与伪警察署相连接的厢房，约有9间，中间为走廊，两侧为监室，监舍低于地面1米左右。这座监狱为木兰城区伪警察署专用。

第三处是伪木兰县公署在伪警察署的东面，于1935年建了一座监狱。这座监狱呈L形，正房有7间，为男监房和办公室。厢房有3间，为厨房和女监。当时命名为"木兰县刑务支署"，亦称"呼兰分监"。监所设置了管狱员、承审员、主任看守、看守、会计、采买和差役等11人。

第四处监狱是在"巴木东大检举"时启用的木兰县"北大营"。

第五处监狱是"巴木东大检举"时启用的东兴县"南大营"。

这些监狱中，关押人数最多时达300余人。在这些监狱里，金、木、水、火、土五刑具全，有多少抗日爱国志士和蒙冤受屈的平民百姓受尽了摧残和折磨，有的惨死在警宪特的刑罚下，有的惨死在枪口下，还有的惨遭刑讯后被活活埋在地下。

新中国成立后这些监狱虽然都相继拆毁，可这些残杀爱国志士和中国人民的监狱，留在中国人民的记忆里是永远也拆不掉的。

三、王守开屯、项家岗杀人惨案

王守开屯、项家岗屯位于木兰县蒙古山抗日游击区大贵区域内，赵尚志、李兆麟和祁致中等经常活动在这里，发动沿山一带农民参加抗日斗争。伪保长孙洪德也跟着进山接受抗日教育。这些活动被当地特务报告给伪木兰县警察署。

1937年旧历八月间孙洪德侄子结婚那天，突然有20多个日本兵把孙洪德侄子的院子围住，要抓孙洪德。孙洪德出外办事没有被抓住，日本兵就把刘信屯的吴奎等20多人抓住，经过严刑拷打审讯后，日军将这18人带到王守开屯南岗，分别绑在大树上。日本兵用刺刀把这些农民活活挑死。后人称这次事件为"王守开屯惨案"。

项家岗屯是以项氏家族定名的项家岗屯。抗战时期，最早与抗联部队接触的就是项家人。1936年，住在山里的抗联小分队来到项家请求支援。项金生是项家的掌柜，按照小分队的要求，派项金生买了药品、盐，筹集了粮食送到山里"三圣宫"，那里有人接收。不久，大贵的特务找上门来，将项金生和两个侄子抓走，定罪"私通抗联、送药送粮"，拉到大贵西河套的小麻泡，用刺刀活活刺死。1942年9月11日，李永山为朴吉松攻打大贵镇当向导，被捕入狱，被日本人打死在狱中。邵贵先也被打致死在监狱里。

在抗日斗争中，仅项家岗屯就有5人献出了生命，他们永远活在人民的心中。

第三节 非人的苦劳役

"劳工"是日本帝国主义压榨、蹂躏人民的又一种残暴的法西斯手段。先是出劳工，后是抓劳工。用中国人为日本侵略者修建军事工程，凿山修库，筑路架桥，建工厂和矿山等。

1934—1939年期间，日伪政权为镇压山区人民抗日活动，抓民拉夫，在木兰、东兴两县强修"警备路"。重修了木兰至巴彦、木兰至通河、木兰至东兴、兴隆至东兴4条公路。这4条公路都是双路，一条为汽车路，专供日本人走汽车；一条为大车路，专为中国人走大车。汽车路和大车路的交叉点，都修有窟窿桥，以防中国人的大车走汽车路。在此期间还重修了东兴镇内的东兴至凤岭（原凤山县，今通河辖管）路。

出"劳工"的很少有人回来，不是饿死，就是累死，或被杀害。据当时资料记载，大贵有些出"劳工"的去密山修军事工程，修完后，"劳工"都被秘密处死在那里。每期抓"劳工"数都是摊派的，数是上边往下分配，落到人头时，权力在基层。这时，汉奸、地主、恶棍走狗还要从抓"劳工"的过程中大发其财。要"劳工"时，经村长、屯长的手，他们专找穷苦人家。地主是不会当"劳工"的。有时候一连几次出"劳工"，全家又靠1个劳动力糊口，就摊钱雇人出

勤劳奉仕现场——红光大坝

"劳工"。这时，管要"劳工"的村长、屯长就从中敲穷人竹杠，大发不义之财。还有的村长、屯长借机报私仇。1942年，建国乡老纸房屯陈中林被村长、屯长硬逼去竹帘镇煤矿当"劳工"，得病后不给医治，被拖到轮船上运回，当船走到宾县的鸟河站时，陈中林气绝身亡，被抛到沙滩上。出"劳工"是人民的大灾难，不知有多少人死在奴隶般的苦役中，多少个贫苦家庭被害得家败人散。据统计，仅东兴共出"劳工"八批，计425人，死亡65人，伤残者无法统计。

勤劳奉仕是日本侵略者用中国人服苦劳役。1943年开始，日本人强行在东起吉兴乡滕家屯南山银头的菱角泡，西延经张喜屯、切糕房（两个屯已被洪水泡毁），围过来，南北向，中经四马架屯到尹家屯，筑坝长达22华里的大土坝。目的主要是为了防松花江水上涨。坝里开稻田生产粮食，作为日本长期侵占中国的大后方，反映出日本侵略者修筑这条大坝的经济和政治目的。

这条坝里面，是一片广阔的沼泽地，适宜机械化垦殖。据日本人测量，这片处女地能开垦3 000到5 000垧地。日本人在修筑这条大坝之前，在本地已强征了土地。在胡家屯强征胡桂怀、胡桂才、胡桂林、胡桂修、胡俊臣和张殿凤等土地600垧左右，在滕家屯强征滕二罗锅等土地几百垧。在缴地照中，胡家屯的胡增耀说："我们的土地，缴地照的不行。"省防水局的一个日本兵端着上刺刀的枪，对着胡增耀的胸口说："怎么的不行，不行的也得缴（地照）。"就这样强行地征走了土地。日本侵略者把这些地产出的金黄黄的稻谷和亮黄黄的大豆调出，一部分用于支撑侵略中国的战争，一部分运回日本国。按照他们的侵略计划，决定在这里建立开拓团。于是，从1942年开始，由日本的长野县、青冈县移民来这里，组建兰花由川开拓团，经种百多垧地，妄图使这地方成为日本人"永久"性的天下。这就是日本侵略者修筑大坝的政治原因或罪恶目的。这条坝的筑成是木兰（东兴）县农民的一把辛酸泪。修筑这条大坝的"苦力"有两部分人：向各农户摊派工，曰民工；勤劳奉仕队。3年中调动"苦力"近万人，完成50多万土方量。

层层组织管制森严。这条大坝由当时伪滨江省防水开发事业局组织，日本人带队，中国人当劳工，进行勘测和设计的。当时修筑这条坝的监工和技术负责人，是日本人技佐（相当于工程师）佐藤加奇，技士（相当于技术员）巴波。日本人把民工和奉仕队员分别编为大队、中队、小队和分队。筑坝任务由木兰、东兴两县承担，各为一个大队。

不堪言状的苦役。据当时任贾家村助理主管这方面工作的关显禄介绍，贾家村为1个中队，分担任务为1 000米长，地点是滕家屯南山银头下面菱角泡以西一带，多是洼泥塘塔头沟和漂筏甸子。工程要求把污水排除，塔头漂筏子清除，然后下挖见黄土，最深的地方要挖进2丈多，然后再用土填起来筑成坝。填这段漂筏子地带，足足卸掉1个山银头的土。关显禄说，贾家村工段实行定额包工，距离2里多地，每人每天推土22趟（或挑土篮子），每车1立方米土。有的民工累得吐血而死。

不堪言状的刑罚。据勤劳奉仕3年的刘永禄回忆，人干活是怎么被活活累死的？因为一层层法西斯管制十分森严，就连吃饭也规定时间，先是规定5分钟吃完一顿饭，后改为15分钟，不按规定时间吃完饭打，有病不完成一天规定的劳务任务打，对不合理的事稍有反响打……惩治民工的刑罚是多种多样的，当时有个顺口溜儿："条子打，鞭子撸，板子砍，拳脚加，用脚踹，烈日晒，上大挂，协合嘴吧响呱呱，忍气吞声服苦役，泪血交流来筑坝。"一次，中队长肖洪斌打了民工兰富、冯国祥。他俩便逃跑了。冯国祥逃到宾县的摆渡河屯，被肖洪斌知道后抓回，晚上将冯国祥的身上扒得光光，用绳子拴住两个大拇指，上大挂挂一宿，第二天用板子打，打得死去活来。长春村牌楼店屯有个姓徐的因得病不给假治疗，偷跑到老丈人家治病，被邓庆抓回后，一顿嘴巴打得鼻口蹿血，然后拳脚相加，打得死去活来。

不堪言状的生活。吃住如畜类，生命无保障。民工们吃的是高粱米拌黄豆。说是高粱米，实际上米皮没碾掉多少，民工管这种饭叫"红眼儿高粱"，吃下这种饭常常是拉不出来，大便要用手抠。吃菜到民工家要。那年月大多数民工家没地种菜，就要到啥吃啥，实在没着就弄点盐水下"红眼儿高粱"饭。住的是猪狗窝一般，在工地临时搭起些工棚子，搭上木头架子铺上些湿柳条子上面垫些草。由于是盛夏梅雨季节，人住在工棚内潮湿实在难当。由于这样恶劣的环境和生活条件，加之苦役的折磨，民工往往生病失去他们生命。如1943年夏，不少民工得了一种"周身烂"的病，当时说是"紫癜"。工地虽也设了卫生所，但尽糊弄人，治不好病，还不让回家治疗。所以，因为这种病，有一天死了四五个人，拉回家人都生蛆了。当时不少人说："大坝是用木兰（东兴）县农民的泪和血浇筑起来的。"

第四节　伪木兰（东兴）县实行集团部落

1932年，木兰县日伪当局为割断抗日军民联系，限制人民群众自由，采取了"归屯并户"，建设"集团部落"。实行归屯并户，将分散居住的农户集中到指定的村落中居住。木兰全县境内指定了100处，东兴镇内指定了81处。为期不搬者轻则扒房烧屋，重者拘押起来。被指定的村落称"集团部落"，周围挖深沟，四角修碉堡，部落中驻有警察。农民出入要有证明书，远走要挂号。1934年，日伪军警又把散居在山边农民的房屋、屯落，强行拆除烧毁。在石河、大贵一带拆除烧毁屯落80个，在北广利东把地处偏僻的67个屯落并为55个屯落。当时，利东一家农民不愿搬家，特务股长孙福江逼着扒房子，因墙倒塌当场将屋里人活活地砸死。"归屯并户"后南起王家粉房，北至太平桥，西起巴彦菅家窝棚，东到北广利东。875平方公里的地方变成了无人区。

日伪在"集团部落"的基础上实行保甲制。各区设保，保下设甲，甲下设牌，牌是保甲制的最基层组织，保、甲、牌均受县公署、警察署的管辖。在

日伪时期保甲制门牌

保甲内设有武装自卫团，由地主子弟和兵痞流氓组成。自卫团下设分队，1个甲为1个分队。这些反动武装在警察特务的操纵下，专门镇压人民的抗日斗争。保甲制在牌内实行10家连座法，1家如有反满抗日行为，则殃及其他各家。日军企图用这种毒辣的手段使中国人监视中国人。

第五节　日军掠夺森林资源

侵华日军木兰物资由松花江水路运往日本

1932年，日军占领木兰、通河后，成立了三合公司、营林署，专门用于掠夺森林资源。

日本侵略者在山区内建立了数十个木营和伐木点，采取了"剃光头、拔大毛"的毁灭性方式采伐森林资源。

剃光头——满山遍野大面积绝伐。

拔大毛——专门采伐胸径40厘米以上的优质木材。

木营——是日军建立的伐木场，通常在两山中间、河流两岸建立，便于流送。冬天采伐，春天开始流送。比如三合店木营、太平木营、白石木营、大古洞河木营等。木营的工人都是日军强制中国人充当劳工。

日军在各个木营指定把头，把套子户和伐木工人编成班组，定时间、定任务，完不成任务惩罚。套子户和伐木工人终年在深山老林里采伐，吃不饱、穿不暖，每天以少许粮食掺着橡子面和野菜度命，许多人都病死、累死。

解放后，在兴隆林业局白石林场、太平林场都发现了大规模的木营，出土的伐木用的锯片、搬钩，把头食用的罐头盒、啤酒瓶等。

为了将木材及时流送到松花江，在木营附近的河流（比如白杨木河、岔林河等）筑起堤坝蓄水，根据河流进入松花江的距离长短修筑多个堤坝，每个堤坝每天放水2~3次，木材顺流而下。在进入松花江前进行编筏，再用汽船拖至佳木斯或者哈尔滨。一部分用作军用，大部分运回日本国内。

据统计，日伪统治时期，通河县被掠夺木材高达436万立方米，木兰（东兴）县仅1937—1938年每年就被掠夺木材10多万立方米。

中篇 ★建党建政历史

第六章　木兰（东兴）县革命根据地的建立

第一节　抗战胜利后的形势

抗战胜利后，木兰县人民并没有彻底获得新生。在国民党依靠美国的支持，急剧抢夺东北的情况下，木兰县的形势也变得异常紧张和严峻。木兰县、东兴县在日伪统治时期归伪滨江省管辖，1945年8月15日东北光复，日本政府宣布无条件投降以后，两县的日伪政权随之瓦解，日籍军警官吏仓促撤离，两县政权处于混乱之中。那些为虎作伥，作恶多端的伪官吏、汉奸走狗、军警宪特惶惶不可终日。就在这时，国民党政府却为日伪残余撑腰打气，令这些乌合之众"维持治安"，组织地方临时维持会，为国民党接收作准备。在日本宣布投降后的几天里，木兰、东兴两县先后组成了以伪职员为主的临时地方维持会。维持会会长（委员长）由原来的伪县长担任，成员基本上是伪县公署及伪协和会的原班人马。临时地方维持会下设参议会、维持会、秘书室。在这三个机构下设五个科：即总务科、财政科、行政科、地政科、实业科。总务科下设庶务股、会计股；行政科下设街村股、教育股、保健股；地政科下设地政股、登录股；实业科下设农业股、开拓股、林业股、畜产股、工商股、工务股。木兰县以伪县长王文魁，东兴县以伪县长纪良为首，以"维持地方治安，保护人民"为招牌，控制木兰、东兴两县军、政、财、文大权。将伪山林警察队、宪兵队、特设警察队等编为保安队。木兰县保安大队下设四个中队，张金镒为保安大队长；东兴县保安大队下设四个中队，付文斌为保安大队长。各村维持会由伪村长和土豪劣绅组成。他们凭借手中的权势和武装，以维持会名义，继续骑在人民头上，作威作福。

1945年8月，苏联红军进驻木兰，将中国籍苏联军官陈德山、赵连仲、李相臣、何玉才4名同志安排到木兰县开展工作。苏军撤出后，县保安大队长张金镒收缴了陈德山等4人的枪支，迫使4人退出木兰县。

国民党为把东北抢到手，从陆、海、空三路派遣大批"接收大员"，进入东北各地，并网罗伪警特宪和土匪武装，封官加爵，为其接收东北政权服务。9月，国民党松江省党部派高鹏德来东兴，成立了国民党东兴县党部，高鹏德任党部书记长。东兴国民党党部成立后，高鹏德、徐德辉来木兰县活动，高鹏德自称是国民党派木兰县的党部书记，准备筹建国民党木兰县党部，把木兰县闹得乌烟瘴气。当时苏联红军已控制着东北全局，但是，受《中苏友好同盟条约》的制约，条约中规定："一俟收复区域任何地方停止为直接军事行动之地带时，中华民国政府即担负管理公务之全权。"按此条约，苏军必须将收复的地方转交给国民党政府，我党我军的活动受到了种种限制。1945年11月，共产党在哈尔滨的机关和部队有秩序地离开哈尔滨，转移到宾县。大批医院伤员和后方机关转移到木兰县。木兰、东兴两县一带"永好""平西""九江"等土匪幻想当中央军发财，骚扰地方，民心动荡，谣言蜂起。许多伪满警察特务等残渣余孽到处活动，破坏根据地建设；伪满军政人员尚未来得及清理，他们随时局逆潮流而动，企盼恢复已失去的天堂；许多伪警特匪等受国民党委任，当上了维持会长、国民党党部书记长、军队的团长、营长、连长。他们摇身一变，成了国民党的先遣人员。这些反动势力的猖獗活动为中国共产党的干部和军队进入木兰地区开展工作设置了障碍。

木兰人民饱尝了14年殖民主义统治的痛苦，对日伪统治者怀有刻骨的仇恨，他们渴望抗战胜利后，安居乐业，重建家园，憧憬着美满幸福的生活，但是，对未来存在着疑虑。绝大多数群众对共产党了解不多，对共产党和国民党没有清醒的认识，穷乡僻壤的环境，长期残酷至极的法西斯统治，很难使他们的阶级觉悟得到很快的提高；而盲目的正统观念，国民党的欺骗宣传，又使一些人屈从于所谓正统的国民党政府。这种民众心理为我党开辟木兰县的工作也带来了不可忽视的困难。

第二节　解放木兰县和平接收东兴县

一、解放石河战斗

石河，是木兰县一个小集镇，位于木兰西部，与巴彦县接壤。1945年"八一五"东北光复后，当地的一些伪满警察和地主勾结在一起，以维持治安为名，成立地方维持会。同年秋，又与国民党军匪勾结，成立国民党地方保安队，共有64人。

1945年12月，中国共产党所领导的哈北军分区司令员张祥，指挥巴彦县人民自卫军200多人攻打石河。当队伍进入小石河西岸时，驻守在石河的地方保安队，凭借伪村公所的大院和韩家油坊的围墙，死守小石河东岸，双方展开了激烈战斗。由于巴彦人民自卫军所处的地势不利，经过4小时战斗，伤亡惨重，退回巴彦。这时，巴彦自卫军所收编的原洼兴伪警察署长、地方保安大队长关庆山率部叛变投降石河保安队。这就更增加了石河保安队的力量。

石河保安队为防备巴彦自卫军的袭击，便勾结巴彦、东兴、通河、庆安县的保安队搞"五县联防"。他们以石河为前沿阵地，以吴家岗、刁起屯为据点，阻止人民自卫军的解放进击。巴彦自卫军在第一次战斗失利之后，经过短时间的休整，在探明石河保安队情况的基础上，配合东北民主联军三五九旅某部500余名兵力，于

解放木兰县石河纪念碑

1946年1月12日拂晓第二次攻打石河。在民主联军和巴彦人民自卫军强大炮火攻击下，据守石河的敌人弃城向吴家岗、刁起屯逃窜，接着，这两个据点也被拔掉。最后，敌人在地势险要的庙岭子进行顽抗，战斗打得十分激烈，石河保安队终因抵不住民主联军与巴彦人民自卫军的强大攻势，仓皇潜逃到柳河后，又逃至木兰县城。历经十天的激战，1月22日，石河解放。

二、东北民主联军解放木兰县

石河解放后，保安队（五县联防杂牌军）退守到柳树河。随即，哈北军分区老七团团长刘登远指挥民主联军解放了柳树河子。敌人被打得狼狈逃窜，溃败于木兰县城内，死守木兰城。面对木兰县的局势，中共北满分局和省工委为了消灭土匪、巩固后方，指示哈北地委和军分区尽早解放木兰县。

抗战胜利后，木兰县人民同全国人民一样，欢欣鼓舞地迎接祖国的新生。然而，盘踞在木兰县以保安大队队长张金镒（外号张小胡）、伪警察署长姜维洲为头子的警察特务、保安队、维持会网罗地主武装、流氓汉奸，打着维护地方治安的招牌，欺骗群众，妄图摘桃子，把抗日胜利的果实奉献给国民党反动派，以实现他们骑在人民头上作威作福的黄粱美梦。正当这伙穷凶极恶的残渣败类筹划实施他们鬼蜮伎俩的时候，被委托的国民党第一集团军上将司令李华堂（外号李破烂）、谢文东等残部窜入木兰县，并与巴彦、通河、东

解放木兰县纪念碑

兴、庆安残渣余孽结成"五县联盟"1 000多人，强硬征派老百姓修城堡，部署军队，负隅顽抗，阻止东北民主联军解放木兰，妄图孤注一掷。

1946年1月，东北民主联军哈北军分区老七团团长刘登远率领两个营的兵力和哈东一团团长赵峰率领一个团的兵力向木兰挺进。这时，木兰县城内的伪保安队大队长张金镒，慌忙调遣"五县联盟"杂牌军建据点、修工事、设置火力点，妄图阻挡我军前进。然而，东北民主联军英勇杀敌，浴血奋战，锐不可当，迫使杂牌军龟缩于木兰县城内。杂牌军挥舞着明晃晃的刺刀，威逼强迫城里的老百姓加固城墙，修筑工事，企图与东北民主联军顽抗到底，作最后的垂死的挣扎。

同年1月23日下午2时，七团、一团指战员冒着零下39摄氏度严寒，来到了木兰县城西的刘福屯和城西北的大窑屯一带，直

逼木兰县城。当即，老七团团长刘登远、一团团长赵峰带领营、连、排干部深入前沿阵地了解情况，观察木兰县城内匪军的活动，侦察土匪城防设置。

木兰县城南面靠松花江，城的四周是一丈多高的城墙围绕，城墙上每隔三四米远就有一个炮眼，城墙上架有三道铁丝网，城墙四角都有坚固的炮台，城墙下是护城大壕沟，沟外是开阔地。数九隆冬，白雪皑皑，一马平川，连一只麻雀都难以藏身。狡猾的敌人还日夜不停地逼着老百姓站岗放哨，不断地往城墙上泼水，结成厚厚的冰，成了冰墙，特别光滑，太阳照射在上面像镜子一样发亮刺眼。由于驻守的1 000多名敌人严密设防，加之敌人在暗处，又凭借着有利的自然地势和坚固据点。我军大部分是南方人，身体不适应，初到东北，缺乏在冰天雪地里作战的经验，给我军攻城带来了极大的困难，一时只能佯攻。这样敌我双方形成了相峙的局面。

根据这种情况，两团的指挥员研究制定了攻城的作战方案：一是攻城必须利用天时，在天黑以后进行；二是发挥迫击炮的优势，炸开突破口，掩护部队进攻；三是为了打开相峙的局面，减少我军的牺牲，必须采取开门打狗的办法，紧张而仔细地做好攻城的准备工作。

1月24日傍晚，我军进行了火力侦察，在战火中进一步摸清了敌人的火力配备和军事部署情况。与此同时，一团团长赵峰带领一团全体指战员以西河身为掩护，迅速地攻占了临城的许家屯。深夜，我军按照作战方案分别从西、北、东三面包围了木兰县城。

1月25日（农历腊月二十三即小年）午夜，在木兰县城西上空升起了一发又一发的红色信号弹，就像一串串火龙划破了宁静的夜空。这时，嘹亮的进军号声震撼了大地，枪声、炮声和喊杀声震耳欲聋。轰轰几声巨响，西北炮台就开了花，有几名匪徒所谓的名炮手也送了命。城内霎时火光四起，硝烟弥漫，老七团全体指战员在迫击炮的掩护下，冒着匪军密集的子弹飞速地跃过城墙，攻进城内。这时，在许家屯的一团因和敌人设在西炮台只有一沟之隔，再加上敌人居高临下，我军的动向匪军看得一清二楚。然而，为了木兰县人民的解放，消灭顽匪，一团的指战员发扬了不怕流血，不怕牺牲的精神，随着进军的号角声，在迫击炮的掩护下，以猛虎下山之势，冲锋陷阵，英勇奋战，经过艰苦的激战，攻下西南炮台。两支部队汇合在一起，迅速地直逼木兰县伪警察署的老巢。在我军发起总攻击的时候，匪首张金镒、姜维洲、李华堂、谢文东等一伙亡命之徒，一看大势已去，犹如丧家之犬，狼狈不堪地向东逃窜。经过两三个小时的激烈战斗，在拂晓前我军攻下了木兰县城。凌晨，木兰县城呈现出一片欢腾的局面，满街都是群众和东北民主联军，大街小巷人们张灯结彩，敲锣打鼓地庆祝木兰解放。整个木兰县城沉浸在从来未有过的幸福欢乐之中，人们高喊着："木兰解放了！木兰解放了！"

三、和平接收东兴县

抗战胜利后，国民党为了窃取胜利果实，1945年9月2日，国民党松江省党部派高鹏德到东兴县接见了伪县长纪良，在伪职员中发展30余名国民党党员，成立了东兴县党部，高鹏德任党部书记长。东兴县国民党党部成立后，勾结土豪劣绅，并通过"家理教"等佛教团体拉拢各阶层人士。当时，付文斌是"家理教"的最长者，手下有200余人的保安队也被拉去了。东兴党部还派金书勋、姜锡全、张金泉等人到北二屯、满天星、赵家、姜家等地建立了六个区党部和十八户一个区分部，并任命了各区党部书记和区分部书记，发展了一些国民党党员。

9月6日，国民党派东北党务专员驻哈办事处杨华欣到东兴县，以伪官吏、伪教员为骨干，发展国民党党员100多人，成立了国民党松江省党务专员办事处东兴县党部，杨华欣为党部书记长。设有执行委员会，总务、组织、宣传、社会4个科和庶务、人事、编辑、印刷、调查、教化6个股。他们散发反动传单，印发"青白日报"，宣传"三民主义"，讲国民党党课，进行反共宣传。

两个国民党党部建立后，高鹏德、杨华欣两人各自争夺势力范围，互相排斥，矛盾重重。杨声谐、金书勋等出面调解，于10月将两个党部合并为"国民党东兴县党部"，高鹏德、杨华欣仍任党部书记长。下设组织、总务、社会、宣传4个科；由6人组成了"执行委员会"，由14人组成了"新生活促进委员会"，成立了"东北复员设计委员会东兴分会"。全县有新民、赵家、满天、大营、东兴邮局、长宁校7个区党部和北二屯、十八户、伪县政府3个区分部。

11月，中共哈北地委派纪毅军等人接收东兴县，建立了以纪良为县长，纪毅军为副县长的临时政府。国民党东兴县党部乘纪毅军手中无军政大权，立足未稳之机，在大街上张贴标语，散发传单，大肆进行反对共产党宣传。并造谣惑众，胡说纪毅军吸鸦片、搞女人等，迫使纪毅军等人撤出东兴县。

1946年2月，松江省哈北军区老七团等武装解放木兰县后挥师北上，高鹏德、杨华欣见大势已去，潜回哈尔滨。2月14日，东兴县和平解放。

第三节　肃清匪患　巩固人民政权

一、"六一五"事变

日本帝国主义投降后，国民党为了争夺东北，蒋介石亲自委任姜鹏飞为陆军新编第二十七军军长。在哈北地区（含呼兰、巴彦、东兴、木兰、通河等县）委任刘景山为第二十七军八十师师长。遵照蒋介石的命令，姜鹏飞于1946年2月间到达哈尔滨，收编了李华堂、谢文东等匪军，编成十六个师。他们采取"先当八路，后当中央"、"明当八路，暗当中央"的反革命策略，到处派遣特工人员，制造混乱，破坏社会治安，组织暴动。

1946年3月，国民党新编第二十七军八十师招抚专员王英魁在巴彦县西集镇介绍其子王光宇（又名王友之，系伪木兰县王大板子村警察分驻所所长）与国民党新编第二十七军八十师参谋长王政相识，加入该军，被委任为师军法处长。师长刘景山指令王光宇以师部接收大员身份在木兰、东兴两县秘密发展中央军。王光宇潜回王大板子后，找到伪村长张玉书和副村长迟成朴、宋明辅秘密串联，他说："现在国民党中央军占领了沈阳、长春，准备攻占哈尔滨。为配合主力部队，里应外合占领全东北，国民党成立了新编二十七军，现在正扩充力量，发展组织，师长刘景山指示要在木兰、东兴扩充几个团，谁能成立团就当团长，谁能成立营就当营长。"张玉书早在"九一八"事变前就当过国民党的团长，"九一八"事变后长期任伪官吏，打入我内部，从事地下警特活动。听王光宇这么一说，他感到有了机会，积极主张先成立一个团，然后逐步扩大。迟成朴、宋明辅听后也认为时来运转，都表示找知己人，发展组织，扩充人员，为筹建国民党中央军效力。经过精心的策划，决定由张玉书为团长，迟成朴、宋明辅为副团长，刘葆夫为军需官。之后，王光宇带着成立团的主要负责人名单到巴彦向师参谋长王政作了汇报。师长刘景山亲自接见了王光宇，并对他的工作很赏识。指示王光宇要继续网罗人员，尽快扩充力量，然后占领县城，等待中央军接收。同时，委任张玉书为第二十七军八十师八〇四团上校团长，迟成朴为中校副团长，宋明辅为少校副团长，刘葆夫为上尉军需。

1946年4月，王光宇带着八〇四团的委任状来到木兰王大板子，把师部的委任状交给张玉书、迟成朴、宋明辅、刘葆夫等人，并召开了会议，向他们传达了师部的指示。张玉书向王光宇汇报说又联络了褚焕文、张国威、孙焕武、刘恒文等80多人，准备成立四个营，每个营下设三个连。但是，枪支不足，准备在大贵、利东两个区中队打主意。王光宇说："东兴县伪商务会长付景山是家父的老相识，可派人去联系一下。"同时，决定由迟成朴、孙焕武到木兰县独立营找排长胥光海，到五站区找伪警察崔云廷秘密联络，发展组织，还给崔云廷带去120个肩章（保管在刘恩家里，后来在"文化大革命"期间才被搜缴出来）。会上，任命刘桓文、孙焕武、宋斌、褚焕文为少校营长，还委任了各连连长，并要求各营、连要在各村屯征集人员，扩大自己的队伍。提出"青年都得参加中央军，否则就是私通八路，格杀勿论"口号。这些迫不及待的反动家伙，还蓄意挑拨民政关系，对有钱有地的农户说："共产党要垮台了，中央军马上就要到了，共产党来会斗争你们的，有房子有地的都要倒霉……"一些被斗户本来就不满，听这么一鼓动就被利用了，对不少赤贫的跑腿子许以高官厚禄，对群众则采取威胁等方法，使队伍迅速扩大。他们策动大贵区中队叛变，又到处搜集日伪败退时散落在群众手中的枪支，网罗汉奸特务为骨干，使匪队发展到200多人。匪队扩大后，在王大板子、元宝山、蒙古山、东兴等地猖狂活动，扬言"杀死县委书记或县长赏钱五万元，逮捕了赏十万元"。这时，王光宇、迟成朴第二次去巴彦师部汇报八〇四团的组建工作。师长刘景山指示："木兰王大板子要马上行动！只要行动起来才容易扩大，官印可以自己刻，团旗、肩章可以自己做，各营尉官以下可以由团自行委任。"

1946年6月上旬，王光宇、迟成朴在王大板子村召开八〇四团营以上人员会议，传达刘景山的指示。会上，张玉书介绍东兴县的情况说："东兴已经去了，和付德兴联系上了。付德兴愿意合作，里应外合，现已和一区、五区中队秘密联系叛变，正在策反县大队，定好日期通知一下就行。"孙焕武说："木兰、五站已经联系上了，五站崔云廷收了120个肩章，表示积极扩充力量，利东、大贵也正联络中。"会议决定立即做好攻占东兴县的准备工作，着手做军旗，刻团印，由军需刘葆夫写进东兴县的安民告示。同时确定找打入大贵区的伪满特务、农会主任于彦涛接头，把区中队拉出来，派迟成朴、孙焕武到木兰、五站策反中队和独立营，准备6月15日攻占东兴县城。

1946年6月11日上午，匪首们正在张玉书家具体研究武装暴乱的情况，负责警戒的人回来报告说："利东区戚万钧、崔华等五人乘斗子车去王忠屯黄希孟家起枪路过这屯。"张玉书马上命宋斌、李海千、夏凤山等人到大板子屯西门外去监视他们行动，必要时劫住他们。戚万钧等人到黄希孟家后，发现黄希孟很冷淡，态度傲慢，为预防不测没在黄希孟家动手，就把黄希孟带走了。他们坐斗子车路过大板子屯时，突然响起了枪声，冲出许多人，边打枪边喊："抓活的。"赶车的老板和拉车的马被打死，车上的人摔到地上。开始，戚万钧等人以为是自己人误会了，到跟前才知道遇上了国民党匪徒，因寡不敌众，戚万钧等人被俘。

张玉书审问戚万钧，让其回去劝降区中队人员，遭到拒绝。匪首们要杀戚万钧等被俘人员，幸有戚万钧的老乡同学史培生等人说情才未遇难。匪首们见事情闹起来了，主张带被俘人员走，有的匪首提出：离开此地，向元宝山集结。宋斌、褚焕文、刘恒文、孙焕武分头召集人员，集合队伍。队伍集合后，匪首们打起国民党新编第二十七军八十师八〇四团团旗向元宝山进发。

傍晚，匪队到达元宝山。他们在元宝山大庙前拜了团旗和大帮头，结盟宣誓。胡说什么"虽没同生，但愿同死。"张玉书进行反动宣传说："从今天起我们就是中央军了，大家要一条心，拧成一股绳……"接着张玉书派于秀全等人去大贵给于彦涛送信，命他马上策反，把队伍拉上山来。于彦涛接到命令，以集合队伍训练为由，请区委书记、中队指导员戴青元讲话。戴青元到队前，还没开口，于彦涛便从后边将其抱住，几个人上来缴了戴青元的枪。于彦涛手握匪枪，杀气腾腾地说："现在我们都去当国民党中央军，谁敢不去快说！"公安员吴明远反对叛变，规劝队员们要跟共产党走，不要去当国民党中央军。于彦涛命宋长江开枪打死吴明远。队员们见此情景，都不敢再反对了。于彦涛带着区中队，押着戴青元向元宝山进发，与张玉书匪队汇合。此后，又有大贵区长刘文斌带6人和利东区中队20多人相继参加了张玉书匪队。这时张玉书匪队已有200人、70支枪。队伍扩大后，张玉书、迟成朴派李华轩、林印庭去东兴县找付德兴联系。李华轩、林印庭两个人到东兴县与付德兴接上头后，付德兴又与区中队长李德林、一区中队长王兆普等人密谋串通县保安大队，把全县大部分武装掌握起来，准备6月15日晚和张玉书匪队里应外合，夺取东兴县政权。

1946年6月15日晚，匪首张玉书将叛匪分为两路，一路由他自己带领沿公路前进，另一路由林印庭带领顺小路前进，直逼东兴县城。两支匪队行进途中分别在冯家店和十八户与付德兴派来的人汇合。队伍到东兴城外，付德兴打开南门，将匪队接进城内。张玉书匪队和东兴匪队汇合后包围了县政府。东兴县大队朝鲜族中队战士奋力抵抗，保护县长王蕴芝、民运部长潘克明等人撤离东兴县城，战斗持续一个多小时，我中朝战士牺牲各一人。

匪队占领东兴后，将团部设在王家油坊。他们砸开监狱，放走犯人，烧毁档案，将县政府仓库财物、枪支弹药、金库抢劫一空。军需刘葆夫带人将"安民告示"和反动标语张贴出去，进行反动宣传。为扩大匪队势力，付德兴于6月16日成立了国民党第二十七军八十师八〇五团，团部设在东兴县政府院内，委任侯振阳为团长，设三个营九个连。

二、平叛剿匪斗争

1946年6月16日，东兴县委书记郭温庭从哈北地委开会回来，在巴彦龙泉镇得知东兴县政府被匪徒强占后，立即到哈北地委汇报。哈北地委派民主联军一个团前往东兴剿匪。当天下午，哈北军分区民主联军300多人向东兴急行军，途经七马架屯与东兴撤出的王蕴芝等相遇。傍晚，队伍开到距东兴八华里的后头屯安营。次日拂晓前，队伍将东兴县城包围起来。早晨，郭温庭政委带一个排从北门摸进城里了解情况。中午，部队向城内匪徒发起进攻。城西、城北枪炮齐发，战斗持续了三个小时。匪徒八〇四团由李华轩指挥抵抗，八〇五团由李松林指挥，张玉书、迟成扑、付德兴则四处查看督战。在叛匪赵金玉丧命，营长刘恒文受伤，李华轩调人增援西北指挥不灵，外无援兵，内无战斗力，大势已去的情况下，张玉书、刘葆夫于下午3时左右摇了一卦，决定向大青山方向逃窜。这时已有部分匪徒逃出东兴县城，各奔他乡。有些妄想为匪升官发财的人见这些已成泡影，便隐藏起来，下午4时，匪徒被全部驱逐，我军收复了东兴县城。

匪队被赶出东兴后，付德兴带一小部分人，到大板子窝棚将刘恒文送山里养伤。郝英魁说："受张玉书骗了，带队走了。"于秀涛带自己的队伍往北山去了。张玉书、张国威等40多名残匪在民主联军的追击下，提心吊胆，进大青山怕饿死，在山外又怕被抓住，在走投无路的情况下，军需刘葆夫又摇了一卦，说："往西走好。"张国威说："蒙古山山高林密屯子多，离巴彦近，吃饭还好办。"这样他们狼狈向西逃窜。途中又与于彦涛匪队汇合，两股匪徒共70多人。到蒙古山后，民主联军追得很紧，他们就逃往太平桥屯。后来遇到从巴彦逃来的新编第二十七军八十师师长刘景山、参谋长王政和王英魁等人，张玉书向他们哭诉了被击败的经过。刘景山说："我受国民党陆军新编第二十七军军长姜鹏飞的委托，在巴彦、东兴、木兰、呼兰四县建军，目前中央军就要到了，八路军的日子不会长了，你们不要灰心，要继续干下去，中央军来了，每个兵能发3 200元。每个官能发5 600元。"刘景山命李华轩带50多人去龙泉镇接那里的200多人。李华轩等匪徒到骆驼砬子听说龙泉镇去了200多八路军，他们又回来了，途中与惯匪"九江""平西"两队相遇，几股匪徒结合在一起，凭借蒙古山的险要地段，到处进行抢劫骚扰活动。

1946年7月，木兰、东兴两县民主政府根据党中央"要建立巩固的东北根据地"的指示和东北民主联军及松江省关于剿匪工作的指示，为使我军在东北有可靠的后方根据地，尽快地解放全中国，颁布了清剿土匪布告，开始了对土匪的全面清剿。剿匪中，采取了分散打击，日夜追击，张贴布告标语，揭露土匪罪行，进行反正宣传教育，组织群众给土匪送信，争取叛匪亲友家属"挖眼睛、除匪根"，以匪争取匪等方法，瓦解敌人，使土匪心神不宁，毫无喘息之机，如惊弓之鸟。听说八路军来了，他们拔腿就跑，从这个村跑到那个村，到处挨打。

1946年6、7月份，木兰县匪徒活动较为猖狂，匪徒一天比一天增多，最多时达500多人。在我军7月初部署剿匪工作后，仍是逐渐增多，争取瓦解工作收获不大。土匪耳目多，部队追剿打不上。针对这种情况，县委加强了政治攻势，提出了"凡回来反正者赦，捉拿到者杀"的政策，动员县里干部人手一枪，下乡发动群众开展全民剿匪。经过开展全民剿匪活动，发现常有土匪回家来往，而且来无影，去无踪。对此剿匪工作采取了"挖眼睛，找坐探"的方法，收到了很好的成效。7月11日夜，大地主匪首黄希孟回家来往时被到王忠屯查勤的两个工作队员发觉，这两位寡不敌众放两枪跑了回来。第二天，到王忠屯追问为什么黄希孟回来不向政府报告，该屯群众恐慌。屯长王占清假装不知，说昨天晚谁打更谁负责，打更的无奈坦白了屯长通匪。经教育，王占清坦白了通匪的情况，他痛哭流涕，愿意立功赎罪，不再当匪徒的"眼睛"了。王占清回去第五天后得知土匪宋国范回屯与女朋友通奸。他迅速向工作队报信，将宋国范捉获。第二天，王占清又争取土匪李清海回来。工作队及时召开群众大会，宽大了反正的李清海，枪决了宋国范。看到政府说话算数，匪徒们纷纷反正。为推动剿匪工作，各村屯都充分发挥了民兵、妇救会、自卫队、儿童团的作用，在村屯要道口昼夜站岗放哨，查路条，使土匪无藏身之地，形成了家家是哨所，人人是哨兵，处处都剿匪的局面。

1946年7月的一天，赵家店屯长白福荣给住在五家户的张玉书匪队送白酒，张玉书派人到黄木匠屯抢一口肥猪。当晚，匪徒们酒宴过后，商定一条毒计，叫人谎报五家户有土匪40多人，让民主联军快来打。张国威执笔给巴彦民主联军写了封信，连夜叫王大爷儿将信送去。13日晚，哈北军分区派80多人到五家户剿匪。张玉书匪队在五家户设下埋伏，当我军进入河套时，匪徒们立即开火，里外夹攻，我军战士英勇战斗，奋力突围。这时设在范宽店的匪徒截断了我军退路，敌人从四面包围上来。我军腹背受敌，伤亡惨重，一名文化教员被俘，40多人牺牲，第二天早8时才突出重围。

五家户一战后，匪徒们从范宽店整队后奔新兴屯。当晚，师长刘景山委任宋德山为营长，"九江""平西"为团长，妄图在王全江屯附近周旋。由于民主联军追得很紧，第二天刘景山、王光宇、迟成扑、宋明辅等人说回巴彦看看，就走了。张玉书等人见形势不妙，决定分散行动，"九江"、"平西"、朱德山、孙焕武、于秀涛向五站北逃，褚焕文等奔乱柴顶子去了，张玉书、张国威等奔于大木匠屯去，在屯内抢了一些物资后到伪满日本开拓团遗址活动。木兰的剿匪部队四面出击，捣毁了各地的匪巢，使匪徒土崩瓦解，剿匪斗争取得了彻底胜利。

从3月至9月，国民党陆军新编第二十七军八十师师长刘景山等547名匪徒，其中匪首骨干分子80人，在木兰北部和东兴县南部活动长达七个月之久。经我军民三个月全力围剿，朱德山等358名匪徒投降。金书勋、付德兴、李松林等59名匪徒被镇压，13名匪徒被判刑，其他匪徒下落不明。

参加"六一五"反革命叛乱的匪徒，除极少数是死心塌地的国民党反动分子外，大部匪徒是胁从和受蒙蔽的。因此，民主政府除对少数罪大恶极的匪首，不杀不足以平民愤的就地逮捕镇压外，大多数匪徒经教育释放回家参加生产劳动。

木兰县剿匪斗争的胜利，广大群众更加相信我党我军和民主政府，使我党政工工作有了广泛的群众基础。使广大农村基层政权和农民自己武装，得以建立和巩固，为彻底实行土地改革奠定了坚实的基础。剿匪斗争中，锻炼和培养了各级武装队伍，为解放战争准备了充足的兵源。解放战争开始后，这些后备军直接开赴前线作战，为解放全东北、全中国做出了应有的贡献。

第七章　开展建党建政工作

　　抗战胜利后，国民党反动派为了抢占东北，将各地伪县公署改建为"临时地方维持会"，以等待时机，接收地方政权。然而，木兰、东兴两县的"临时地方维持会"仅仅维持四个月就瓦解了。

　　1946年初，木兰、东兴两县相继解放后，随即成立了两县民运工作委员会（当时县委的对外名称），组建民运工作队，进行干部培训，全面地开展建党、建政、建军工作。

第一节　建立党组织

　　早在1931年，木兰、东兴两县就有地下党组织和地下抗日组织，领导两县人民进行抗日救国斗争，由于日本法西斯的"围剿"和残酷的"屠杀"，党支部主要干部的牺牲，党组织被破坏，停止了活动。

　　1946年1月到1949年10月，木兰县党的建设分为两个阶段。1946年1月到1948年2月前为秘密建党阶段，1948年2月到1949年10月为公开建党阶段。木兰县地方党组织由小到大，由弱变强。党员队伍不断壮大，党的组织建设不断加强。从木兰解放初期到中华人民共和国成立，党员由8人发展到1 949人，党支部从1个发展到118个，建立基层党委（总支）11个，成为领导全县人民坚强的领导核心。

一、秘密发展、建立党组织

1946年1月，中共松江省委派孟戈非、彭影、周嘉庆、陈玺如等十几名工作队来木兰开辟新区工作。由孟戈非、彭影、周嘉庆三人组建木兰县民运工作委员会（对内称县委）。孟戈非任县民运会政委（即县委书记）、彭影任县长、周嘉庆任公安局局长。下设秘书室、组织部、宣传部、民运部。

木兰县民运工作委员会成立后，经中共哈北地委介绍，接收了木兰县国民高等学校教员刘斌，其妻陶静波及学生俞志安、郭显阳、何瑞林5名中共党员。与县民运会3名党员组建了木兰县第一个党支部。

1946年2月，东兴县和平解放后，中共哈北地委派郭温庭、王蕴芝、孙秉和到东兴县组建民运工作委员会。郭温庭任县民运会政委（县委书记），王蕴芝、孙秉和为委员。下设秘书室、组织部、宣传部、民运部。从此，木兰、东兴两县人民有了以中国共产党为核心的领导组织。

木兰、东兴两县建立县民运会后，结合"土改"运动，积极地发展党员，建立党的基层组织。从1946年1月到1948年2月，由23名党员，5个党支部，发展到1 073名党员，86个党支部，10个基层党委（总支），形成了一个坚强的战斗堡垒，使广大农村根据地巩固地建设起来。

1946年初，中共东北局《关于发展党员的指示》中指出："现在应注意在斗争中，慎重地发展党员。发展的对象主要是工人、雇农、贫农、佃农、店员、革命知识分子及城市贫民，还应注意在城市大产业、大交通企业、大商店及大中学校中发展党员。要求发展的党员必须是斗争中积极、来历清楚。"根据这些指示精神，县民运会进行了秘密建党工作。为了开辟新区工作，县民运会组织进步青年举办了二期短训班，学员92名，将斗争积极的24名学员吸收为中国共产党党员。

1946年2月，县民运会政委孟戈非带领着新编的民运工作队到木兰城北的利东区3个村屯开展了群众工作，组建了基层党组织。

1946年3月31日，木兰县民运会召开会议，刘莱夫传达中共北满分局工作决定。县民运会按照东北局指示和省委的部署，本着"斗争中发现、个别考察、秘密发展"的原则，发展80名新党员，建立起12个支部；东兴县民运会在开展民运工作中，也加强了党的组织建设工作，使党的队伍不断扩大。党员由原来的15人发展到74人，并在全县建立了4个支部，14个党小组。这些党员分布到各区，在解放战争初期发挥了重要作用。

二、公开建党，壮大党的组织

1948年2月，全县土地改革运动已胜利完成，大生产运动已形成高潮，各项事业相继兴起。全县党组织进入公开发展，壮大党组织阶段。木兰县民运工作委员会改称中国共产党木兰县委员会。县委根据省、地委关于"积极地、公开地、审慎地建党工作"指示，提出了公开建党的指导思想是：积极地、正确地公开发展党员，要坚持"自报、公议、党批准"的原则，在发展中要坚持成分好、历史清楚、工作积极、为人正派、政治觉悟高和为群众所拥护为条件。到1948年底，党员总数达到1 525名，105个支部，72%的村建了支部，73%的屯有党员。由于党的队伍发展壮大，党的基层组织建设和发展，保证了"土改"运动彻底胜利，在带领广大人民群众积极开展大生产运动，全力支援解放战争，创建巩固根据地中做出了很大贡献。

第二节　建立群团组织及开展工作

一、农会组织工作

木兰县农会组织始于何年无法考查。在1924年12月开始组建农会。因没有经费，1932年撤销。

"九一八"事变后，1932年即有农会组织。这一组织是从国民党沿袭下来为地主服务的办事机构。

1946年12月，随着土地改革运动全面开展，全县各区、村、屯都相继建立了农民协会（简称农会）。1947年1月召开全县农民代表会议，成立木兰县农民协会。全县各级农会，在党的领导下，带领农民开展土地改革运动，斗地主、分田地、分配胜利果实。当时全县共有农会会员15 951人，成为土地改革运动中的骨干力量。

1948年土地改革运动结束后，各级农会组织也随之撤销。

1965年11月27日，按照上级的指示，木兰县贫下中农协会（简称贫协）筹备委员会成立。

1969—1976年，全县召开了四次贫下中农大会，研究建立各级农会（农民协会）组织，开展工作。

1978年11月，木兰县贫协组织撤销。

二、工会组织工作

木兰解放前没有工人组织，只有工人行会。1946年初木兰、东兴两县解放后，在中国共产党的领导下，各行业建立了新的行会和行业工会。4月22日，木兰县街市区（现木兰镇）成立了工人总会，选出委员10人，下设7个分会，有会员470多人。12月22日，总会改选，新增委员6人，并扩大了分会组织，组成油工、木工、铁工、皮革、瓦工、成衣、店业、渔业、窑工等10个分会，共有会员660名。

1947年5月，木兰县召开首届工人代表大会，木兰县职工总会宣告成立。

1949年4月至5月，先后在东兴、新民、利东、大贵、柳石、吉兴、五站等区的工人中建立了工会组织，共吸收会员119人。

1947—1984年，共召开了十二届会员代表大会，成立了县工会联合会，确定以生产建设、教育为中心任务等项工作。

1951年，县工会向广大职工发出"以实际行动支援抗美援朝"的号召，全县有1 000多名职工捐献出飞机大炮款9.15万元（东北流通券）。

1953年，县工会组织动员全县职工，为完成国民经济第一个五年计划，开展广泛深入的社会主义劳动竞赛。通过劳动竞赛，产品的质量有较大提高，劳动生产率比上一年上升21.6%。全县各系统出席省劳动模范18人，出席省先进生产者72人。

为扫除职工中的文盲和提高职工的文化水平，1954年成立了工人业余文化学校，参加学习的学员91人。1955年达到250人。1956年，县工会协助县政府成立职工干部学校，学员达到1 400人。

1955年，根据省工会"关于做好困难职工补助工作"的指示，在供销系统15个基层工会中，有116人享受困难补助，金额为1 800元。1956年，县工会协助行政机关进行了因病欠债补助工作，使一部分职工卸掉了包袱。

为给职工提供学习、娱乐场所，1956年，修建了260平方米的县职工俱乐部。1981年，又重建一座1 600平方米的职工俱乐部，设1 042个座席。

1966年，"文化大革命"以后，工会工作陷入瘫痪状态。工会代表会成立后，只抓"阶级斗争"，不抓生产和职工福利，使工会工作偏离了方向。

1979年以后，认真贯彻邓小平同志代表党中央在工会"九大"致辞中提出的新时期工运方针，进一步弄清了工运路线是非，端正了工会工作方向。党的十二大以后，县总工会认真贯彻改革开放的方针，使工会工作出现了一个发展、提高、改革的新局面，是历史上最好的时期之一。1985年，全县有职工19 011人，会员达14 076人，有系统工会20个，直属工会23个，基层工会139个，工会小组857个，有专职工会干部81人，兼职工会干部135人。

至2018年，全县有职工直属机关工会16个，各系统所属工会4个，会员4 351人。县总工会内设机构：办公室、权益保障部、组织和基层工作部。

党的十八大以后，全县工会开展"面对面、心贴心、实打实服务职工在基层"活动、"职工之家"活动、"双爱双评"活动、"基层工会建设年"活动、"帮扶救助"活动、"金秋助学"活动等。

通过向上级工会组织争取和县委、县政府筹措，发放救助资金、帮扶资金、重病患救助金、助学金、帮扶慰问金、助扶贫困难职工金、为抗洪筹集资金、开展"技能培训"投入资金等共1 052.936万元。

党的十八大以后，在全县工会会员中，涌现出国家、省、市级劳动模范、"五一劳动奖章"获得者8人。

三、共青团组织工作

1949年1月，木兰县成立中国新民主主义青年团木兰县筹备委员会，先后在城镇、乡村、机关、学校、工厂、商店建立团支部，发展团员。11月召开了中国新民主主义青年团木兰县第一届代表大会，产生了青年团木兰县委员会。团县委设书记1人，委员8人，下设组织部、宣传部。到年末，全县共有团支部37个，团员245名。1953年3月，青年团增设少先部。1957年7月，新民主主义青年团改名为共产主义青年团。全县有9个团委，5个团总支，216个团支部，4 397名团员。1959年，增设团县委秘书1人。

1976年8月20日，召开共青团木兰县第十届代表大会，选出书记1人，副书记2人，委员30人。团的组织生活恢复了正常。

1981年，团县委设正、副书记3人，下设组织部、宣传部、学少部。有团委26个，总支78个，支部774个，团员6 692名。其中女团员3 334名，少数民族团员410名。

党的十一届三中全会后，全县各级团组织，带领青年从改革需要出发，深入对青年的教育，全县先后成立了"理论教育"小讲师团57个，巡回辅导240次，召开不同类型的讲演会32场，举办各类知识竞赛27场，青年受教育面达12万人次。各团支部普遍开展以学法、知法、讲法为主要内容的普法教育活动，办法制训练班22期，还利用小广播、小板报、小信箱等宣传形式，对青少年进行普法教育，使全县青少年普法率达到要求。深入开展"五讲、四美"活动，学雷锋，树新风，全县成立学雷锋小组1 500个，做好事34 500件，参加学雷锋做好事活动15万人次。共青团组织在改变贫困、建设富县的奋斗中，自觉地承担起扶贫帮困的责任。全县组成了227个帮困小组，149个青年助耕队，落实扶贫对象594户，使457户贫困户摆脱了贫困，走上富裕道路。1982

年以来，全县各级团组织，广泛开展了"学团章、忆团史、讲团观、振团威"和"创先争优夺红旗"活动，有122个团支部、257名团干部、516名团员，受到省、地、县团组织的表彰。在"采种支甘"活动中，1984年12月，木兰县团委被团省委和团中央授予"采种支甘"锦旗一面。

至2018年，全县有基层团委会21个，团总支6个，团支部186个，团员4 107名，在职团干部33人，其中女干部18人，少数民族干部3人，团县委内设机构：办公室、组织部、宣传部。

党的十八大以后，木兰县共青团工作紧紧围绕党的中心工作，积极开展扶贫助学、青年志愿者、青年就业创业、环保和文明号、团品牌创建、基层团组织建设、青少年思想道德建设等项工作。创建出许多先进团组织和优秀共青团员。

四、妇女组织工作

木兰县的妇女组织，建立于1947年11月。当时在县民运部下设妇女会，有主任1人（由民运部长兼），副主任1人。后来随着各区、村农会的建立，也相继建立了区、村妇女会。区村妇女会有主任和委员，吸收广大妇女积极分子参加。1957年11月，根据全国妇联的指示改为妇女联合会。

妇女组织建立后，在土地改革、支援前线、抗美援朝和社会主义革命、社会主义建设中，发挥了重要作用。

在1946年至1948年土地改革运动中，全县有230个妇女会和斗争小组，4.6万名妇女参加了打土豪、分田地的土地改革运动。在解放战争中，全县广大妇女积极支援前线。

1947年，妇女组织做军鞋、军帽17 026双（顶）；1948年，做13 800双（顶），为解放战争做出了贡献。

1950年朝鲜战争爆发后，全县各界妇女，响应党的号召，积极参加"抗美援朝，保家卫国"的运动，全县有90%的妇女参加了支前工作。

1958年，在"大跃进"年代里，由于男壮劳力被分配到水利工程和大炼钢铁的战线，广大妇女走出家门，承担了生产队的大部分生产劳动，成了田间生产的主力。

1961年，在国民经济暂时困难时期，广大妇女节约度荒，克服了困难，保证了生活，恢复了生产。

1966年"文化大革命"开始后，妇女工作停止。1972年4月木兰恢复县妇女联合会。

党的十一届三中全会以来，在深化改革中，木兰县广大妇女登上了商品生产的舞台，积极参加各种实用技术培训班，学习抽纱、刺绣、服装、裁剪、食用菌制作、食品加工、种植业和养殖业等专业技术。从1980年到1985年，共办736期，有37 210名妇女掌握了一技之长，在商品生产中发挥了作用。在维护妇女儿童合法权益方面，全县各级妇女组织共办普法训练班312期，成人妇女受教育面达85%。广大妇女认真学法、懂法、守法，自觉运用法律武器维护妇女自身的合法权益。为广大妇女群众认真处理信访案件，从1983年到1985年处理来信来访3 600余件，结案率达95%。同时还为妇女开办了法律咨询和代写法律文书、诉讼业务，1980年至1985年搞法律咨询业务69次，接待咨询人员1 613人，代写诉讼24份。1984年全国妇联在湖南长沙会议上，推广了木兰县妇联三级信访网的经验。在县委的领导下，从1983年开始，在抓好儿童家庭教育的同时，重点解决了儿童入园（班）问题，儿童入园率由1983年的13%，上升到87.9%，1984年被松花江地区评为少儿工作先进县。1985年全县已办496所幼儿园，入园儿童13 142名，跃居全省第一位。

党的十二大以来，全县广大妇女以树立文明、健康、科学的生活方式为目标，把搞好家庭作为精神文明建设的基础，全面地开展"五好家庭"活动，大力提倡勤劳致富型、智力开发型、开拓进取型、生活多彩型、移风易俗型的五好家庭典型。全县评出五好家庭24 942户，占应评户数的56%，并从中树立了10 212户具有时代特色的新型家庭，还开展了尊老爱幼，做好事，送温暖活动。对已达到五好标准的促进升格，评出830户双文明户。通过新型五好家庭活动，城乡广大妇女在改革、竞争的形势下，增强了参政、议政的意识，努力求知、求美、求乐，参加社会各种活动，新的妇女观、婚姻家庭观已形成，有力地促进了民风和社会风气的好转。

至2018年，全县有乡镇妇联8个，村妇代会86个，设区妇代会7个，县直机关妇委会23个，全县有基层妇女干部116人，县妇女联合会内设机构有：妇女儿童权益部、组织宣传部、妇女发展部。

近7年来，县妇女联合会紧紧围绕县委中心工作，认真贯彻落实党的各项方针政策，带领全县广大妇女围绕大局，突出重点、注重创新，卓有成效地开展各项工作，为全县的发展做出了积极贡献，同时也促进了妇女自身的发展进步。

主要工作：引领妇女参与经济建设，举办"三八""六一"系列活动，实施爱心救助活动，依法维护妇女儿童权益，推动妇女就业创业工作等。

加强巾帼示范基地建设，培养5个产业示范基地（米业、肉鸡、中草药等）。推动城乡妇女创业小额担保贷款38户，财政贴息贷款152万元；积极争取黑龙江省妇女小额担保贴息贷款担保基金项目1 100万元；通过哈市妇女担保金，扶持种植中药创业妇女46户，贷款资金696万元；通过省、市、县扶持妇女225人，发放创业贷款金额830万元。

五、少儿组织工作

1930年，木兰县童子团在县城内男校组织一个团，学生40余人，没有什么活动和训练。"九一八"事变后，童子团一度停办。

1935年，由伪县教育局组织童子团1团，设团长1人，指导者4人。加入童子团的有农业学校、永平街、永安街、战家屯、石河镇各小学男女学生190人。

儿童团

1936年8月，东兴县在城区国民优级学校及新民镇国民学校各设童子团1团，共有团员76名。每团中设有分团长、教练员各1人，小队长2人。

这个团是少儿接受军事训练的一种组织。1935年秋、1936年春，共训练2次，每次各1周。训练内容有纪律、礼节、操法、结绳、旗语、侦察、救护、炊事、露营等。

1946年5月，为配合全县土地改革运动的深入开展，在农村、县镇，普遍成立了儿童团。县级的没设领导团体，各自受当地农会领导。其任务是：在农会领导下，有组织地开展对敌斗争。主要是在村头路口站岗放哨、查路条，监视看管地主恶霸等。土地改革运动结束后，此组织也随之停止了活动。

1949年10月13日，中国新民主主义青年团中央作出决议，建立中国少年儿童队。木兰县于1949年11月，首先在木兰镇兆麟小学建立少年儿童队大队部，下设6个中队，有147名队员。1953年改称中国少年先锋队，简称少先队。

1954年在全县各小学校全面建立了少先队组织，到1958年，全县共建立少先队大队部35个，中队279个，小队1 341个，有少先队员8 461名，占少年儿童总数的64%。

1981年，全县9所中学，123所小学，均建有少先队组织。全县共有少先队员25 838名，占全县少年儿童总数的73%。

1985年，全县已有28 188少年儿童戴上了红领巾，入队率达到98%。少先队辅导员队伍得到了加强，专兼职辅导员配备率达到了100%。建立校外辅导站1 454个，广泛开展了社会第二课堂活动。兆麟小学少先队在团中央等三家开展的"小足球"竞赛活动中，登上全国第一名的奖台，受到了团中央的嘉奖，从1982年到1985年，全县有835名优秀少先队辅导员，4 328名优秀少先队员受到表彰。

第三节　建立人民政权

中国民主革命的根本任务就是推翻帝国主义、封建主义、官僚资本主义的反动统治，建立一个无产阶级领导下的人民民主政权，因此，木兰、东兴两县解放后成立，即组建了人民政府。

一、浴血奋战，建立民主政权

1946年1月26日，木兰解放的第二天，木兰县民运会在县城的丁字街口召开上千人参加的庆祝大会，庆祝木兰解放。会上，县民运会政委孟戈非代表县民运会宣布"木兰县人民民主政府"正式成立，县长彭影代表县政府讲了话。

1月28日，县政府在省立国民高等学校（今木兰一中）召开了教职员工大会，100余名中、小学教职员工参加了会议。大会由工作队队员刘斌主持，县长彭影代表县民运会、县政府讲话。

随后，县政府在县长办公室召开上层工商业主和名流绅士会议。

2月，县人民民主政府对伪县政府人员进行了审查，聘请了地方一些进步人士，组成了木兰县民主政府各办事机构。建立了秘书室、财粮科、文教科、民政科、生产科、税务科、公安科、金库办事机构，并成立了公安队80多人。县民主政府办事机构成立后，立即着手建立基层政权，于2月底组织工作队，深入大贵、柳石、利东、五站、城关5个点，根据东北局和省部署，结合反奸、清算、减租、增资斗争，于3月间以5个点进行

哈北分区政治部民运科
来木兰工作队

了区划，成立了大贵、柳石、利东、城关、街市区公署。而东兴县先后也建立了城区、大营、满天、新民、姜家岗区公署（后改为一、二、三、四、五区）。区公署设区长、民政、财粮、文教、公安、文书等职，并成立了区中队，每区40~60人，维护区村社会治安。由于各区公署的建立，加强了对运动的领导，使反奸清算的斗争掀起了高潮，在运动中也涌现了一批积极分子为建立基层政权与充实区公署力量创造了条件。于4月底组织起农会，245个屯，有会员7 601人，自卫队79个，队员4 964人，民兵20个队，有民兵164人，工会15个，有会员1 136人，妇女会51个

民运工作队研究政权建设

屯，有会员1 513人。根据哈北分区指示5月成立了县大队，分两

个连300多人，10月12日县大队改为独立营，充实主力部队350人（其中东兴县150人），后发展到535人。但是，区公署刚建立不久，一些国民党、伪警特残余势力趁我初建政权还不十分巩固之机，妄想推翻人民政府，夺回他们已失去的权力，继续欺压人民。进行秘密建军，1946年6月15日，他们发动了颠覆人民政权的反革命暴乱，攻占东兴县城，杀害我党干部，砸开监狱，放走犯人，抢了商店，经过浴血奋战，17日被县大队和独立七团击溃，夺回了东兴县民主政权，保卫了人民斗争果实，提高了人民对民主政府的认识。虽然匪患平息，但地主威风未被打垮，基本群众还没发动起来，农村政权还有大部分没有建立，县民运会和县政府，为了传达贯彻《五四指示》，把清算分地群众运动开展起来。彻底摧毁地主阶级封建经济基础，打垮封建势力，在利东区召开了全县干部会议，并组织了111人工作组，深入各区村发动群众掀起了清算分地热潮。尤其是县政府干部扩大会议后，在东北局提出的"砍大树（地主）彻底分地"的口号鼓舞下，很快掀起了"砍大树、挖财宝"的斗争高潮，因而涌现出大批积极分子，使全县区、村、屯都建立了农会。会员达159 511人，并根据1947年10月15日东北行政委员会"关于村选准备工作问题指示"要求于本年终以前适应地划定行政村，11月进行了划村工作，并调整了区划，将11个区调整为9个区公署（街市、柳石、城西、城东、利东、大贵、新民、东兴、满天），划了119个街村（8个街）。由贫雇农代表会行使职权。

二、整顿干部队伍，巩固民主政权

干部队伍不纯是发生反革命暴乱和"土改"不彻底的主要因素，因此，木兰县民运会根据省委部署"各县有计划地整顿，在发动贫雇农的斗争中结合审查干部，进行思想站队"的要求，首先分析了县区干部队伍现状，确实隐蔽一些投机分子、异己分子和变质分子。东兴县5个区23名干部中发现特务1人，特务腿子1人。利东区副区长宿振廷家是地主伪职员出身，工作阳奉阴违，压制群众。东兴东北村村长刘子岐是贯匪，贪污斗争果实。为了发动贫雇农打垮封建势力，保证平分土地的胜利完成，县民运会、县政府整顿了县区机关干部队伍，洗刷53人（其中成分不好被斗的17人，出身不好的25人，社会关系不清的5人，犯错误的5人，翻译1人），并召开了空前规模的农民代表大会，号召全县人民团结起来，彻底平分土地，翻身到底。提出"贫雇农当家"的口号，所以村干部一律停职，交给贫雇农审查，全县停了573名干部。从查成分、查出身、查思想、查历史，开展了群众性的审查运动，进行了思想站队，将暗藏在我们队伍中的地富分子和其他坏分子清除出去。全县清出200多人，其中区长4人，局长4人，企业部门经理4人，区村干部180多人。同时各村成立了贫雇农代表会，代表会设主任、副主任代表，每村代表会设9—11人，全县选出贫雇农代表1 242人，都是农民群众直接选举出来的。他们很有权威，办事民主，得到群众信任。经过他们工作，广大贫雇农充分发动起来了，迅速形成斗争地主总攻封建高潮。经过整顿队伍，清除了坏干部，纯洁了队伍，使广大农村政权更加巩固了。

三、实行民主建设政权

民主建政，根据东北解放区县区村组织条例规定，县区村皆为政权之一级，各级政权均依民主集中制原则组织之。东北行政委员会于1948年7月2日根据土地改革业已完成，为了适应各项建设和革命需要，指出"自1948年9月到1949年3月以前完成村、区、县三级人民代表大会的召开并选举三级政府委员会"的要求，县政府根据这一指示，从1948年11月开始到1949年2月16日结束。这次村选工作主要做法是：集中力量，突出重点，以点代面的方法。首先，县区集中48名干部，在11个村进行了村选试点，在取得经验的基础上，组织了县区干部223人，以区为单位全面开展了村选工作，通过选举法程序，全县119个村选出了村人民代表4 162人，其中妇女357人，每个村行政委员会7至11人，共选出1 314人，其中贫雇农1 100人，中

用投豆方式选村干部

农214人，正、副主席240人，妇女13人。当选的村干部大多数是办事公道、热心、为群众所拥护的基本群众骨干。当时因春耕大忙，区、县人民代表大会延到1950年1月举行。

　　经过民主建政，巩固了农村政权，增强了人民对政府的信赖，提高了人民当家作主的思想，加强了贫雇农与中农的团结，密切了干群关系，调动了群众生产积极性，推动了生产的发展。

第八章　开展土地改革运动

1946年6月全面内战爆发以后的严峻形势，要求中国共产党必须获得广大人民群众的支持和拥护，尤其是农民群众源源不断的人力和物力的支持。而要把农民的革命积极性调动起来，必须解决涉及农民切身利益的土地问题。要达到这一目的，就得进行普遍深入的土地改革运动。木兰县土地改革运动略早于整个东北地区，从1946年2月开始，经过反奸清算、减租减息、分配官地、"煮夹生饭"、"砍挖"运动、平分土地等几个阶段，到1948年2月结束。

第一节　利东区反奸清算试点

1946年2月，木兰县民运工作委员会政委孟戈非带领民运工作队到木兰城北的利东区（今利东镇）3个村开展了反奸清算、减租减息、反霸斗争试点的群众工作。工作队首先是说明来意，组织贫苦群众，结合军事形势宣传共产党

"土改"工作队员深入村屯

的政策，进行阶级教育，密切联系群众，积极培养干部，扩大干部队伍，建立群众性的地方武装，为反奸清算、减租增资打下了基础。其次，经过两周左右的工作，基本摸清了利东区广利东、王生屯、合盛兴3个村屯的户数、人口、耕地面积和无地户、无地人口、有地人口等。从摸清的数字看，贫雇农的生活水平非常低下，耕地面积极少，或者无耕地。全县占农业户71%贫雇农，只有5 010垧的耕地，而占农业户5%的地主、富农且拥有75%以上的耕地。从木兰县七个区农民所占有的土地看，有80%以上的农民少地或无地。为了维持生活，贫苦农民只能扛长活，卖短工，出卖劳动力。他们是农村的最底层。为了消灭封建的剥削制度，改革农村阶级关系，广大农民必须起来参加斗争，通过分析对比，揭露了地主对农民的剥削主要是靠地租、雇工、放高利贷等形式实现的。

在种种残酷的剥削方式下，农民的生活资料和生产资料被剥削殆尽，苦不堪言。当时，一农户家的春联上写道："年好过，节好过，日子难过。出有门，入有门，求借无门。"深刻地揭露了那时贫苦人民遭受着无情的盘剥压榨，在苦难中受煎熬的情景。

1946年2月底，中共北满分局决定由山东调来工作队97人，由刘莱夫、马洪新率领组成工作队，协助县民运会与当地干部60多人，编成150多人的群众工作队深入到大贵、柳石、五站、利东、城关5个点，以反奸清算、减租增资、分配官地为内容，认真贯彻了中央指示及党在农村的阶级政策，依靠占有人口70%的贫农、雇农，团结中农，发动农民，组织群众拿起枪杆子，反对拥有武装势力的地主阶级。工作队与贫苦农民同吃同住，关心群众疾苦，帮助贫下中农解决实际困难，在贫下中农得到经济利益的同时，进行宣传教育，启发其阶级觉悟，让贫苦农民在斗争中受到锻炼发挥其作用。

据1946年4月底统计：全县发动大小斗争会107次（不包括一区、东兴区），反奸清算87次，增资10次，反谣言1次。斗争的对象主要是反奸除霸，清算伪村长、屯长。到同年5月份全县开展斗争的有148个村屯，占全县总屯数的60%，参加斗争的人数9 907人。有89个屯进行了减租。仅利东区、一区就减了57个地主的租子。全县2 138个佃农减租1 536 715石，街市区有119人增资72 354元，12 000人以上得到了斗争果实。

另外，还有213个屯、7 039户、27 942人分到24 734.5坰官地。对私地除了个别外，一般是从减租增资着手；到1947年3月共处决土匪首要分子21名。

东兴县（今东兴镇）组成58人的民运工作队，分赴5个区。先在第一区（今东兴镇）开展了减租增资、反奸清算为内容的土地改革运动。通过对汉奸、特务、恶霸、地主、富农的清算斗争，特别是对个别民愤极大的分子进行了镇压，提高了广大群众的阶级觉悟。同时，全县有3 761户，13 168人，分到了耕地、房屋、牲畜、粮食、布匹等斗争果实。

反奸清算、减租增资工作的开展，解决了部分贫苦农民的生活和生产中的困难，壮大了党的力量，扩大了党的影响，树立了贫困农民优势，使群众运动较巩固地向前发展，为深入开展土地改革运动，打下了良好基础，到1947年5月，木兰县反奸清算、减租增资斗争结束。

第二节　贯彻《五四指示》进行土地改革

1946年5月4日，中共中央发布的《关于土地问题的指示》（即《五四指示》）中指出：将党在抗战时期实行的削弱土建的减租减息政策，改为没收地主土地分给无地或少地农民，实现"耕者有其田"的政策。同时指出："必须坚决地站在农民方面实行土地改革，拥护农民一切正当的主张和正义行动，批准农民已经获得和正在获得的土地。解决解放区的土地问题，是我党目前最基本的历史任务，是目前一切工作最基本环节。必须以最大的决心和努力，放手发动群众与领导目前

"土改"中的女民兵

的群众运动来完成这一历史任务。"木兰县民运会根据中央《五四指示》精神，迅速开展了土地革命运动。

全县5个月来，有222个屯、8个街、7 894户、28 596人，开展了大小不同的分地斗争。分得土地228 941垧（官地未统计），分房子29 555间，牛马575头、78台大车。为了配合土地改革运动的开展，各地建立了土地人民法院（随着"土改"结束撤销）。骨干力量形成了，群众发动起来了，平分土地斗争轰轰烈烈地开展起来。

第三节　"砍挖斗争"和斗争中"煮夹生饭"

"土改"挖根斗争大会

　　1946年11月，中共中央东北局根据松江省部分地区"土改"的典型调查，发现许多地方的群众工作是处于半生不熟的状况。同年11月21日，中共中央东北局发出了《关于"半生不熟"问题的指示》，确定把解决"半生不熟"问题作为当时深入和巩固群众工作的中心任务，集中力量消灭"夹生饭"。之后，省委也立即进行了检查和部署。1947年5月底，在东北局和省委的领导下，木兰县民运会开展了"砍大树""挖财宝"和解决"煮夹生饭"的斗争。这是深入土地改革运动的重要步骤。"砍挖斗争"又叫"砍大树，挖财宝"运动。所谓"砍"就是砍"大树"，"大树"即尚未斗倒的地主；所谓"挖"，就是挖地主恶霸尚未被分的浮产。这是清算、分地斗争的进一步发展，是一次斗争恶霸，深挖地主浮产的斗争。

　　土地改革运动初期，一些地主千方百计地进行破坏活动。有些贫苦农民对封建剥削认识还不深刻，存有温情主义；中农对地主还有同情怜悯之心；有些群众对共产党了解不够，存在着"怕变天"的思想顾虑，不敢撕破脸皮，不敢理直气壮地与地主展开面对面的斗争。加上当时领导力量较弱，工作经验不足，个别地方坏分子窃取了政权，隐瞒土地，成立假农会，甚至伤害"土改"干部和积极分子。他们庇护地主，使地主仍占有比农民多几倍的浮产。依据1947年调查统计：木兰全县269个自然屯，有196个屯群众发动较差，斗争不彻底，有4个自然屯未开展"土改"斗争，存在着严重的"半生不熟"现象。因此，木兰县民运会引导群众立即转入新的斗争阶段。

　　依据1947年上半年，松江省委研究室统计：木兰县有56 538人分得土地45 386.2垧；东兴县有13 198人分得土地11 200垧；木兰县有62%的屯土地改革中消灭"夹生饭"；东兴县有29%的屯"土改"中消灭"夹生饭"。到9月下旬，东兴县基本上消灭了

"夹生饭"。全县呈现出一派"收拾金瓯一片，分田分地真忙"的景象。"大树终于砍倒了，浮产挖光了"，地主的威风被打倒了。地主的土地、车马、农具、衣物除留给少许维持其生活外，都分给了农民。1947年10月，全县"砍挖"斗争结束。

第四节　贯彻《中国土地法大纲》，开展平分土地运动

1947年，中共中央制定了《中国土地法大纲》（10月10日正式颁布）大纲明确规定了"废除封建性及半封建剥削的土地制度，实行耕者有其田的土地制度"。

《土地法大纲》公布后，东北局公布了《东北解放区实行中国土地法大纲补充办法》，同时发表了《东北局告农民书》，宣传、解释党的政策，号召农民起来积极参加平分土地运动。

木兰县民运会根据党中央和东北局的有关指示，在宣传《土地法大纲》中，投入了足够的力量深入到农村，逐家挨户地宣传平分土地政策。实行耕者有其田。到1948年4月统计，全县被斗地主889户，富农1 233户。分得斗争果实：土地75 977.53垧，人平均0.75垧，骡马275匹，大车704台，农具11 059件，猪羊3 420头，家禽11 405只，粮3 244.46石，布50 659尺，衣服63 516件，被褥7 293床，金子147.68两，银子4 596.69斤，银圆906块，东北流通券28 062 610元。

第五节　划阶级，定成分，纠正"左"的错误倾向

党中央公布了《中国土地法大纲》后，木兰县民运会根据党中央的决定的有关精神，发动全县广大群众划分阶级，定成分，深入开展土地改革运动。

划分阶级的标准：主要根据剥削关系与土地占有两个基本条件来划。也就是说只能根据人们对生产资料（土地、房屋、耕畜、农具）等的占有与否，占有多少，如何使用，以及随之而来的剥削关系，即剥削别人，还是被人剥削，或是不剥削别人，也不被别人剥削，等等。其他如生活状况，只能作为划阶级时的参考，而不能作主要标准。政治条件更不能列为划阶级标准。

1947年11月，木兰全县进行划定阶级成分工作。清算地主426户，富农449户，没收地主、富农土地680 793亩，分得土地人数为56 538人。

土地改革运动是一场彻底摧毁几千年来封建剥削土地制度的大变革，取得的成就是巨大的。然而，在运动中由于"左"的思想影响，出现了平推的问题。有的地方没有紧密地把中农团结在一起，甚至把中农也斗了。

针对土地改革中出现的偏差，中共中央东北局根据1948年1月12日任弼时的《土地改革中几个问题》的报告和同年1月18日毛泽东为党内起草的《关于目前党的政策中的几个重要问题的指示》，在2月1日发出了《关于平分土地运动中几个问题的指示》，强调指出：要大力克服"左倾"盲动、强迫群众、脱离群众的错误做法。按照中央、东北局和省委的指示，木兰县民运会进行了纠偏和补偿工作。依据1948年初的调查统计：木兰

县纠偏前打击面为全县总人口的18.3%，后为6.2%。全县被斗中农376户。

　　木兰县的土地改革运动，彻底摧毁了几千年来封建土地剥削制度。农民翻身得解放，欢天喜地地分得了土地和大批生产资料，真正成了土地的主人，实现了耕者有其田。在土地改革斗争中，广大贫下中农的阶级觉悟和生产积极性得到了极大的提高，发展壮大了党的力量，巩固发展了乡村政权和群众武装，农村根据地巩固地建立起来，取得了全县土地改革运动的彻底胜利。

下篇 ★ 经济社会发展

经济建设与社会发展建立基础时期
（1946—1957年）

　　这个时期，老区木兰为经济发展建立基础时期。在中国共产党地方组织和人民政府的领导下，经历了新民主主义革命、社会主义革命和社会主义建设历史阶段。按照党中央及其东北局关于开展大生产运动的指示精神，发扬老区人民的光荣传统，坚持自力更生，艰苦奋斗，积极开展互助合作为主要组织形式的大生产运动，进行了大规模的恢复建设，为老区全面进行社会主义建设奠定了物资和技术基础。

　　1949年，全县工农业总产值为15 686.6万元。其中：农业总产值为15 020万元，工业总产值为666.6万元。

第九章 农业生产

第一节 开展大生产运动和互助合作

　　1946年，木兰解放后，进行了土地改革运动，翻身农民有了自己的土地、畜力和生产工具，生产积极性空前高涨。为了更好地发展生产，木兰县民运会按照东北行政委员会关于开展农村生产运动的指示。在全县开展轰轰烈烈的群众性的大生产运动，使全县农业生产逐年上升，粮食产量一年比一年高。1947年40 865吨，1950年101 875吨，1952年150 031吨；开垦荒地83 000垧，每垧产粮2.5石，合计20 750石（折成吨数4 150吨），占当年增加粮食的31.3%；精耕细作土地62 774垧，每垧产粮2石，合计12 734石（折成吨数13 006吨）占当年增加粮食的58.2%；水田700垧，每垧产粮12石，合计8 400石（折成吨数1 254吨）占当年增加粮食的10.5%。同时，畜牧业和副业有了一定的发展，牛马增加250头（匹），羊65只，猪15 500头，鸡鸭122 000只。

1948年，全县土地改革结束后，翻身农民为了更好地发展生产，纷纷组织起来。利东区富民村农民秦焕文，在自愿的基础上，把14户农民组织起来，创建了全县第一个临时性互助组。他们换工、插犋，互帮互助，实行深耕细作，采用比较先进的犁铧。年底，14户农民都获得了好收成，原来的清贫户有了饭吃，有了衣穿，一般户有了存粮、余钱。在这个互助组的影响和县委积极推广下，县内互助合作运动很快发展起来。1950年，在全县23 832户农民中，已有19 802户农民不仅参加临时互助组，还组织起了三大季节互助组或常年互助组。1951年，利东区富民村曹富组织的大型常年互助组，大豆亩产达到340斤，创出了全县大豆生产的最高水平。广大农民看到了大型常年互助组的优点，都积极向大型组靠拢。1952年初，县委总结推广了曹富大型常年互助组的经验，提出了改造临时组，提高季节组，发展和巩固常年组的方针。是年，曹富大型常年互助组第一个改办成了初级农业生产合作社。1953年，各区开始按曹富组织的合作社方式试办农业生产合作社，即耕地、耕畜、生产工具等主要生产资料仍为私有，实行土地入股，耕畜作价，统一经营。在劳动中评工记分，年终按劳分配，按股分红，按股值付给产品和现金。当年底，全县试办成了23个初级农业生产合作社，有503户农民加入了初级农业生产合作社。1954年，全县积极推广发展初级农业生产合作社，至年底，已发展到57个，有952户农民入了初级农业生产合作社。由于组织了初级社，1955年全县粮豆总产达17 823万斤，比1949年增长24%。

农业合作化发展情况（1950年至1955年互助组情况）

年度	临 时 组								
	组数	耕地面积（亩）	户数	占总户数%	劳 动 力			役 畜	
					计（人）	男（人）	女（人）	马（匹）	牛（头）
1950	218	45 900	1 049	5.2	1 869	1 245	624	985	718
1951	908	148 065	2 729	13	9 010	6 026	2 984	3 926	2 347
1952	496	232 530	4 494	21.4	7 054	4 602	2 452	3 854	3 215
1953	357	133 110	2 848	14	4 124	2 614	1 510	2 624	221
1954	221	79 185	1 611	8	2 721	1 811	910	772	896
1955	310	155 730	3110	15	4 913	3 397	1 516	1 661	1 189

年度	常 年 组								
	组数	耕地面积（亩）	户数	占总户数%	劳 动 力			役 畜	
					计（人）	男（人）	女（人）	马（匹）	牛（头）
1950	3 412	835 005	18 752	80	30 292	19 240	11 052	7 785	4 051
1951	2 722	685 275	15 700	74	26 402	17 356	9 046	7 264	5 288
1952	2 295	679 755	14 060	66	25 435	16 470	8 965	7 080	5 724
1953	1 530	825 540	14 840	74	28 677	19 950	8 727	7 917	5 899
1954	1 680	896 115	14 610	73.4	28 873	19 917	8 956	9 524	5 356
1955	653	436890	9080	43	15 241	10 357	4 884	5 049	3 347

初级社发展变化情况表

年度	社数	耕地面积(亩)	户数	占总户数%	劳 动 力			役 畜		
					计（人）	男（人）	女（人）	计（匹、头）	马（匹）	牛（头）
1952	1	900	15	0.7	27	18	9	24	17	7
1953	23	29 235	503	2.5	958	672	286	670	531	139
1954	57	54 795	952	4.7	1 795	1 085	710	871	773	98
1955	272	461 565	7801	39.2	13 834	9 560	4 274	6 850	5 947	903

根据1953年2月15日中共中央通过的《关于农业生产互助合作的决议》，及12月6日通过的《关于发展农业生产合作社的决议》精神，1954年12月末，县委开始将火炬和利鲜两个初级农业

生产合作社试办成高级农业生产合作社。经过试点，全县各区很快都办起了高级社。1956年2月，全县实现了高级合作化，建立高级社120个，入社农户达19 800户。高级社的土地、牲畜为公有，实行劳动评工记分、按劳分配，取消按股分红。

木兰县高级社发展情况表

年度	社数	耕地面积（亩）	户数	占总户数%	劳动力（人）	役畜（匹、头）
1954	1	—	15	0.07	—	—
1955	20	—	50	0.22	—	—
1956	120	933465	19800	87	33417	12070
1957	120	940095	21080	93	33918	14551

第二节　其他涉农工作

这个时期，涉及农业的土地改革、土地开发利用、农机具改革、种植业、养殖业、副业、林业、水利等，也都在发生变化和开始发展。

1948年"土改"后，翻身农民除耕种的土地外，自由开垦一些小块零星荒地。1950年到1955

土地开发

年期间，随着互助合作运动的开展，开荒面积42 368.55亩，1956年高级社时开荒41 444.98亩。

新中国成立后，随着农机具的改革，开始推广使用新式农具。如畜力10行播种机，双轮单铧及双轮双铧犁，12片圆盘耙等。后来，随着动力机械发展，农具开始由畜牵变为机引。

木兰县的农作物，按其种类可分为粮食、油料、经济、饲料、园艺（蔬菜）、药用等。1946年木兰解放，农民分得了土地，随着大豆、玉米、水稻、小麦、谷子、高粱、小杂粮等粮豆作物随时增加调整。经济作物包括亚麻、苘麻、线麻、烟叶、甜菜、油籽、向日葵等，占全县播种面积的4.98%。园艺作物（蔬菜）占全县播种面积的5.35%。其中蔬菜种类已有17科，50多个品种。药材，主要种植有党参、平贝、大力子、黄花、红花、莱菔子等。

新中国成立后，由于不断改善饲养条件，引进良种，防疫灭病，畜牧业有了较快的发展。畜禽种类有：马、牛、猪、羊、鸡、鹅、鸭等。

新中国成立初期，党和政府非常重视副业生产，纳入了农业生产计划，统一安排生产。根据木兰山区特点，组织劳力、畜力上山"倒套子"，拉运木材。组织家庭闲散劳力编土篮子、秫秸席、箩筐、簸箕、穴子、柳罐，扎扫帚、笤帚等。水田地区组织群众打草袋、草绳。此外，还利用当地资源，组织群众从事打猎、捕鱼、挖药、采集山产品等副业生产。1956年，农业实现了合作化后，集体副业有所增加，农产品加工每年占总收入的10%。在发展集体副业的同时，也发展了个人种植果树、养蚕、养蜂、养鸡、养鸭、采集山产品等家庭副业，副业收入达168.8万元，占农村总收入的13.3%。

1946年，木兰解放后，党和政府非常重视林业工作，为促进生态平衡，有计划地发展林业生产和林业资源开发。县政府设立了专门领导机构，1948年木兰成立林务所，1950年8月设农林科，各区、村相应地建立林业管理机构。1951年，贯彻执行国造国有，集体造归集体所有，社员房前屋后植树归个人所有的林业政策，初步调动了国营、集体、各人造林的积极性。

1954—1957年，随着农村合作化的发展，在"民办公助"的农田水利基本建设方针指引下，全县各地修建了一些小型水利设施。

1953年3月，县成立东兴、利东、大贵、兴隆4处灌溉管理站。在水利技术员指导下，1954年发展水田面积52 050亩，比1945年解放初期增长22%，排灌工程普遍实行两级渠道，并增设了节制闸和分水斗门；全县有分水闸18个、分水斗门35个，克服了灌水混乱局面。1955年到1956年，全县水利事业大发展，在"民办公助"水利建设原则的指引下，充分调动全县的人力、物力和财力进行农田基本建设。据统计，两年全县动员了8.1万人，依靠群众解决种子、柴油、木材、人工等，核款7万元。国家投资4万元，贷款25万元，完成干支线长达9.8万米，建设闸门、斗门、排溢口218处，机械抽水站16处，总土方量达36.4万立方米，其中石方量0.17万立方米。松花江沿岸、白杨木河和木兰达河沿河一带，1955年建抽水站10处，引水灌地。1956年又建抽水站6处，安装动力机16台，装机368马力，灌溉水田1.45万亩，占水田面积的1半以上。从此，江河沿岸约1.5万亩的内涝洼地变成了肥沃稻田。

第十章　工业生产

　　1946年，木兰解放后，县内工业发展进入一个新的历史阶段。不仅私营工业作坊大幅度增加，而且地方国营工业从无到有，从小到大，规模逐渐扩大，生产手段也由手工操作逐渐向半机械化、机械化发展。

烧酒作坊

　　1946—1949年，地方国营工业创办时期。1946年，哈北军区独立七团后勤部，在县城先后建立了电灯厂、被服厂、宏大号皮革厂、利华油米厂和公私合营的裕源昌油酒厂（王油坊）。东兴县解放后，因小业主外逃，民主政府与农联会接收了万兴源烧锅、王油坊、魁兴东米厂、新民酒厂、新民米厂、大贵米厂，创办了裕民纺织厂。

在建立和发展地方国营工业的同时，积极发展了私营工业。1947年，全县恢复私营大、小作坊和新建国营工厂73家。创产值22.9万元。1949年，全县私营作坊和国营工业发展到225户，比1947年增加了2.1倍；创产值66.6万元，比1947年增长了2倍。

1950—1952年，三年国民经济恢复时期。在此期间，全县地方国营工业和私营工业发展到252户，年产值178.6万元，比1949年增长1.5倍。主要产品10余种。

1953—1957年，第一个国民经济五年计划期间。在此期间，木兰县除积极发展地方国营工业外，还对手工业进行了社会主义改造，有领导、有计划地组织个体手工业者建立了铁业、木器、被服、烘炉、白铁、豆腐等19个生产合作社、组（分布在全县6个乡镇）。到1957年，全县工业企业有29户，其中地方国营工业企业10户，工业总产值349.1万元，比1952年增长2倍多，利润总额191万元，比恢复时期增长了3倍多，主要产品达到40种。

在此期间，工农业总产值比重也发生了极大的变化。1949年，全县工业总产值66.6万元，占工农业总产值的4.2%。到十二年后的1957年，工业总产值349.1万元，比1949年增长了282.5万元，增长率为23.5%。

第一节　所有制形式

1949年后，在党中央"发展生产、恢复经济"的方针指引下，木兰县积极恢复并扶持私营工商业，致使县内私营工商业开始复苏，有私营手工业217户、从业人员517人，年产值27.2万元。

1950年，全县私营工业发展到249家，从业人员544人，固定资产56.6万元（东北币），流动资金181.5万元（东北币），年产值35.5万元。

1953年，个体手工业作坊发展到273家，从业人员634人。其中铁业43户、153人，木业12户、27人，皮革业17户、26人，被服业59户、139人，食品业142户、288人。总产值48.8万元，比1950年增长29%。

1954年，有私营手工业200户、491人。按党中央关于对私人资本主义工商业实行"利用、限制、改造"的政策，开始对私营工业进行社会主义改造。采取委托加工，计划定货，委托经销代销，公私合营，全行业公私合营等一系列措施，从低组合到高级，向国家资本过渡。县委首先在柳河乡烧锅村试办了第一个生产合作社，有9名工人参加。

1954年底，木兰镇和东兴办起了铁业、木器两个生产合作社，另有被服、豆腐、烘炉、白铁等4个生产合作小组。

1955年后，相继在木兰镇、东兴、柳石、利东、大贵、新民等地成立手工业生产合作社和合作小组，其中：铁业41户、135人；被服业67户、115人；食品业67户、115人；木业12户、26人；皮革业13户、20人。

1956年2月1日，县里召开庆祝大会，宣布全县进入社会主义，有9个乡、16种行业，从业人员771人完成了社会主义改造，组织起13个较高级形式的生产合作社。

1957年，全县个体手工业从业人员全部参加了合作组织，至此，全县基本完成了手工业生产资料的社会主义改造。

国营工业。木兰县的国营工业（不含部办的全民所有制工厂）是新中国成立后逐步发展、壮大起来的。

1946年，东北民主联军哈北军区独立七团后勤部在县城创办了木兰电灯厂等国营工厂和公私合营裕源昌油酒厂。

1947年，将酒厂并入利华油米厂，厂内装有126马力柴油机1台，有职工44名，年产豆油126吨。1946年2月，东兴县解放后，小业主外逃。7月，县民主政府与农联会接管了万兴源烧锅、魁兴东米厂、王油坊等几家私营工厂，成立东兴县民主政府酒厂。1947年，对东兴酒厂生产设备进行改造，安装40马力柴油机1台，连三螺旋式油榨1套，改酒厂为油酒厂，有职工70人，日产豆油380斤，豆饼2 530斤。

1948年，国营工业有了新的发展。全县有木兰电灯厂、利华油米厂、永大油坊、新兴油坊、玉久昌米厂、柳石酒厂、大贵制油厂、新民油米厂、东兴油酒厂、东兴油米厂、裕民纺织厂、宏大号皮革厂12家企业。同年，按上级指示将上述工厂整顿合并成贸易局油米厂、柳石油酒厂、木兰油米厂、大贵制油厂、东兴油酒厂、新民油米厂6个工厂，并移交给省企业局领导。

1949年4月1日，县企业公司成立后，省企业局将6个工厂下放给县企业公司管理。10月，根据以销定产的原则，又将6个地方国营工厂合并为两个核算单位。即将柳石油酒厂和贸易局油米厂并入木兰油米厂，将大贵制油厂、新民油米厂并入东兴油酒厂。两厂共有职工84名，年产值40.3万元。

1950年，重建柳石油酒厂。至此，地方国营工厂有3家，职工143人。生产油、酒、米3种产品，年产值66.8万元。

1952年，本着东北人民政府地方工业局"就地取材，就地加工，就地销售"和"为农业生产服务，为人民生活服务，为大工业服务，为出口服务"的方针，新建了机械农具厂、制砖厂、被服厂、酱菜厂，接收了转为国营的印刷厂（由公私合营转为国营）。至此，地方国营工厂发展到8家，职工313人，年产值达125.1万元，比1949年增长两倍多。

1953—1957年，进入了有计划的社会主义经济建设时期。在对农村私营手工业进行社会主义改造的同时，国营工业开始稳步向前发展。

1955年，为加强对国营工业的管理，县成立了工业科。在工业科的领导下，开始注重发展机械制造工业，将木兰机械农具厂改建为木兰水泵厂，增加了切削设备，由小铸件生产转为机械加工、制造水泵。

1957年，全县地方国营工业增加到10户，固定资产原值77.9万元，净值54万元，有职工531人，创产值234.1万元，比1952年增长近一倍，产品有100多种（其中主要产品有40多种）。同年，将粮油工业划归粮食系统管理。

集体工业。集体手工业是在新中国成立后逐渐发展起来的。1953年，个体经济有22种行业、273户，从业人员634人。1954年，手工业开始向集体方向发展。同年10月1日，县政府在柳河村试办了由孙庆仁等9名工人参加的木兰县烧锅村铁业生产合作社，生产镰刀、锄头、二齿子等小农具。生产合作社成立后，劳动生产率有了显著提高，平均每人产值1 900元，同时，社员的个人报酬也有了很大提高，工资额达695元，比以前提高50%。在烧锅村铁业生产合作社的带动下，全县掀起了手工业合作化高潮。至1956年全县私营工业社会主义改造前，共成立手工业生产合作社（组）19个，有99%的手工业工人加入了手工业生产合作社。有手工业工人771人（男683人、女88人）。其中城镇35人，农村414人，农村专门从事手工业生产的152人，亦工亦农170人。19个生产合作社（组）中，铁业7个、陶瓷业1个，木业2个，被服业6个，皮革业2个，豆腐业1个。按行政区域分布，木兰镇9个，东兴乡3个，柳石乡2个，大贵乡2个，利东乡2个，新民乡1个。全县19个生产合作社（组）由县手工业合作社联合社管理，年创总产值5.9万元。

第二节　工业部门及主要工厂

电力工业。1946年，东北民主联军哈北军分区独立七团后勤部，在木兰建立一座小型电灯厂，装有60马力锅炉机1台和40千瓦发电机1台，年发电量8万千瓦时。因发电能力所限，只供给驻军被

木兰电灯厂

服厂和政府机关、商店照明使用。同年，东兴县民主政府将北二屯日本人开拓团遗留的45马力原动机运回东兴镇发电，供东兴磨米、制材和部分机关、居民照明。

1947年，东兴成立油米厂，装有12.5千瓦发电机1台，以蒸汽为动力，从事油米加工和直流发电（供厂区和部分机关用电）。

1948年，驻军将木兰电灯厂移交给县企业公司经营，更名为木兰油米厂，在厂内增设了油米加工，附带发电，年发电量为6.5万千瓦时，因发电量小，只供给部分机关、居民在19点至21点前照明使用。

1954年，企业公司投资为木兰油米厂添置230马力锅炉机和发电机组一套，年发电量为9万千瓦时。

1957年，木兰油米厂移交给粮食局，发电部分从油米厂分出，成立地方国营木兰发电厂，年发电量为16.4万千瓦时。

1958年，县财政投资18.4万元，为发电厂扩建厂房904平方

米，添置350千瓦发电机组一套，年发电量25万千瓦时。白天（7点到17点）供生产用电，晚上（17点到23点）供居民照明用电，木兰镇城郊点上了电灯。由于用户增加，发电机负荷过大，电压不稳，电灯时明时暗，居民用户不得不灯下点蜡。

机械工业。1950年，锻冶业就有发展，随着新型农具的推广使用，机械工业开始发展，1952年建立农业机械厂，1954年建立农机修造厂。

森林工业。1952年，建立木兰县农具工厂，1954年建立柳河木工厂，开始生产花轱辘车和其他小型木制农具。1956年，在资本主义工商业改造中，以木兰镇丛、霍两家木业作坊为基础，建立木兰社，生产花轮车和桌椅箱柜。

建筑材料。1947年，在民主政府的支持下，由砖窑工人股投资建立了砖窑，年产红砖50万块，小土瓦10万片。1952年，县企业公司在西门外白杨木河北侧建起了1处砖瓦厂，分南、北两个场地，南场（现发电厂处），北场（现北大窑屯）。共有窑工30—50人，年产青砖145万块。1956年，年产红瓦53万片。

食品工业。随着人民生活水平的提高，食品工业开始发展，除小型作坊外，还建有地方国营油酒厂、食品厂等一些初具规模的食品工业。

木兰县酿酒厂。地方国营企业，占地面积37 153平方米，建筑面积20 859平方米。

1950年10月，在柳河王大边外屯开始建厂制油，1953年3月搬到烧锅屯（滕家烧锅）筹建地方国营油酒厂，1954年建成投产。有工人18名，年产白酒200吨，创产值7.4万元。1957年，工厂迁至木兰县酿酒厂现址，厂内设有锅炉、白酒、果酒、曲房、化验5个车间，工人增加到77人，班产白酒400斤左右。1968年，采用新曲种烧酒，产量显著提高，班产1 050斤。并开始使用开凉机，减轻了工人劳动强度。主要生产50度白酒和木兰牌60度瓶装白酒。

木兰食品厂。1951年，以私人商号徐乃文、雷庆轩醋酱坊为基础，筹办了木兰县酱醋厂，于1952年投产。主要生产醋、酱，年创产值0.5万元。1954年，易名木兰县食品厂。设置糕点、糖果两个车间，有工人15名，年产值6.3万元。1963年，木兰食品厂开始扩建，厂房面积增加到300平方米，组建了糕点、糖果、麻花、酱醋4个车间，工人增加到58人，年产值68.8万元。另建了酱菜厂，年创产值81.7万元，利润2万元，固定资产40.6万元。

肉类联合加工厂。始建于1949年，全县收购的生猪、黄牛等在这里集中，然后上调和供应县内市场。年屠宰生猪2 000头。1956年，牧养厂更名为屠宰厂，年宰生猪257吨，创产值32.1万元。1960年，年产猪肉188吨，其他肉制品27吨，创产值20.3万元。

粮食工业。1946年，木兰、东兴解放后，小业主外逃，县民主政府与农联会接管了他们经营的东兴万兴源烧锅（后改为油酒厂），魁兴东米厂，新民米厂，大贵米厂，木兰街的王油坊（裕源昌油酒厂）等私营粮油加工业。接管后由县政府领导与管理。1949年木兰县企业公司成立，交企业公司经营。

1955年，县企业公司撤销，粮食工业归工业科领导。1957年，为使粮食部门在购销、调、加、存等经营环节上形成完整的体系，将地方国营木兰油米厂、东兴油米厂、柳河油米厂转交给粮食局。

印刷造纸工业。木兰印刷厂，厂址在木兰镇通江路道东，地方国营企业，占地面积4 151平方米，建筑面积2 324平方米。1936年前后，木兰、东兴两县有两家私人开办的印刷局。1946年初，东兴解放，杜维一逃往巴彦，他开办的东兴石印局被县民主政府与农联会接管，1947年初，东兴石印局迁往木兰，同木兰的黄家兄弟印刷局合并。归木兰县委秘书室领导。当时有厂房2间，主要设备有脚踏印刷机（四开）2台、石印机1台、手压名片印刷机1台和4副字架子、96盘4种型号铅字。仅有2名技术工人。

1949年，印刷局为公私合营企业，划归企业公司领导，有3名工人，从事零星印刷，年创产值0.6万元。1952年，转制为地方国营企业。1953年，职工增加到6人，零星印刷3 033件，产值3.8万元。1954年开始增加人员与设备，购进手摇4开切纸机1台。1956年，由脚踏印刷改为电动印刷。

皮革缝纫工业。木兰解放前，县内就有皮革、缝纫业，多为个体手工生产，独本经营，厂店合一，根据市场需要对外加工。皮革、制鞋、服装加工几大行业，主要集中在木兰、东兴两镇。

1948年，解放木兰后，东北民主联军哈北军区七团为解决军需曾在县内办过被服厂，后随部队迁移。

新中国成立后，个体皮革、缝纫业发展很快。1954年，全县有皮革业13家，缝纫业7家，年产值283 562元。1956年，对手工业进行社会主义改造，全县各乡镇先后组织起皮革社和被服社。1957年，木兰镇内皮革、缝纫工厂转为集体所有制企业。

皮革厂。厂址在木兰镇北郊，大集体企业，归二轻工业局领导。占地面积8 424平方米，建筑面积1 905平方米。

1956年，对手工业进行社会主义改造时，由柳编、修鞋、弹花、麻绳、皮革等6户手工业生产合作社组成综合社，有职工74人，年产皮马挽具300套，乌拉7 000双，皮帽4 000顶。

第十一章　商业经营

1946年，木兰解放初期，主要为私营商业。在土地改革运动中，程度不同地侵犯了部分私营工商业者。他们对发展工商业政策有顾虑，经营消极，有的借机抽股移资，有的歇业，市场一度冷落。1949年后，在中央"发展生产、恢复经济"的方针指引下，积极恢复并扶持私营工商业的发展，从此私营工商业开始复苏。

买卖公平

国营商业发展迅速，从1952年起，先后建立起商业、供销、粮食等行政机构和百货、土产、花纱布等国营公司。

1956年，在"一化三改"高潮中，私营工商业者主动要求实行公私合营，小商贩等也积极要求合作。后来，发展有了集体商业。

第一节　私营商业和公私合营商业

1946—1950年，全县私营工商业有375家，其中百货业63家、食品业（包括食品加工、菜、鱼、肉）68家、医药业17家、服务业42家、手工业作坊（包括粮谷、铁木、皮革、麻绳等加工）85家，从业人员538人。固定资产56.6万元（东北币），流动资金1 815万元。

1954年，全县282户私营商业开始为国营商业经销代销。县城私营商业有65%从国营商业进货，农村私营商业全部从供销社进货。1955年，县城内的138户私营商业有111户（占总户数80%）实行经销，农村145户私营商业有77户（占农村私营53%）实行经销和代购代销，其余多是供销社的经销户。

1956年，在"一化三改"高潮中，私营工商业者主动要求实行公私合营，小商贩等也积极要求合作。百货、食杂、服务等7个行业自动扩大经营，自愿增加股金3 116元（占原有资金32%）。仅6天时间，全县私营商业全部转为国家资本主义的高级形式——公私合营。到2月5日，全县283户429名从业人员改组为公私合营企业12处72户。其中，改为百货业5户、食杂业18户、饮食服务业46户、国药业3户，占私商总户数的25.4%，从业人员124人；改为合作商业5处28户，占私营商业的9.9%，从业人员51人；改为供销门市部31处100户，占私营商业户的35.4%，从业人员162人；改为代购、代销小组的57户，占私营商业户的20%，共57人；改为代购代销员的26户，35人，占总户的9.3%。

第二节　国营商业

一、国营商业的建立与发展

1946年，木兰解放后，县民主政府创办县营商业宏大号，经营油、盐、百货等生活必需品。1947年，建立木兰贸易局，经营棉布、食盐、食糖等，并收购粮食和皮张。同年建立百货公司，下设批发、零售商店。1949年，在东兴、柳河等地设5个营业所。同年，县政府设工商科（前身贸易局），它是全县国营商业、合作商业和私营商业的领导机关。1950年，木兰县供销合作社联合社成立。1954年，国营商业分工，国营商业在农村的零售网点划给供销社经营，国营商业在城镇增设网点，扩大批发业务。1952年，县粮食公司改为县粮食科。从而形成了商、粮、供三个完整的商业体系。

国营商业建立后，商品市场基本由国营商业领导。对私营商业实行限制、改造的方针，国营商业逐渐壮大，私营商业逐渐缩小。1956年国营商业的商品销售额为190万元，占销售总额的22%。

二、商业采购与销售

采购：木兰解放后，当时的商品采购多从哈尔滨私营工厂和批发商进货。1951年，国家建立起全国统一的商业体系后，实行县三级批发站，从省二级批发站进货，然后再批发给县内各零售点。经济体制改革后，三级批发站仍以二级站为依托，但通过横向经济联系，已由过去的单一渠道进货扩大为由厂家直接进货，1958年已扩大区外厂家进货168家。

主要农副产品购销，解放后和建国初期由市场自由买卖，为防止中间剥削，对猪、蛋、禽、药材等二类农副产品逐步纳入国家计划，组织生产，包购包销，取缔自由经营。

生猪收购：1950年，国营商业开始经营生猪。1951年，采取国营商业委托农村供销社代购与国营自购相结合的办法，这个办法实施后，木兰的生猪购大于销。1951年，收购生猪9 447万斤，销售2 580万斤。

1956年，实行派养派购，由国营商业"一条鞭"经营，既不准私商经营生猪，又不委托供销社代购，通过政府以行政手段向各社、队和农户下达派养派购指标，由各公社食品公司收购站直接向农民收购。一般每户派养两头，上交1头自食1头（即购、留各半）。从1956年到1964年9年中，全县共收购生猪1 037.62万斤，扣除3年自然灾害生猪减产，平均每年收购143.37万斤。

销售：新中国成立后，物质基础薄弱，人民生活水平低。经过经济恢复和经济建设，社会商品有所增加。棉布、棉花、棉纱等从1954年9月15日开始，实行凭票供应；对三类产品敞开销售，满足供应；对城乡都需要的工业品分配比例为：农村60%、城镇40%；副食品分配比例为：农村40%、城镇60%，对紧俏和高档商品按比例发票供应。

肉食供应：从1951年到1955年的5年中，每年平均收购生猪6 520头，每年除满足当地供应外，还能按时完成上调任务。1956年，国家将生猪列入二类物资，实行派养派购。根据"肉食品优先供应城市，工业品优先供应农村"的原则，对肉食供应在保证上调任务的前提下，首先安排县内军需、特需后，城镇居民每人每月安排半斤肉，节日增至1~2斤。

第三节 供销合作商业和集体商业

一、供销机构

1948年，"土改"后，分得土地的广大翻身农民迫切要求建立自己的商业组织。县民主政府本着既有利于经济核算，又方便群众的原则，在较大的村屯或区政府所在地建起供销合作社27处，工作人员38名。为了发展壮大供销事业，根据"社集中、点下伸"的精神，1949年11月，县人民政府在城西区五棵树村始建社试点后，于1950年在全县9个区先后建立区联社，下设40多个分销店。人民公社化以后的1962年，按照以公社建社的原则，在东兴、满天、新民、大贵、利东、吉兴、柳河、石河、五站、建国等11个公社建立了供销社，下设13个门市部、62个分销店。1973年，随着人民公社的调整，又增建龙江、东风供销合作社和东兴饮食服务管理站。

为了加强对供销合作社的领导，巩固、发展供销合作社在农村的阵地，根据上级指示精神，1950年4月，建立了木兰县供销合作社联合社。并在东兴、柳河两地建立了办事处，负责批发业务。成立了10个铁木部，负责铁木农具加工。1954年，建立理事办公室和私改办公室。1955年至1972年期间，县社机构几经变化，1973年，又恢复了县供销合作社联合社。1985年，全县共有13个基层社、18个分销店以及县社直属的生产资料公司、果品公司、综合商场等单位。

供销社的资金来源，在建社初期主要靠农民入股，当时共有流动资金64万元（主要是社员股金）。1957年，县社有了直属企业，有流动资金40万元。基层社有资金50.5万元。1956年合作化时县社并入商业局，基层社由集体经济转为全民经济。

二、供销业务

土特产品收购。木兰县是半山区。山多，林密，土特产品资源丰富。为开发山区生产，扩大购销业务，多年来供销部门就把扶持副业生产，发展多种经营，开展土特产品收购作为一项重要任务。因而每年都从农民手中收购大量土特产品，这对促进农副业生产，改善人民生活起到了一定的作用。同时，还积极开展废旧物资收购工作，变废为宝。在土特产品及废旧物资收购上，其方法一是委托基层社代购，二是由基层社包干经营。

生产、生活资料供应。木兰解放后至1958年前，农业生产资料的供应，本着"小农具第一，维修配件第一，补套配套第一，产品质量第一"的原则，全县所需要的生产资料，由10个铁木部采取就地取材，就地加工的方法负责供应。供应方法采取在国家统一计划下，按比例分配，根据农业生产的需要，购进300台四轮拖拉机销售于农村，对促进农业生产发展，实现农业机械化起到了推动作用。与此同时，及时地组织了农村化肥的供应。生产资料的供应，根据国合分工的原则，农村商品供应，多年来均由供销合作社负责，并且认真执行了"城乡皆需要的工业品优先供应农村"的原则。

集体商业，是1956年对私人资本主义工商业的社会主义改造高潮时，没有进入公私合营企业的小商贩组织起来的。全县有木兰镇的宏伟合作商店（网点两处）、利民合作商店（网点两处）、利群合作饭店等3家，53人，资金总额4 404元。主要经营水果、烟酒、副食品和日用小百货。

1958—1962年期间，由于"大跃进"和"浮夸风"、"共

产风"盛行，造成了生产下降，工农业总产值锐减，每年下降了
5.4%。1966—1977年，"文化大革命"期间，经济建设受到冲
击，工农业总产值锐减。

改革开放和开启新征程时期
（1978—2018年）

　　1978年12月18日党的十一届三中全会至2017年10月18日党的第十九次全国代表大会召开，老区木兰县经济建设与社会发展开启了全面建设社会主义现代化国家的新征程，走过了40年的光辉历程。40年来，全党工作重点转移到社会主义现代化建设上来，使木兰老区经济建设与社会发展呈现出生机勃勃的新局面，各项事业全面振兴，面貌发生了巨大变化，全县政治、经济、文化和社会发展出现前所未有的大好形势，各项事业取得了丰硕成果。

第十二章　农业经济发展

第一节　推行家庭联产承包责任制

1979年上半年，县委、县政府总结推广了石河公社永利大队二队"分活到组，责任到人，定额计酬，验质奖惩"的责任制。到了下半年，全县比较好地解决劳动组织上的

现场会

大帮哄。木兰镇连丰一队，开始实行了水稻专业承包到组的责任制，初步纠正了计酬形式上的平均主义。

1980年，县委在吉兴公社大炮台屯进行"包产到户"的试点，使全县有名的"大垮台"——大炮台屯一年巨变。此后，全县农村陆续出现了多种形式的联产承包责任制。1980年，在772个生产队中，有662个队建立了不同形式的农业生产责任制，占生产队总数的86%。其中实行季节包工，定额计酬的有591个生产队，占89.4%；实行分组作业，联产计酬的有67个生产队，占10.1%；实行专业承包，联产计酬的有3个生产队，占0.4%；开荒

187

种口粮田的1个生产队，占0.1%。另外，实行"打头领着干，劳力分整半，季节标准分，当日就兑现"的有111个生产队，占生产队总数的14%。除粮食生产之外，林、牧、副、渔各业都实行了各种形式的生产责任制，大大地调动了广大农民生产积极性。这一年，农业获得大丰收，粮豆总产达2.55亿斤，比上年增长6.6%。

1981年以后，在中央1号文件指引下，农业生产责任制向深入发展，到1982年3月春播前，全县已有850个生产队落实了各种形式的生产责任制，占生产队总数的98%，有18个生产队继续实行领工生产，占2%。全县的农业生产责任制，有两类、六种主要形式。两

山水林田路综合治理

类：一类是联产的有616个队，占72%；另一类是联质的有234个队，占28%。六种中联产的有三种：专业承包联产计酬5个队，占0.58%；统一经营联产到组114个队，占13.8%；统一经营包干到户的有497个队，占58%。联质的有两种：统种分管联质到户的71个队，占8.3%；季节包工定额计酬163个队，占19%。此外，还有辅助形式：部分口粮田包干到户613个队，占72%；经济作物实行大包干230个队，占27%。在大面积落实联产承包生产责任制的基础上，统分结合，全面推行了包干到户责任制。这是社会主义农业生产单位和生产者个人的生产资料公有制的前提下，在生产过程中的责任与权力统一的一种管理体制。

1983年春，全县普遍推行了家庭联产承包责任制，并开展了"五荒"（荒山、荒水、荒坡、荒草、荒滩）开发性承包。

随着家庭联产承包责任制的推行和五荒承包，分工分业，

专业化生产的发展，变废地为宝地，使农村中大量剩余劳动力开始从种植业中分离和转移出来，在新的经营领域中结成了新的群体。一些项目向各自专业户手里集中，适时扩大经营规模，提高经济效益。同年4月15日，成立了农业经济合同管理委员会。9月19日，县委作出了《关于大力开展"两户一屯"，促进商品经济发展的规定》，出现了大批劳动致富的专业户、重点户。全县多种经营"两户"达到3 683户，再加上粮食专业户1 497户，共计5 180户，占总农户的12.95%。当年，虽然有三个乡遭受50多年来未有的暴风雨和冰雹袭击，全县淹没良田20万亩，但是，粮豆总产仍达28 800万斤，比1980年增长8.8%，交商品粮10 236万斤，比1980年增长10.9%。

1986年，继续实行家庭联产承包责任制，农业总收入12 477万元，比家庭联产承包前的1982年增加47 47万元，增长61.41%。人均收入420元，比家庭联产承包前的1982年增加364元，增长6.5%。2005年，农业总收入87 980万元，比1986年增加75 503万元，增长605.14%；人均收入3 251元，比1986年增加2 828元，增长6.733%。2012年，农业总收入332 025万元，比2005年增加244 045万元，增长2.8%。人均收入8 386元，比2005年增加5 135元，增长157.95%。2018年农业总收入401 942万元，比2008年的16 900万元增长232 942万元，增加13.7%。人均收入11 980元，比2008年的4 809元增加7 171元，增长14.9%。全县在册耕地面积176万亩，年粮食产量稳定在50万吨以上。

第二节　农业生产结构调整

1984年10月，党中央召开十二届三中全会，作出了《中共中央关于经济体制改革的决定》。根据"决定"精神，农业产业结构开始发生了变化。在农、林、牧、副、渔各业比重上，经营涉及领域越来越广泛，不仅有种植业，还增加了养殖、加工、建筑、运输、饮食服务业。1978年，农业总产值为6 661万元，其中种植业产值5 519万元，占总产值82.86%；林业产值277万元，占总产值4.16%；牧业产值635万元，占总产值9.53%；渔业产值4万元，占总产值0.06%；副业产值226万元，占总产值3.39%。1985年，农业总产值发展到10 203万元，其中种植业产值7 755万元，占总产值76%；林业产值566万元，占总产值5.5%；牧业产值1 196万元，占总产值11.7%；副业产值617万元，占总产值6.1%；渔业产值69万元，占总产值0.7%。

在种植业中，粮食作物与经济作物的比重上，1978年，全县总耕地面积885 173亩，其中粮食作物面积552 537亩，占总面积62.4%；经济作物面积244 111亩，占总面积27.5%（其中大豆面积209 925亩，占总面积23.7%）；其他作物面积88 525亩，占总面积10.1%。1985年，总耕地面积998 139亩，其中粮食作物面积608 493亩，占总面积60.9%；经济作物面积314 928亩，占总面积31.6%（其中大豆面积266 093亩，占总面积26.61%）；其他作物面积74 718亩，占总面积7.5%。

1986年，粮食种植面积898 720亩，粮食总产198 263吨，平均亩产221公斤；2005年，粮食种植面积1 368 810亩，比1986年增加52.3%，粮食总产377 632吨，比1986年增长90.47%，平均亩产275公斤，比1986年增长24.4%。水稻是主栽粮食作物，随着旱育稀植高产栽培技术推广，应用化学药剂除草和水利工程设施配套，水稻种植面积逐年增加、产量不断提高。2005年，水稻种植面积482 205亩，占粮豆薯总面积的35.2%，平均亩产402公斤。2018年，水稻种植面积55.7万亩，平均亩产915.6公斤，比2005年增加514公斤，增长127.8%，年粮食产量稳定在50万吨以上。玉米是主要粗粮和饲料作物。2018年，玉米面积74.2万亩，平均亩产849公斤，比2005年增加273.5%。木兰县是全省大豆生产基地县之一，通过推广垄上双条播模式化栽培，使用优良品种和化学药剂除草，大豆单产大幅度提高。1986年，大豆种植面积252 068亩，平均亩产100公斤；2005年，大豆种植面积617 295亩，占粮豆薯面积45%，平均亩产123公斤，比1986年增长23%。

随着农村经济体制改革、土地承包责任制完善、农业产业结构调整和农业机械化程度提高，农村大量剩余劳动力开始转向养殖业。2005年，发展各类养殖示范村8个、专业屯36个。落实大鹅养殖5 045户、肉鸡养殖4 940户、蛋鸡养殖179户。养猪百头以上134户，发展养羊三十只以上17户，特种养殖9户。形成区域连村屯、村屯有大户、大户带小户的发展新格局。

2001—2018年，为加强农业设施建设，累计投资9.1亿元，完成土地整理、千亿斤粮食产能、高标准农田、水库消险加固、水田生产基地等农田水利工程建设。建成水稻浸种催芽基地12处、水稻大中棚育苗小区70个。

1985年，县区划办在东风乡开展农业区域成果应用模式实验试点工作，确立以资源开发为基础，以发展多种经营为内容，以立体开发为途径，以社会、经济、生态三个效益为目的，选择改善与保护生态环境，建设

东风乡生态区

生态农业的模式。1992年12月，木兰县生态农业建设工程方案达到国内同类成果先进水平，通过专家鉴定。1994年，《生态农业

建设方法与技术体系研究》获农业部科技进步三等奖。1998年，木兰县荣获全国生态农业先进县光荣称号。

2003年，被省农委确定为新型农民专业合作组织试点县。木兰县人民政府（以下简称县政府）加大对农民专业合作组织的引导、规范、管理和服务力度。2005年末，有各种农业生产专业合作组织26个，其中专业合作社2个、专业协会24个。行业涵盖种植业、畜禽养殖业、药材种植业、食用菌种植业、养蜂业、水产养殖业。越来越多的农民由新型合作经济组织带领闯市场、奔小康。

2012年，以昊伟、绿华园、嘉宝药业等产业龙头企业为依托，全县发展各类基地13.6万亩。新增各类农民专业合作组织39个，市场牵龙头、龙头带基地、基地连农户的产业发展模式初步形成。加大肉鸡、肉羊规模养殖的扶持力度，出台肉鸡养殖和肉羊养殖扶持政策，新建标准化肉鸡养殖小区16个、专业化肉羊养殖小区8个。成功引进农业产业化龙头企业本真农业，开发农产品精深加工项目，逐步延展上下关联产业，农业循环经济发展模式成为木兰县经济结构调整主攻方向。

第三节　农业综合开发

一、小区开发

红光小区　1994年，经国家批准吉兴乡红光小区为黑龙江省第三期土地治理项目，并开发建设。通过国家、省和市检查验收，被评为良好小区。1998年，该区被市开发办确定为农业现代化园区，项目投资1 389万元。

改造中低产田7.5万亩，造林5 000亩，养鱼2.1万亩，养羊

1 400只，养禽12万只。开发内容包括：推广应用节水灌溉，购买喷灌设备2套，喷灌面积2 000亩；种植富硒、莎莎妮优质水稻2万亩，种植968高蛋白大豆1万亩，发展食用菌种植大户30户，种植平菇1 500平方米、滑子菇6 000平方米，推广农业先进技术12项。2005年末，粮食总产4 865万公斤，

在红光小区召开农业开发现场会

比开发前增长1.8倍；肉类总产85万公斤，比开发前增长1.7倍；鱼类总产24万公斤，比开发前增长47倍；农业总产值实现9 049万元，比开发前增长2倍；农业纯收入5 900万元，农民人均收入由开发前942元，增至3 646元。

五一小区 1997年，经国家批准满天乡五一小区为黑龙江省第四期土地治理项目，并开发建设。总投资698万元。改造中低产田2万亩、开垦荒地8 700亩、造林850亩、改良草场2 100亩；修建各种水利工程和建筑物619座、新打机电井50眼、修建农田道路27.2公里、植树1.9万株、开挖沟渠38公里；动用土石方67.8万立方米、群众投工13.1万个工日。1999年，全面完成各项开发任务。区内新增粮食1 164.8万公斤、肉类62万公斤、干草12万公斤。农业总产值实现4 477万元，比开发前增长134%，农业纯收入2 910万元，农民人均收入由开发前的980元增加至3 716元，增长279%。2005年，区内种植优质绿色水稻1.5万亩、优质大豆2万亩、白瓜子8 000亩、各类药材1.1万亩。新增粮食856.5万公斤、肉类54万公斤。农民人均收入达3 015元。

黑鱼泡小区 2000年，省开发办对五站乡黑鱼泡小区土地治理工程正式立项。开发总任务2万亩。其中，改造中低产田1.9万

亩、造林1 000亩。总投资448万元，修筑田间道路13公里、排涝壕1万米，整理旱田5 000亩，发展水稻方田5 000亩，打大机电井26眼、组合井132眼，建井房35座；修建各种构造物345座。2001年，开发任务1万亩。其中，节水灌溉4 500亩、治涝1 500亩、建成药材生产基地4 000亩。总投资301万元。区内打大机井17眼，配备喷灌设备17套，修建井房17座、农桥1座、涵洞10座、排水闸3座，新修排水干渠3公里，修农田道路11公里，建药材库600平方米，修晒台1 000平方米。2005年，开发任务改善水田3 000亩，总投资367万元，区内打大机电井25眼，建井房25座，挖排水沟渠2.8公里，新修排水闸2座、维修1座，新修农田道路15公里，改善道路10公里。

二、基地建设

高蛋白大豆基地　2000年，高蛋白大豆基地建设正式立项。基地内高蛋白大豆总产达700万公斤，新增高蛋白大豆90万公斤，比开发前增长21%，高蛋白大豆产量增长53%，新增优质高蛋白大豆60万公斤，农业总产值实现4 172万元，比立项前增长15.4%，人均增收540元。2005年，基地内高蛋白大豆总产达735万公斤，新增优质高蛋白大豆35万公斤，农业总产值实现4 763万元，人均增收630元。

北药基地　2001年，北药基地建设正式立项。基地内总产药材26.4万公斤，比开发前增长31%，新增药材6.5万公斤，药材单产由立项前平均31.4公斤，增至41.7公斤。基地内总产值达731万元，比立项前增加13.1万元，增长28%。2005年，药材纯收入总额889万元，农民人均收入由开发前2 434元，增加到3 068元，人均增收634元。

烤烟基地　2003年，部分乡镇烤烟基地项目建设正式立项。

完成总投资444万元，其中，国家和省投资300万元、市和县及乡配套45万元、群众自筹99万元。建成烤烟生产基地1.2万亩，新打机电井30眼、架设输电线路12公里、配套喷灌设备25套，区内烤烟基地全部实现节水灌溉，新建350平方米育烟大棚10栋、烤烟炉117座，修农田道路15公里、改善10公里，购置农机具17台。项目建成后，年增产优质烟叶150万公斤，新增农业总产值530万元，新增农业纯收入180万元，区内农民人均增收475元。2005年末，种植烤烟达1万亩。建成育烟大棚7栋、烤烟炉63座，动用土石方23.36万立方米，群众投工6.46万工日。

五站牧草生产示范基地　2005年，五站牧草生产示范基地建设正式立项。总投资365万元，其中，国家和省投资230万元、市和县及乡配套35万元、群众自筹100万元。完成开发任务5 100亩，建设优质牧草示范基地5 000亩，造林100亩，新打机电井13眼，配套喷灌设备13套，架设输电线路8公里，新修农道涵10座。购置牧草专用作业机械9台，修农田路10公里，建储草棚4栋3 600平方米。新发展苜蓿牧草基地5 000亩，年产干草350万公斤，年创销售收入245万元，新增农业纯收入120万元，区内农民人均增加600元。

三、多种经营开发

秸秆燃气节能　2000年，秸秆燃气节能项目开始启动，项目投资100万元，新建厂房346平方米，购进燃气设备1套，建储气罐、蓄水池各1座，修燃气管道10公里，年产秸秆燃气29.2万立方米，解决390户农民的生活用气和12栋节能温室冬季取暖问题。2001年，市开发办投资90万元，新建高效日光节能温室64栋，打大机井4眼，每栋温室配套钢骨架和滴灌设备。至2005年末无变化。

脱水蔬菜科技　2004年，完成总投资246.5万元，其中，国家和省投资50万元、市和县配套24万元、企业自筹172.5万元。新建一条蔬菜脱水加工生产线，购置脱水加工设备9台，扩建车间、库房2 700平方米，引进主体及配套技术4项。当年企业加工干菜及山野菜450吨、食用菌10吨，销售收入880万元，获利35.2万元。2005年，加工干菜、山野菜、食用菌有所增加，销售收入900万元，获利37.5万元。

益生堂芹绿素提取加工　2005年，项目启动。完成总投资299万元，其中，国家和省投资180万元、市和县配套21万元、企业自筹98万元。企业修建生产车间、库房各200平方米，购置加工设备20台，修厂区路9公里，架设输电线路2.5公里，打机电井1眼。

柳河镇五味子良种繁育　2005年，项目启动。柳河镇石河林场五味子良种繁育项目完成总投资79万元，其中，国家和省投资50万元、市和县配套15万元、企业自筹14万元。项目开发任务包括引进五味子栽培繁育技术和五味子种苗10万株，建成科技示范园105亩，辐射面积5 000亩。通过一年的开发建设，各项建设任务全部完成。购置小型烘干设备1台，建药材库、蓄水池各300平方米，打机电井1眼、配套喷灌设备1套，架设输电线路2公里，购置农机具1台。项目建成后，年繁育优质五味子种苗200万株，产五味子20吨，实现产值66万元，企业获利22万元，人均增收367元。

2006—2011年，农业综合开发重点项目有：白杨木、香磨山等小流域土地治理。包括东风、建国、木兰镇、大贵、东兴乡镇，水田改善工程。开发改造中低产田2.48万亩。造农田防护、水土保持林、修建排水闸、分水闸、挖灌溉渠、农田桥涵路等工程。

还有沣源牧草加工、益生堂芹菜深加工、肉牛养殖扩建、水稻良种高效种植示范、水稻科技示范、北药栽培技术示范、森林猪生态养殖等。建牧草加工厂、芹菜深加工厂各一处，建育苗大棚35栋，项目总投资5 709万元。

2018年，加强农业基础设施建设。完成香磨山灌区续建配套与节水改造工程、柳河振兴灌区渠道工程、高效节水工程。实施了大贵镇光辉村、富兴村土地整理项目。建成昊伟、大贵、柳河3个市级现代农业示范园。完成"农家人"生态高产标准农田、莎莎妮水稻加工和宏昌有机肥生产项目。推进农业供给侧结构调整。调减普通玉米3万亩，鲜食玉米发展到1.5万亩，蔬菜、杂粮等经济作物5万亩，发展水稻育映大棚食用功产业小区3个。全县农业企业发展到129家、农民合作社906个、种植大户1 265户、家庭农场117家，向省市推荐示范社20家。整合补贴和社会化资金，购置秸秆离田等农机具3 768台套，新建压块站13处。全县秸秆回收72.5万吨，综合利用率达到83%。

第四节　精准扶贫共奔小康

木兰县农村人口精准脱贫工作通过"回头看"之后，确认：2016年，贫困户3 285户、7 447人，当年脱贫330户、767人，未脱贫的2 955户、6 680人；2017年，贫困户3 340户、7 510人，脱贫户1 634户、3 866人，未脱贫1 706户、3 644人；2018年，贫困户3 321户、7 421人，脱贫893户、1 909人。达到2 520户、5 752人稳定脱贫。全县还剩801户、1 669人继续攻坚脱贫。

2018年，全面完成贫困村"三通三有"。建成无线数字电视覆盖工程2处，新建村卫生室22个，建设维修村级活动场所8个，有效落实"两不愁、三保障"。完成105个自然屯、1 655人饮水安全工程，改造贫困户危房726户。为贫困人口缴纳城乡居民基本医疗保险和商业补充保险，慢性病签约服务管理覆盖全部因病致贫人口。实施医疗救助3 215人，临时救助742人。发放各学段助学资金100万元，资助1 443人次。办理贫困户农村低保2 150户3 951人、农村特困322人。提升产业扶贫实效。推进鲜食玉米产业扶贫合作项目，落实6 000亩示范基地，每亩增收400元。依托2 400头母猪繁育场项目，为贫困户创收180万元。完成731户分布式光伏电站建设，带动贫困户年均增收1 000元。推进5个总规模1.36兆瓦村级光伏扶贫电站建设，带动272户年均增收3 000元。"七彩木兰"电商平台带动增收117.5万元，建成运营8个村级电商扶贫服务站点，发放2 569户小额扶贫贷款9 687万元。开展扶贫对象动态调整。运用扶贫开发信息系统（手机APP）完成扶贫对象各类信息的采集、核准、更新，以及贫困村、贫困户地理信息采集工作。完成年度脱贫退出904户、1 916人，23个贫困村出列，贫困发生率降至0.83%。

第十三章　林业经济发展

第一节　林业资源

日本侵略者侵占木兰（东兴）县后，大肆掠夺森林资源，成材优质树种几乎被砍光、运光，仅1937年至1941年的5年间，每年平均从东兴山里运往日本木材10万立方米。森林资源遭到前所未有的浩劫。

林业技术人员进行森林资源调查

1978年，党的十一届三中全会后，县政府非常重视林业工作，特别是国家《森林法》颁布之后，破坏山林现象得到制止。木兰县行政区森林面积2 520 000亩（包括双丰、兴隆森工局林地面积），覆盖率39.7%，活立木总蓄量为1.245万立方米。

2005年，全县有林地面积895 245亩，其中：天然林地499 110亩、人工林地396 135亩；森林蓄积量2 809 980立方米，其中：天然森林蓄积量1 497 510立方米、人工林蓄积量1 312 470立方米。按森林所属划分：国营677 845亩，蓄积3 511 880立方米；集体217 400亩，蓄积298 100立方米。

2018年，全县有林地面积291万亩，占幅员总面积近60%，森林蓄积量1 245万立方米。

第二节　植树造林绿化

1979年，靠近树林的村屯及农田附近的宜林荒划归集体所有，国营林场逐步转向更新造林。1982年，为农村集体和个人划拨"两荒"造林地，又通过发放林权证，进

春季植树造林

一步稳定了山权、林权。随着经济体制改革深入，1984年，提出"改革体制，下放权制，内包外联，综合经营"的改革方针。从1949年到1985年的37年间，全县国营、集体个人造林面积829 638亩。其中1983年至1985年的3年，造林239 633亩，平均每年造林7.9万亩，比新中国成立后的37年平均造林面积增长3.5倍。3年义务植树215万株，人均9.02株。

四旁绿化。1976年以后，大搞宅旁、村旁、水旁、路旁绿化。树种多为落叶松、杨、柳等速生品种。全县400个自然屯，到1985年绿化126个屯，占总屯数的31.5%。公路（包括国路、乡路、村路）844条、662.9公里，其中绿化603条、561.8公里，占公路总长的71.4%。对白杨木河、木兰达河和农田防护营造绿化："两河"绿化2条、148.5公里，面积594亩；农田防护营造250条、307公里，营造面积6 320亩、防护面积18 000亩。

1998—2018年，造林面积266 840亩，包括营造薪炭林、防护

林、用材林、荒山造林和退耕还林、村屯绿化、路渠绿化、侵蚀沟治理等。

林业场（站）经营管理工作。全县有柳河、石河、建国、东风、太平、满天林场和乡镇林业站等8个。近20年来，共育苗13 288.2亩，造林10 000亩，抚育采伐401 096亩，出材426 230立方米。2001—2005年，3年来林业总产值17 851 508万元。经营面积942 465亩，林场森林蓄积量3 539 890立方米。

此外，防护林建设、退耕林、苗木生产、森林防火、森林有害生物防治等工作，也做出了突出成绩。2005年，木兰县被评为全国造林绿化先进县。

苗木生产基地

第三节　林业综合开发

林材综合利用。各国营林场的小型木材加工厂，对当年生产的次小薪材进行加工利用，年加工量在5 000立方米。主要生产小板方材、扒板、包装板、灰条子、小型木旋制品。县林业局为安置待业青年，成立青年木制品加工厂，厂地面积900平方米，购置了带锯、圆盘锯、木旋机等设备，安置待业青年80人，主要生产小板方材、灰条子和其他木制品，年加工量1 000~1 500立方米。在综合利用的基础上，增加了家具、沙发座等产品，年产值77万元，实现利润2.4万元。建国林场木材综合利用较好，除生产小板方外，还生产桌、椅、凳等木制品，产品销往哈尔滨及周边市、县。林产工业兴办菜板厂、小木农具厂、筷子厂、青年木器厂和花卉园。

林粮间作：1995年开始，县林业局在主伐迹地和低产林改造迹地进行大面积林粮间作，至1997年末，林粮间作面积达2.5万亩。2005年，林粮间作面积1 500亩，改变国家在更新造林、整地植苗、幼林抚育上每亩投资70~80元的状况，节省造林费用，每亩收承包费30~50元。

多种经营：近20年来，种植品种有果树、栽柳、人参、五味子、木耳、园林花卉等，养殖有奶牛、猪、鸡、鱼等，组建林业柳编厂、木材加工厂、木制品厂等，通过林粮间作、采集业、采掘业等。建起人参园、柳编厂、中草药园地、养猪场等。

五味子生产基地

为了解决技术问题，多次请东北林业大学、省林业科学院、省中医药学院等单位专家、教授来木兰林区进行实用技讲座，受训职工600人。林业系统有285户从事种养栽等生产项目。

各业生产实现产值10 781.3万元，利润2 501万元，林业职工年人均收入达4 530元。

第十四章 农田水利工程建设

第一节 农田灌溉

香磨山灌区 位于县境中部木兰达河两岸，是以香磨山水库为水源的自流灌区，设计灌溉面积7.8万亩，是水稻主产区。香磨山灌区完成配套工程71项。工程配套资金235.9万元。香磨山灌区干渠1条，长23公里；分干2

香磨山水库除险加固工程

条，长12公里；支渠13条，长65公里；排水沟10条，长52公里，各类配套构造物289座。

2000年，省财政厅、水利厅将灌区列入国家、省节水灌溉示范项目工程。采用总干渠砼板覆膜衬砌、砼板底塑膜上盖黄土50厘米防渗、分干砼衬砌、边坡覆膜、田间工程砼凹形槽衬砌形式，灌溉道衬砌长29 015米，节水示范区内建立节水灌溉自动监测系统，集水文测报、通信、计算机等先进技术于一体。监测系统控制面积12.9万亩，分别在总干渠节制闸、分干、支渠取水口处设水位观测站15处、田间观测站3处、气象观测站1处。2005

年，被国家水利部审定为大型灌区，列为国家大型灌区续建配套节水改造项目工程。第一期投资300万元，灌溉面积发展到30.8万亩，其中水田22.3万亩。

白杨木灌区 1986年，白杨木灌区是由头道分渠、二道分渠组成的自流灌区，设计灌溉面积1.5万亩。头道分渠由头道坝、头道闸枢纽组成，坝上汇水面积350平方公里。1986—2005年，两处拦河坝数次水毁，省、市水利部门在小型农田水利费中解决维修费用。在灌区干渠达标中，结合"黑龙杯"竞赛，进行灌区清淤整治达标，使灌区畅通。

柳河灌区 以柳河水库为水源的自流灌区，设计灌溉面积1万亩。1986年前建成，有干渠1条，长13公里，支渠3条，长25公里。灌区构造物有节制闸4座、分水闸2座、排水闸1座、干渠跌水3处、支渠跌水6处、公路桥2座、农用桥3座、渡槽1座、斗门10个。1988年，省水利厅利用小型农田水利费56.4万元，进行灌区配套、修建配套工程和维修工程8项，完成工程量0.63万立方米，石方917立方米、砼方420立方米。

西北河灌区 以拦蓄西北河径流为主，香磨山水库补水为副的自流灌区，设计灌溉面积0.3万亩。1986—1990年，东兴镇政府从水利费中拨付45万元用于灌区小型工程配套。1991年，西北河拦河坝工程列为省重点工程，增建渠首进水闸、增设溢洪口工程、续建拦河坝工程，增加投资40万元，以工代赈资金62万元。至1992年末，工程竣工投入使用，完成工程量5.7万立方米。国家补助资金108.72万元，自筹资金5万元。灌区有干渠1条，长10公里，支渠9条，长18公里和部分构造物。

尖山灌区 以拦蓄木兰达河径流为主，香磨山水库补水为副的自流灌区，设计灌溉面积2万亩。1989年，尖山灌区同裕福泄洪闸工程启动，工程量4.51万立方米，完成国家投资105万元。

1995年，修建尖山子吴家屯干线桥，国家投资10.2万元。1997
年，利用国家大型商品粮基础
建设项目资金，修建尖山子灌
区（二道闸）清阳河泄洪闸工
程，1998年竣工。投资110万
元。1998年，批复修建尖山子
渠道枢纽工程，1999年竣工。
完成工程量16.36万立方米，国
家投资630.69万元。

尖山灌区渠首工程

五一灌区　以五一水库为水源的自流灌区，设计灌溉面积1.5
万亩。1997年，列为县农业综合开发小区项目，有干渠1条，长
16.5公里，支渠17条，长141公里，进水闸2座、排洪闸3座、节制
闸1座、拦河坝2处、渡槽1个、交叉1处、公路桥2座、农桥5座、
跌水2处。完成工程量3.13万立方米，投资232万元。

此外，县境内有小型拦河坝140处，设计灌溉面积486万亩。
提水喷灌有向阳提水站，始建于1987年，位于松花江北岸、柳河
镇南、向阳村西1公里处，是县内较大的提水站。设计灌溉面积
1.3万亩，投入资金69.3万元。

小型提水站　1986年，全县有小型提水站323处，总装机3.41
千千瓦。设计灌溉面积5.04万亩，有效灌溉面积4.74万亩，实灌
面积3.60万亩。

1990年，有小型提水站385处，装机4.29千千瓦。其中，电
动机45台，总装机1.02千千瓦；内燃机340台，总装机3.27千千
瓦。设计灌溉面积7.04万亩，有效灌溉面积5.44万亩，实际灌
面积4.97万亩。2000年，小型提水站发展到507处，总装机5.54
千千瓦，设计灌溉面积8.69万亩，有效灌溉面积6.74万亩，实灌
溉面积8.81万亩。

机电井 1986年，有大型机电井296眼、小型机电井2 916眼。至2005年末，有大型机电井463眼，其中：电井96台，配套动力0.54千千瓦；机井367台，配套动力3.55千千瓦。小井组合井发展至11 020眼，其中：小井2 881眼、组合井8 139眼。

喷灌 1997年，在吉兴乡开始喷灌试点，配置固定式喷灌设备1套，喷灌面积450亩。2000年，有喷灌工程4处，动力0.04千千瓦，旱田和经济作物有效灌溉面积1 350亩。2005年，喷灌工程发展至6处，有效灌溉面积0.69万亩，实灌面积0.41万亩。

第二节　水库

一、中型水库

香磨山水库 1986年，香磨山水库由于大坝年久失修，成为险坝。当年投资140万元，进行溢洪道消险工程维修，完成工程量3.18万立方米。1990—1995年，投资101万元，对大坝前贴土铺盖，完成土方1.4立方米，并安装土坝自动观测设备。1999年，省水利厅批准香磨山水库工程消险项目，决定香磨山水库按国际50 201-94防洪标准复核由现中型水库变为大（Ⅱ）型水库，加大水库除险加固建设规模。灌溉面积由10.7万亩增至11.3万亩。2000年，香磨山水库投资388.5万元进行溢洪道出口尾渠开挖、翼墙护砌、大坝前铺盖、启闭机和闸门防腐、大坝前块石翻修、坝后碎石整平、输水洞维修、衬砌及闸门检修、排水体和排水沟维修、入库公路桥建设及造林等项工程建设，工程总量78.98万立方米。

2001年，国家发展计划委员会、水利部将香磨山水库除险加固工程项目再次列入计划。2003年3月开始，经过两年施工，完成了输水洞钢板衬砌，回填泥浆、紫铜止水，溢洪道检修闸门、安装检修闸门等20多项工程。

白杨木水库 1986—1990年，这座水库处于停建状态。1991年，进行第三次筹建，因未列入国家计划，停止筹建。1997年，进行第四次筹建。先后获得黑龙江省计划委员会批准，报告国务院批复，核定总概算7 528.95万元。

白杨木水库建设工程开工奠基典礼

这座水库设计库容6 600万立方米，相应水位162.20米，水库容600万立方米；灌溉保证率75%，是一座以灌溉为主，结合防洪除涝、养鱼、旅游等综合利用的中型水库。水库建成后可灌溉水田8万亩、旱田2万亩、防洪除涝4万亩，年产鱼40万公斤，保护县城1座、村4个，保护人口6万人。2002年9月25日，正式开工建设，经过两年工程建设，完成工程量65万立方米。2004年9月23日，成功实现工程截流，10月，完成大坝合龙任务，水库累计完成工程量89.64万立方米，累计工程投资5 700万元。2005年，已全部达一次通水能力。

二、小型（Ⅰ）水库

柳河水库，位于柳河镇，设计库容606万立方米，1992年，经部颁标准复核库容800万立方米，实灌面积1万亩。

东风水库，位于东风乡，设计库容585万立方米。1992年，经部颁标准复核库容980万立方米，实灌面积7 200亩。

龙丰水库，位于五站乡，设计库容218万立方米。1992年，经部颁标准复核库容225万立方米，实灌面积3 900亩。

龙江水库，位于龙江乡，设计库容335万立方米。1992年，经部颁标准复核库容365万立方米，实灌面积4 050亩。

富山水库，位于东兴镇，设计库容280万立方米。1992年，经部颁标准复核库容364万立方米，实灌面积1 050亩。

石河水库，位于石河乡，设计库容108.8万立方米。1992年，经部颁标准复核库容118万立方米，实灌面积2 000亩。

尚家店水库，位于利东镇，设计库容390万立方米。1992年，经部颁标准复核库容470万立方米，实灌溉面积4 000亩。

五一水库，位于满天乡五一村西北，汇水面积82.5平方公里，设计库容940万立方米。1992年，经部颁标准复核库容1 225万立方米，实灌水田1.41万亩。

卫星水库，位于大贵镇东7公里马喜珍屯，汇水面积40.3平方公里，以灌溉为主，兼防洪、养鱼。设计库容537万立方米。1992年，经部颁标准复核库容635万立方米，实灌溉面积5 000亩。

马鞍山水库，位于大贵镇马鞍山林场，在木兰达河支流朝阳河上游，汇水面积30平方公里，以灌溉为主，兼防洪、养殖。1992年，经部颁标准复核库容380万立方米，设计灌溉面积2 000亩。

三、小型（Ⅱ）水库

利勤水库，位于东风乡王兽医屯北，汇水面积7.6平方公里，1978年竣工。设计灌溉面积450亩，原设计库容46万立方米。1992年，经部颁标准复核总库容为70万立方米，实灌水田450亩。

长发水库，位于石河乡长发村，1986年10月竣工。汇水面积11平方公里，设计灌溉面积600亩，原设计库容47万立方米。

1992年，经部颁标准复核总库容为60万立方米，溢洪道曾水毁，经过加固维修，实灌水田900亩。

新发水库，位于新胜乡新发村，1979年竣工。汇水面积10平方公里，原设计库容67.5万立方米。1992年，经部颁标准复核为85万立方米，设计灌溉面积1 000亩。1993年，重建输水洞。1996年，县水利局安排小型农田水利补助资金15万元，维修溢洪道。

临山水库，位于五站乡临山村西，汇水面积20平方公里，原设计总库容60万立方米，1977年竣工。1992年，经部颁标准复核为83.8万立方米，设计灌溉面积1 000亩。

新华水库，位于新民乡西南，设计灌溉面积1 500亩，原设计库容17.5万立方米。1992年，经部颁标准复核水库总库容为24.4万立方米，实灌面积1 500亩。

永兴水库，位于建国乡永兴村，原设计总库容39.5万立方米。1992年，经部颁标准复核总库容为46.31万立方米，设计灌溉面积700亩。

新北水库，位于新民乡北，原设计总库容16万立方米。1992年，经部颁标准复核总库容为33.5万立方米，设计及实际灌溉面积1 500亩。

兴山水库，位于柳河镇兴山村万宝屯北，汇水面积2.5平方公里，设计灌溉面积300亩，1990年竣工。原设计库容34万立方米。1992年，经部颁标准复核总库容为43.4万立方米，实灌面积150亩。

草帽顶子水库，位于东兴镇东北村草帽顶子屯北，设计灌溉面积450亩，原设计总库容33.5万立方米。1992年，经部颁标准复核总库容38万立方米，实灌面积250亩。

石庙子水库，位于建国乡建设村石庙子屯东，设计灌溉面积

1 000亩，原设计总库容31.5万立方米。1992年，经部颁标准复核总库容为50万立方米，实灌面积300亩。

以上水库属村级管理水库。

2016—2018年，水利工程重点抓了中小河流整治，沿江提水和灌区节水工程改造。

一是中小河流治理工程：（青阳河整治工程）新建护岩工程2段，总长度10.48公里，河道清淤5.24公里。河道裁弯取直181公里。工程总投资2 831万元，防洪保护面积7.1平方公里，保护农田耕地面积0.85万亩，保护村屯4个，保护人口0.35万人。木兰达河三期、四期、五期治理工程：总投资13 269.07万元，工程提高岸坡抗冲刷能力，稳定河势，保障沿岸部分村屯、桥梁和耕地受洪水侵蚀破坏。新建护岸工程16处，总长度18.185公里，河道疏浚整形12.258公里。

二是沿江提水工程：柳河沿江提水工程总投资2 778万元。建设内容：总干渠、一分干、二分干渠道整形、衬砌、渠系建筑物及尖山子渠首维修工程。柳河灌区向阳提水分灌区建设内容：新建干渠3条及衬砌长度为8.9公里；配套建筑物30座。工程可使柳河向阳分灌区设计灌溉面积达到3.15万亩，实际灌溉面积为2.19万亩，完成旱改水面积0.96万亩。振兴提水灌区建设项目总投资700万元，灌区总控制面积1.34万亩，设计灌溉面积1.08万亩。

三是灌区节水改造工程：香磨山灌区续建配套与节水改造项目两年总投资3 907万元，建设渠道衬砌共涉及2条渠道，尖山子干渠长11公里，渠顶道面12.6公里，渠系建筑物24座，自动化建设及灌区管理站房维修。

在发展农业经济进程中，农业机械、畜牧业和渔业等是发展壮大农业经济不可缺少的重要工作。

改革开放的1978年，全县有新式农具861台（件），包括机引农具、施肥、联合收割机、场上机械和农副产品加工机械。2005年，全县农业机械总值达到1.25亿元，农业机械总动力达18.5万千瓦，综合机械化程度达71%。2018年，机械整地、机械中耕分别占98%以上，播种及插秧、收获、玉米

水稻机械插秧

机械催芽、大豆机械精少量播种、机械化深施肥、机械深松联合整地、机械根茬粉碎还田，水稻全程机械化均普遍实施。连续三年在全省"科技兴农机械化"工程竞赛中获一等奖，被授予农业机械化工程标兵。

发展畜牧业主要有畜禽养殖、家畜养殖、家禽养殖、特色养殖及畜牧改良。

1979年以后，取消了对社员家庭养殖的限制，极大地调动了社会养殖的积极性。当年生猪存栏62 379头，大牲畜25 085匹（头）、羊14 857

西门塔尔牛养殖基地

只、禽115 445只。到2018年，全县养殖黄肉牛、生猪、山绵羊、禽类存栏分别达5.8万头、9.4万头、5.4万只、433万只，出栏分别达到2.1万头、11.4万头、1.3万只、318万只。

发展渔业经济有保护渔业资源和鱼类资源，养殖、捕捞等项工作。1985年，有成鱼养殖面积2 400亩，包括池塘、湖泊、水库、河沟。产品生产量达353吨，包括国营渔业、集体、个体渔

业、新经济联合体、专业户、家庭副业养鱼。到2018年，综合渔业不断扩大。全县有驯化养鱼面积2 660亩，名特优养殖面积2.17万亩，其中池塘面积8 000亩，大水面养殖1.7万亩，稻田养鱼1.2万亩，特色养殖3处150亩。全县有游钓点140个，其中度假村10个，总面积2 300亩。网箱养鱼生产有新的发展。在湖泊、水库中

渔业队捕鱼作业

设置网箱发展高产高效的集约化养鱼生产，经济效益可观。支持渔民发展网箱养鱼，新增网箱800平方米。名特优品种养殖面积逐渐增加。名特优水产品养殖示范面积增加至1 200亩，卫星水库和香磨山水库绿色生态水产品形成规模。推广新品种养殖面积360亩，南美白对虾、黄颡鱼、鳜等增至240亩。

第十五章　工业经济发展

第一节　工业综合

工业结构：1978年以来，全县有建材、食品、酿造、纺织、化工、机械、粮油加工、柳编工业门类6—8个，主要企业32—37家。

产品结构：工业产品主要有红砖、建筑石、白酒、啤酒、民用炸药、墙体涂料、地毯、农机配件、柳编制品、卫生筷、人造板、胶布鞋、自行车辐条、珍珠岩粉、奶粉、机车缸盖、铡草机、电器开关、电控柜、石棉瓦等20多种产品。

所有制结构：1986年，全县有国有工业企业23家、职工5 338人、产值2 705万元；集体工业企业12家、职工2 117人、产值563万元；私营个体工业企业1 146户、产值1 563万元。1990年，有国有工业企业25家、职工5 992人、产值3 220万元；集体工业企业12家、职工2 260人、产值2 661万元；私营个体工业企业554户、从业人员1 892人、产值1 196万元。1995年，有国有工业企业22家、职工6 770人、产值11 273万元；集体工业企业8家、职工2 355人、产值5 300万元；私营个体工业企业693户、从业人员1 100人、产值6 227万元。2000年，国有工业企业实行产权制度改革，改制后有企业7家、职工1 109人、产值32 670万元；集体工业企业在改制中全部退出市场，有私营个体工业企业695户、从业人员3 090人、产值73 030万元。2005年，国有工业企业全面退出市场，按照统计新口径，有规模化以上私营个体工业企业11家、产值46 292万元；规模化以下私营个体工业企业1 385户、从业人员3 255人、产值229 608万元，总计275 900万元。2018年工业总产值830 684万元，比2008年的16 200万元增加到24 700万元，年均增长5.24%。

技术改造建造：1986—2005年，先后对木兰化工厂、木兰肉类加工厂、木兰白酒厂、木兰特种轴承厂、木兰涂料厂、木兰印刷厂、木兰光华建材厂、木兰地毯厂、木兰华丰酒业、木兰金桥啤酒厂、热电厂等进行技术改造、建造、新增设备等。其中，建污水处理站、百吨冷库，引进美国啤酒技术等，总投资17 575.4万元，使企业产值、税金大幅增长，同时就业人员大幅增加。

产品销售：1986年，随着社会主义市场经济体制的确立和逐步完善，企业全部推向市场。产品销售由计划调拨转为市场调节，企业面向市场，自行销售，企业内部实行销售定额管理，对销售人员采取定销售额、定费用、定回款率、定基本工资、多销多奖、费用节约归己等办法，使销售额不断攀升，实现销售收入12.822亿元。企业主要有地毯、油漆、白酒、化工、柳编等。

第二节　主要企业简介

蓝艺地毯集团有限公司　蓝艺地毯集团有限公司始建于1982年，是全国最大的手工胶背地毯生产厂家和出口基地企业，生产技术和产品质量均居全国同行业之首。是全国纺织行业质量效益型先进企业，全国用户满意工程先进单位，并荣获全国"五一劳动奖章"。董事长孙宝库作为中国民营企业家的代表曾随同温家宝、李克强出访。

木兰牌系列产品25个，数千个品种。全部主导产品均被评为黑龙江名牌产品、黑龙江省免检产品、黑龙江省著名商标和全国用户满意产品，并有多项获国家专利。产品在畅销全国各地的同时还出口美、俄、德、日

时任省委书记孙维本（前排左二）视察木兰地毯厂

等60多个国家，得到国内外用户的普遍青睐。时任省委书记孙维本曾到蓝艺地毯厂视察。

木兰海外化工有限公司　位于木兰县建国乡大桥村，前身是木兰县化工厂，1967年始建。2004年以500万元价格出售给黑龙江海外集团，重组为民营企业，更名为木兰海外化工有限公司，成为国家国防科工委民用爆炸器材定点生产企业。占地面积32万平方米，建筑面积1.2万平方米，有生产车间5个、职工552人，有膨化硝铵炸药、乳化炸药生产线各1条和各种机械设备35台（套）。2004年对乳化炸药生产线进行改造，使年生产能力由5 000吨提高到6 000吨。产品有铵锑炸药3个品种：2号岩石铵锑、2号和3号煤矿许用炸药；乳化炸药3个品种：2号岩石乳化炸药、2号和3号煤矿许用乳化炸药。产品质量执行部颁标准，优质品率达100%。2005年，年产量达4 454吨，产值1 913万元、利税107万元。

哈尔滨木兰朗力威啤酒有限公司　朗力威啤酒有限公司，前身为木兰县啤酒厂（木兰县金桥啤酒厂），1969年始建。原址在木兰镇生产街，占地面积8 600平方米，建筑面积2 410平方米，主要设备冷冻机、灌装机等12台（套），主要产品"兰龙牌"、

"宴宾"牌啤酒两系列十余品种。2005年,该厂迁至振兴大街路北。作为黑龙江省啤酒行业唯一的地方工业品牌,朗力威咖啡啤酒2005年获得国家"咖啡啤酒制备方法"发明专利,是国内独家以咖啡豆和大麦芽为主要原料、采用独特工艺酿造的特色啤酒。产品特点:功效突出,引领时尚。口感丰富,香气浓郁。先后荣获中国创新特色啤酒产品、绿色食品A级产品、东北特产食品等荣誉,2015年荣获意大利米兰世博会、果蔬饮料国际联合馆酒水品鉴会金奖。

公司生产的雪熊原浆啤酒试投入市场以来,产品包装新颖(卡扣盖瓶装)、品质独特(德国、比利时风味),在哈尔滨及周边市、县很受消费者青睐,月销售量已超过400千升。

木兰县柳编集团公司 1997年,以大贵、利东、柳河柳编厂等龙头企业为依托组建成立,公司总部设在木兰镇。固定资产800万元、长期编工2 000人、季节性编工1 000人,柳编集团下辖直接与外商订货贸易的柳编公司8家、分厂100家。公司和分厂主要分布在各乡镇及通河、

市委书记李清林(左二)
视察木兰柳编集团

巴彦、宾县、庆安、明水、伊春等周边县（市）。2002年8月27日，成立木兰县柳编协会。至2005年协会成员发展到960人，有柳编总厂7家、分厂249家、编工6 000人，其中熟练工3 000人。建插柳基地4万亩。柳编产品以杞柳、蒿、草、藤、桦、笤条等为主要原料，生产"篮、筐、环、帘、架"等柳编产品，花色品种850个，其中120个品种打入国际市场，主要销往东南亚、西欧、美洲、澳洲等20多个国家和地区，年创产值7 500万元，出口创汇180万美元，实现利税210万元，是木兰县六大支柱产业之一。

木兰万宝工艺有限公司　其前身为柳河万宝柳编厂始建于1976年，当时是村办集体企业，主要生产土篮子、簸箕两种农家院用简易产品，共有八九个编工，两间草泥房，年创产值大约八九千元。1980年，万宝村农民马占生花200元购买了当时的厂房场地，开始办起了依托县外贸，产品出口型的个体柳编厂。该企业已有30多年历史，目前已形成了产业集群化格局。全县共有7家总厂、110家分厂，季节性编工达3 000人。从过去以单一杞柳为主原料向蒿、草、藤、桦、榛、笤条等多种原料领域迈进。从柳条编成的栅栏到塔头草制作的圣诞树，从桦树皮编成的花篮到蒿秆制作的鸟巢，两家企业每年都推出100多个新品种。木兰柳编制品销往加拿大、美国、澳大利亚、荷兰等20多个国家和地区。2018年前11个月，木兰柳编创产值1 600万元，利税150万元，出口创汇30万美元。

木兰健益莱医药科技有限公司 公司建于2015年，是根据国家药品GMP管理设计改造建成。前身是哈尔滨三乐生物工程有限公司木兰分公司，注册名黑龙江省健益莱医药科技有限公司；公司位于木兰县柳河镇，一期工程计划已投资1 500万，二期计划投资2 500万，对公司的厂区、厂房以及设备符合药品GMP管理的要求设计进行改造、改建。主要生产经营项目：胶囊剂、片剂、颗粒剂类药品。

在2015年12月药品GMP认证已经通过，荣获GMP认证书、生产许可证。本着质量第一、节能低耗的标准，建造了两个现代最先进的中药前处理提取、固体制剂生产车间。现有工人40人，具有大学、专科学历16名和有多年药品行业经验的技术工人20人。

哈尔滨木兰昊伟农庄食品股份有限公司 黑龙江昊伟农庄食品股份有限公司成立于2008年7月。工厂位于美丽的松花江畔木兰经济开发区内，厂区占地面积8万平方米，是黑龙江省农产品精深加工龙头企业，率先打造出国内唯一水果玉米全产业链商业模式。拥有万亩标准化水果玉米示范基地，六条现代化水果玉米精深加工流水线，2万吨冷链物流仓储基地，千万元的玉米农机合作社。真空和速冻玉米系列产品通过美、欧盟、韩、日出口有机认证及麦当劳供应链体系认证。昊伟股份集团荣获了国家级农业高新技术企业、国家级主食品加工示范企业、国家级农业循环经济示范和升级产业化龙头企业。

哈尔滨木兰本真农业发展股份有限公司 哈尔滨木兰本真农业发展股份有限公司成立于2012年。是一家专业从事肉牛肉羊繁育、饲养、屠宰、加工、销售与科研于一体的现代农牧结合循环经济产业化示范龙头企业。具备年屠宰加工肉牛6万头、肉羊100万只，年产生鲜冷冻牛羊肉及牛羊肉深加工产品4万吨的生产能力。公司将紧紧围绕推进现代农牧结合循环经济产业化这条主线，着力建设"关键原料、核心技术、销售渠道、质量安全"四大控制系统，全面提升以"方便、快捷、安全、健康"为核心的品牌竞争力，做良心企业，造放心食品，为提高全民健康水平做贡献。

黑龙江木兰天兆猪业有限公司 黑龙江天兆猪业有限公司在木兰县建设生猪原种核心育种场项目，场区位于木兰县柳河镇，项目包括建设2 200头原种核心场，4 400头二元母猪扩繁场，及50户年出栏3 000头的家庭猪场。项目采用获得国家36项实用专利的余式猪场模式建设，项目建成后，将成为黑、吉、辽三省及内蒙古自治区范围内品质最优、规模最大的种猪繁育基地。

天兆猪业已在四川省、黑龙江省等10余个省市建立30多家区域公司，拥有基础母猪超6万头，年出栏各类猪110万头，年营业额超10亿元。是国家工业产业化重点龙头企业、国家生猪核心育种场、畜禽标准化示范场、中国畜牧业协会猪业分会会长单位及中国畜牧业协会工程分会会长单位。

哈尔滨木兰食品（主食）加工技术研究院 为贯彻执行农业部提出的主食加工业提升行动和黑龙江省主食加工产业链规划，木兰县设立食品（主食）加工园区的同时设立食品（主食）加工技术研究院，针对目前大众消费即食、即热、即烹和即配主食制品的庞大市场需求，围绕木兰县水稻、大豆、玉米、山特产品及畜禽产品等丰富资源及木兰县食品（主食）加工企业共性技术需求，联合中国农业科学院农产品加工研究所、江南大学等国内知名科研院所，立足自主创新和集成创新，开展有食品（主食）加工适宜性与标准化、加工工艺的工业化适应性改造技术、工程化共性关键技术、质量控制技术研究和自动化核心加工装备及生产线的集成与示范。通过关键工艺技术与装备生产线的有机耦合，构建适用于在木兰食品（主食）加工企业中示范推广的工业化产业技术体系，为木兰县以至于周边县区主食以及农产品加工标准化和工业化生产、提升行业整体技术水平、促进产业升级提供强有力的技术支撑。

食品（主食）加工技术研究院下设食品（主食）加工产品研发中心、质量安全控制中心、技术培训与推广中心、专家工作站、产品展示中心、商业服务中心。

第三节　工业园区建设

园区基本情况　木兰园区原名为上海奉贤现代农业园区哈尔滨木兰分区，是木兰县与上海奉贤区（沪哈）合作时设立的，于

2006年7月由省政府批准成立（黑政函〔2006〕68号）。

哈尔滨木兰工业园区是在农业园区基础上辟建的工业园区，2013年5月，经省政府批准享受省级开发区政策（黑政函〔2013〕48号）。

2017年8月，两个园区合并为上海奉贤现代农业园区哈尔滨木兰分区（哈尔滨木兰工业园区），共核定副处级领导职数3名（党工委副书记1名、管委会副主任2名），内设机构6个，核定科级领导职数6正7副，核定行政编制共计38名。2018年，园区共有工作人员19名，副处级干部2名，正科级干部6名，副科级干部6名，普通干部5名。

园区总体规划面积为326公顷，省国土厅批准的面积为106公顷。按"巴木通方依一体化"发展区域框架园区定位于以农副产品及主食品加工为主导产业的绿色食品产业园区。工业园区承接农业园区核心区（106公顷）开发建设，已开发面积115公顷（其中，基础设施用地14公顷，产业项目用地101公顷）。园区可用于建设的土地60公顷。其中允许建设用地47公顷（已征面积30公顷，未批17公顷）、有条件建设用地13公顷。

基础设施建设　园区规划主路网为"两横三纵"总长度6 078米，便于企业入驻又规划建设了兰香路995米，共7 073米，已建设完成4 998米。2016年以前，建设完成2 878米主路网的道路硬化及给排水等项工程，同时配套完成10千伏2 500米的高压线路地埋工程和1 500米的燃气主管线敷设工程；2017年完成1 595米的道路及基础配套设施建设。2018年，完成主路网525米道路及给排水等配套设施。

企业入驻情况　2016年，入驻企业24家，24家企业中农产品加工企业13家，产业集中度达到54%；主食品和饮料生产企业6家，占农产品加工企业的46.2%。

2017年，入驻企业24家，24家企业中农产品加工企业14家，产业集中度达到58.3%；主食品和饮料生产企业7家，占农产品加工企业的50%。

2018年，列入木兰园区企业名录的共21家。其中，生产运营的企业11家（规上的6家，包括园外2家），已建成但未运营的4家，停建项目2个，在建项目4个。21家企业中农产品加工企业13家，产业集中度达到65%；主食品和饮料生产企业6家，占农产品加工企业的46.2%。

主要经济指标完成情况 2016年完成固定资产总投资25 700万元，实现工业总产值25 700万元，工业增加值6 037万元，税收940万元。2017年，完成固定资产总投资37 347万元，实现工业总产值37 347万元，工业增加值7 041万元，税收1 205万元。2018年1月至9月完成固定资产总投资4 561万元，实现工业总产值21 798.68万元，工业增加值4 425万元，税收672.36万元。

第四节 乡村个体民营企业

1958年，木兰县开始兴办乡镇企业。当时有铁业、被服等9个生产合作社。1978年改革开放后，乡镇企业大发展，所有制结构有乡办、村办、联产办、个体办。产业结构有农业、工业、建筑业、交通运输业等。产品有柳编、地毯、木材加工、粮食加工、木制品加工、食用油、酿酒、红砖、沙石等。1986年，乡镇企业总产值2 930万元，利润383万元。

2018年，随着改革开放的步伐，为适应新形势的发展，各类乡村个体民营企业持续稳步发展。

米面加工业 全县97户，以水稻加工为主业，将木兰地产水稻就地加工，降低了成本，米质大大提高，哈哈木兰、莎莎妮、长粒香大米远销北京、上海、广州、深圳及全国部分大城市。新民米业有限责任公司，年加工水稻3万吨，年产精制大米1.5万吨，2010年被国家粮食局评为示范加工企业，成为农业部农产品示范加工企业。

新民米业有限责任事长 马荟翠

地方白酒酿造业 全县有较大酿酒厂7家，以原始的酿造工艺、生产地方特色小烧白酒。

笨榨食用油企业 全县11户，用原始的加工艺术，加工天然绿色无污染的有机大豆油，在网上销售全国。

塑料制品加工业 全县20户，是木兰的新型产业，以加工塑料制品为主体，主要加工塑料包装袋。

塑料制品厂厂长郭长有（左一）

秸秆能源转换加工业 全县24户，是木兰又一新生产业，将秸秆、稻壳、玉米穰加工成燃料，供给乡镇机关、企业、学校、作采暖燃料。即节省了煤炭资源又防止了对大气的污染，加工与销售形势很好。

用秸秆加工肥料，裴明明肥料加工厂年生产颗粒肥料20 000吨，生产精饲肥料2 000吨，产值

秸秆能源转换加工厂厂长裴明明

1.1亿元。

农村农机修理业　全县45户，近年来，大型农机具田间作业广泛利用，随之而来的兴起农机具修理行业，深受农民的欢迎。做到小修不出村，大修不出乡镇，就地对各种农机具进行修理。

黑龙江惊蛰原生态食品有限公司五业并举。有机牧业：年生产有机商品猪10万头，产值4.5亿元，野猪年产1万头，产值5 000万元，有机商品猪分割猪10万头，年产值6.5亿元。有机农业：年产有机粮豆20万吨，产值1亿元；有机

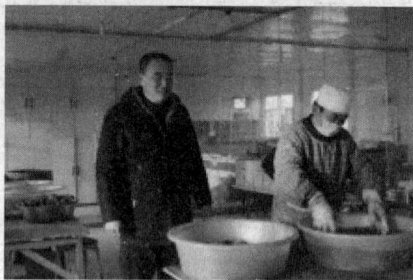

惊蛰公司总经理张洪清（左一）

种粮豆20万斤，产值4.2亿元，有机饲料仓储5万吨，产值1亿元，有机米销售形势最好。有机酱业：种植有机大豆2万亩，产值3 600万元，加工有机大酱100万斤，产值1 000万元，加工酱咸菜200万斤，产值1 000万元。有机菌业：加有机菌袋5 000万袋，产值5 000万元，种植菌类木耳、蘑菇5 000万袋，产值1亿元。有机大豆制油业：年加工有机大豆80万斤，产值8 000万元，有机山产品加工产值6亿元，有机粮豆加工3万吨产值2亿元。

惊蛰集团综合性民营产业发展前景广阔，将成为木兰县品牌农业的又一领军产业。可就地安排就业人员数千人。

沙石场　太平沙石场、石河石场、尖山子石粉场、水泉子石场（兴隆水泉子石粉场）。

第十六章　商贸经济发展

第一节　商业经营

　　商店 1985年，商业企业有百货、五金、食品、服务、糖酒、蔬菜6大公司和16个网点。1986年，商业企业转换经营机制，放开经营，确定不同经营形式，通过召开展销会、网点下伸销售，出摊床等形式，销售额达740万

金都地下商城

元。当年，建起一百货大楼，扩大经营面积，商品销售850万元。多家批发站从厂家直接进货，采取大篷车方式送货下乡，年增销售额680万元。百货公司在乡镇建批零商店增加销售额。全县增加销售额2 700万元。1988年，实行经营承包制，出现购销两旺势头。全年完成商品销售额513万元。1990—2001年，商业企业引入竞争机制，各家百货商店开展出租柜台、门市房、租金达1 723万元。2001年开始，国营商业逐步退出市场，实现商业民营化，商业经济发展较快。较大型商店有第一百货商店（租赁）、小而全超市、福源超市、蓝艺超市、金都商场、金马鞋业、大台北鞋城、胖子百货、五金商店、鑫龙化妆品商店、成祥金店等，

商品销售额5.2亿元。

集市 1986—1990年，只有木兰、东兴两镇有农贸集市，其他乡镇均是路边摆摊。之后，在木兰镇建起蓝艺商贸市场，扩建兴兰贸易市场，集市贸易扩大成交额8 000万元。在东兴镇新建东兴镇综合市场，有较大集贸市场

集市

3处，是以经营农副产品为主和工业品为辅的综合性市场。木兰镇兴兰贸易市场、蓝艺商贸市场、东兴镇综合市场除满足木兰、东兴两镇居民消费外，还辐射到毗邻木兰、东兴镇的周边外县的部分乡镇及兴隆林业局所辖部分国营林场。两处市场年营业额达5 000万元。在大贵等6个乡镇各建有集市，全年集市贸易总额为9 500万元。

仿古街夜市 1998年，在木兰镇中心路南端，开发建设仿古一条街，全长430米。其中餐饮业、烧烤店、个体商服业户夜间在大街摆摊设点，日成交额近万元。两侧有经营业户101家，有活动摊档93家，主要经营日用百货、服装、鞋帽、针纺织品等工业品和冷饮、烧烤、各类小吃，日成交额近两万元。

市场街早市 1986年，部分工商个体户自发组织起木兰镇早市经营活动。经营地址设在木兰镇金街和市场街。经营品种主要有蔬菜、水果、肉、蛋、禽类，农副产品、工业品、日用百货、服装鞋帽、花鸟鱼虫，兼有各种小吃和早餐的摊床等，日成交额5万余元。

此外，木兰县服务业有了大发展，包括住宿业、餐饮业、洗浴业、理发美容业、摄录业、打印业、修理业、广告牌匾业等150多家，不仅方便了人民群众的生活，也解决了就业。

第二节　招商引资

1986年开始，木兰县有11个企业10个部门，与北京、西宁、沈阳、济南、哈尔滨等十二个城市联合经营和全国二百多个市、县、区建立协作关系。引进和请聘人才（顾问）203人、设备377台（套）、项目635项。引进钢材100吨、铸铁50吨、西宁毛20吨、黄麻25吨。引进资金18.96亿元。新增值2.6亿元。通过引联售出木材12 400立方米，钢材300吨，玻璃10 000平方米、高聚乙烯50吨。

2016年，松花江公路大桥竣工通车，项目总投资12亿元。2016年，开复工建设项目12个，累计到位内资金20.5亿元，外资项目投资900万美元。2017年，招商引资开复工建设项目15个，项目资金26.77亿元，实际到位资金5.81亿元。新签约项目10个。新开工项目12个，有绿色食品制作、生猪育种场、森林黑猪养殖、中药饮片加工、昊伟农田建设、健益莱药品、丰源光伏惠农、昌润生物质能源、龙能伟业、台湾太田水素坊大米、倍丰集团粮食仓储、升旺肉牛养殖。续建项目3个，有国际商贸城、朗力威啤酒、"今食绿"大米。2017年重点项目航电枢纽。

2018年，新开工项目6个，有倍丰集团胚芽米加工、中燃集团气化乡镇、特色风情小镇、建国食用菌种植、环嘉再生资源回收利用、火山小视频。

新签约未开工项目5个：碧桂园木兰县鲜食玉米、山东凯润能源风电、神源环保生物质绝氧热解热电、开江县棠花都笋豆制加工、昱源科技土工材料。

复工项目4个：绿食品生产加工、生猪育种场、森林黑猪养殖、分散式光伏富农。

重点推进项目10个：北大荒集团粮食深加工、龙能热电联产、东兴镇热电联产、食品加工、廊坊商会利鲜民俗村青年基地及宾馆商务综合体、吉林鼎志联合通信管道建设、角闪岩开采及新型建材加工、大连物流运输等。

第十七章　城乡基础设施建设

第一节　县城建设

街路建设　1988年，铺筑了县城第一条水泥路面——木兰大街。路长1 800米、宽11米。路北侧铺设地下自来水管道，南侧铺设地下排水、供热管道。1991年之后，铺筑的了水泥路面有：通江路、爱民街、中心路南段、人

木兰大街拓宽施工现场

民路中南段、奋斗路，木兰镇内第二条大干道振兴大街、建设路市场街东段建设路至通江路、跃进路、木兰大街西段、利民街、保健路西段、中心路北段。木兰大街在原11米宽基础上，在路两侧各拓宽1.5米，中心路木兰大街至市场街在原10米宽基础上，在路两侧草坪外各拓宽3米。

1999—2005年，新铺人民路北段、民主路、生产路、木兰大街东段、保健街中段、爱政街、民主二道街、民主四道街、安平街、松江街、外贸街、市场街中段、育才街、民主三道街、市场街中西段、前进街、民主二胡同、东环路中北段、公仆路、南市场街。木兰大街在宽14米的基础上，路两侧各拓宽3.5米。同时，

铺设木兰大街绿地甬道964平方米，东富路过水路面213.5平方米，修补水泥路面661.45平方米。

2001年，对木兰镇内7条干路清障，拆除砖墙和杖子，新铺次干道和巷道水泥路面16条，拓宽振兴大街西段410米。2002年，新铺次干道水泥路面7条，拓宽木兰大街、人民路，修补破损路面。2003年，新铺次干道水泥路面3条，修补6条街路破损路面，建机动停车场7 000平方米。2004年，拓宽木兰镇政府——县人口与计划生育局、奋斗路——购物中心、油漆厂——岔道口3条。新铺东富路水泥路面。2005年，新铺水泥路面3条，完成东富路水泥路面路沿砌筑。

1988—2005年，县城道路建设投资8 541.57万元，铺建、拓宽续建水泥路和黑色路面113条，面积14 598.3平方米。至此，木兰县城告别了晴天"扬灰路"、雨天"水泥路"的历史。

2006—2012年，先后拓宽振兴大街，铺筑民主三道街西段水泥路面。木兰大街铺筑彩色步道板，砌筑花岗岩路沿石。对仿古街等7条街路16处水泥路进行维修。镇内新铺筑水泥路56条和铺黑色路面11条，面积13 074平方米。街道升级改造面积57 467平方米和扩展金兰公园。2011年，投资230万元，完成27条巷道路面白色化。

2013—2019年，启动了东城松江街、东七路建设，修复供热破损路面。新建安平街、改造市场街、木兰大街过水路面阻水和桥涵修建，启动了东环路工程，启动了中心路墙体节能改造工程，新区道路建设，中心路北延。改造保健街、安平街、爱政街、民主四道街、中心路北延、松江街、东五路、东七路、一中华丰路、松江街、东四路和付

拆路障（中国农业发展银行）通南环

家屯路，总长13 798米。城区网路框架基本形成，打通改造东环路、西环路和南环路，总长5 410米，贯通新老城区连接线，形成"三横三纵一环"路网架。

广场建设　1999年，先后建成县标广场，面积4 500平方米，县标高20米，位于中心路与振兴大街交汇处（因扩建已拆除）。中心广场，面积5 278平方米，广场中心安装25米高标灯，安装国际交通指挥信号灯，位于木兰大街与中心路交叉处。西郊广场，面积7 000平方米，广场四周以草坪为主，并以垂柳、水脂环点缀。2003年，建成人民广场（文化广场），面积14 800平方米，位于县政府南侧。广场设有：会议台、小广场、绿地、花坛，保留原有大、小树木109株，新栽桧柏40株。置雕塑1座，安装广场灯2盏、数码灯8杆、基因灯16盏、草坪灯45盏、射灯20盏。大理石铺地，铺装面积7 953平方米。

亮化工程建设　县城人民广场1986年安装白炽路灯，灯具以变把伞灯罩为主。之后，对城镇木兰大街、振兴大街、仿古街、通江路、奋斗路、人民路等15条路和安平街、外贸街8条街、人民广场、金兰公园等安装了照明灯，并对灯式和灯杆逐步实行升级改造。灯式有单悬长臂式路灯、新踏灯、高压钠灯、霓虹灯、五火一杆庭院灯、两火一杆路灯、大射灯、小射灯、屋檐红灯、门市瀑灯、大红灯、吊挂钠灯、十火大型庭院灯、节日礼花灯等10余种。灯杆由单侧排列到双侧排列，由混凝灯杆到金属灯杆。

仅2010年，改造木兰大街、仿古街和中心路路灯5 750米、726盏。

牌楼和纪念塔建设　1996年6月，在通江路南端、松花江北岸建仿古牌楼；1999年7月，在中心路南、仿古街北端建仿古牌楼。两处牌楼各高10.08米，宽16.8米，四柱七楼，楼顶为金黄色琉璃瓦，金箔彩绘。仿古牌楼北面和南面分别雕有"凝灵聚秀"

和"贯通古今"镏金大字。1999年6月，在松花江北岸、仿古街南端建抗洪胜利纪念塔。塔身高19.98米（示意1998年），基座海拔111.33米，标志平台1998年洪水最高水位；塔座长8.8米，宽4.4米，象征四平八稳；塔身正面造型为大禹治水使用的锸，象征木兰人民与洪水作斗争的优良传统

仿古街牌楼

和大无畏精神；塔身侧面造型象征大堤坚不可摧；立体塔身构成五个层次，象征党、政、军、民、学合力抗洪；环绕四角花坛意味抗洪救灾得到四面八方支援；塔顶圆球和月牙象征干部群众披星戴月、夜以继日抗洪抢险；塔身顶端金星，象征木兰抗洪史上伟大奇迹。防洪纪念塔基座西侧刻有碑文，东侧是象征意义的说明，塔身北侧题有"抗洪胜利纪念塔"。纪念塔广场面积2 300平方米。蓝白彩砖铺地，植绿篱2 500株，栽种鲜花1.24万株。

特色街建设 1998年，开始改建仿古街，全长430米，仿明清风格，两侧有仿古门4个和仿古墙80米，龙凤呈祥壁画及仿古建筑楼群23栋。仿古街是集休闲、观光、游乐、购物、餐饮、娱乐为一体的独具品味的一条街。2002年，改造爱政街，面积2 060平方米，建楼房8栋，面积1 928.6平方米。形成独具特色的欧式民宅一条街。

公园建设 1994年，开始筹建金兰公园，公园位于县城南端松花江沿岸。1995—1996年，公园东西长1 174米，南北宽20~50米，占地3.6万平方米，初具规模。1999年春，对公园全面修复

金兰公园

并进行改造。2003年，金兰公园几经改建和扩建，绿化树、草品种，绿化面积不断增加和扩大。2005年，公园面积达5万平方米，种植柳、杨、松、榆等树木2 000株，草坪面积2万平方米，花池面积2 400平方米，绿篱1 800米。蓝艺集团修建园中园，建微型埃菲尔铁塔一座，花团锦簇，绿树成荫，是金兰公园绿化亮点。团县委组织团员、青年捐款和义务劳动建成青年林，林中种植京桃、四季丁香、莲翘、刺梅、梧桐等珍贵树木。

2011年，金兰公园进行了彻底改造，新建文化广场、金马广场、防洪纪念广场、忠义广场、亲水台广场和英雄广场。修筑防浪墙2 200米、沿江环路等，是人们休闲、娱乐、健身、泛舟、观光的好去处，成为哈东江北第一园。

松花江湿地公园位于木兰县建国林场江防林场公路以东洪泛区，北自白杨木河大桥——白杨木河入江口，南临松花江主航道，东至二通岛水界，全长6.4公里，宽3.76公里，面积4 437公顷，公园以水域沼泽地、江心沙洲为核心资源，并将原金兰公园融为一体，统称为黑龙江省松花江湿地公园。2018年，建湿地公园标志牌6个，湿地生物科展宣传牌50块，建湿地综合科普展馆188平方米。

城镇供热　1985年，县城集中供热工程开始施工，对原发电厂基础设施进行技术改造，增置供热设备，利用发电循环水热能、使发电、供热同步进行。当年集中供热采暖负荷面积8.9万平方。1990年后，几经提档、升级、改造使供热面积逐年增多，至2005年，集中供热面积达20万平方米。

2011年，由哈尔滨木兰顺和热电有限公司（鑫玛热电）经营，供热面积达205万平方米，一级管网43.8公里；二级管网86.6公里，2016—2018年，新铺供热管道一级管网5.2公里；二级管网28公里。2012—2018年，网外改造582 335.353平方米，网外改造

295 208.123平方米。

城镇供水 打深水井6眼。第一眼在木兰一中路南原白灰厂院内，深40米，口径500毫米；第二眼在木兰一中路南，深40米、口径500毫米；第三眼在水厂院内，深40米、口径500毫米，日供水能力2 000吨；第四眼在东水厂院内，深40米、口径500毫米，供水能力达到每小时160吨，日供水能力3 480吨；第五眼和第六眼在西水厂院内，深40米、口径500毫米。

1999年，随着城市建设发展，用水量逐年增加，在木兰西大桥北胜洪新村筹建西水厂。2001年，投入使用，日产水2 000吨，从根本上解决县城西大桥以北和以西区域内400户居民不能饮用自来水问题。同年，东水厂日产水万吨扩建改造工程，为木兰镇团结、临城两个村，新铺给水管线3 280米，使近八百户村民吃上自来水。

1986年，木兰镇有自来水户、支干线供水管道13 600米，至2005年，发展至20 264米，增加49%。自来水入户率达95%，设备完好率98%。

2018年，新建水厂一处，投资3 750万元，占地面积10 000平方米，建筑面积3 582平方米。厂房分有泵房、气暴、锰沙过滤和供水四个间。供水间用电脑操作。

管网改造、水厂建设总投资1.977亿元，城区供水覆盖面达到100%。

2017—2018年跨年度供水工程，投资1.97亿元，共分两阶段进行建设：第一阶段供水水管网铺设总长度48.3公里和自来水表入户安装更换，2017年年底，完成了第一标段供水管网11 069米，打检查井197眼。第二标段完成铺设供水管网11 100米，打检查井198眼。第三标段完成铺设供水管网3 351米，打检查井57眼。水表普及改造1 000余块。

2018年度供水管网改造任务于4月15日开工建设，4月初进行水表安装工程，已完城镇主次街道供水管网铺设48.3公里任务和水表安装15 000块。

第二阶段旧水厂升级改造项已完成70%；水厂改造项目已完成。

1986年，建设一座深水井水源自来水净化水处理厂，建筑面积843平方米，日产水4 000吨，水质合格率达100%。

净化处理电脑操作

城镇排水 木兰镇排水重点工作集中在构建完整排水体系，主要工程是治理环城排水和地下排水。1995年，彻底清挖淤堵多年的东城壕，解决了东半部多年大雨成灾、居民受淹问题。1996年，对黄泥河子进行治理，使镇内地表水顺河排入松花江。1999年，把黄泥河子整治作为城镇建设改造的重点工程和为百姓办实事的民心工程。工程总长1 043.5米，投资80万元，该项工程使木兰镇内排水形成网络，黄泥河子周边环境得到改善。2000年，改东城壕明渠排水为暗涵排水。在东城壕进松花江入口处修建容量9 450立方米蓄水池和强排闸门各1座，从根本上解决东城壕在松花江丰水时江水倒灌、平时城壕排水不畅问题。

1986—1991年，木兰镇无地下排水设施。1992年，开始在奋斗路北侧埋设排水管线670米。至2005年地下排水全支排水管道发展至68 102.7米。时设强排泵站、雨水井、检查井、化粪池、污水

地下排水工程现场

处理池和污水处理厂等排水设施。

2002年，国家批准立项，筹建木兰镇污水处理厂。2009年，正式启动建设，2013年7月正式运营。投资1.4亿元，占地面积20 000平方米，建筑面积1 600平方米。主要设施：分为粗细格栅间、反应池、生化池、风机房、消毒间、排水间、污泥间。日处理污水1万吨，产生污泥8立方米，可以作林业育苗追肥肥料。现在正研究启动"无害化处理工程"，污泥可生产农田肥料。排水管网线主干张φ600厘米~1 600厘米，38公里，达到城区全覆盖，污水处理已达到国家标准。

燃气管网建设 2018年，铺设管网13.2公里，建设气泵站1个。改造小区26个，使用户671户，覆盖5 400户。

木兰城镇棚户区改造 现已建成65个小区。2016—2018年，棚户区改造8个，建筑面积4.46万平方米，投资39 202万元。

第二节 乡镇建设

1986年，开始乡村砖瓦化住宅建设。至1999年末，完善柳河示范镇和木兰镇进辉村、东兴镇七屯村、利东镇三良村和三合村、柳河镇向山村、新民乡吉祥村、建国乡福合村、吉兴乡红丰村、五站乡松江村、石河乡胜利村市级文明村建设。1997-2000年，乡村砖瓦化住宅建设投资52 810万元，建筑面积39万平方米。木兰镇园艺新村和洪胜小区、东兴镇七屯村、利东镇三良村、柳河镇太康新村、五站乡王家屯新村实现砖瓦化。有120个屯砖瓦化住宅达90%，农村砖瓦化住宅普及率45.4%。2001—2004年，全县乡村新建、翻建、扩建砖瓦化住宅2 524户、285 526平方米，其中楼房79 301平方米、公建19 973平方米。

2005年末，全县乡村人均居住面积19.92平方米，住宅砖瓦化普及率47.5%。

2006—2011年，农村泥草房改造，拆除草泥房24 486户，拆除面积1 462 799.8平方米，平均户拆除面积59.4平方米。累计竣工户21 846户，建筑面积2 145 277.2平方米，平均户建筑面积98.2平方米。

2016—2018年，农村草泥房改造212 840.55平方米。

大贵镇、柳河镇和木兰镇也进行了棚户区改造，建小区面积6.5万平方米，回迁户857户，货币补偿户数316户。

农村安全饮水　2016年，为柳河镇新建农村饮水安全工程2处，其中单井单屯1处、管网延伸1处，主要建设内容为水源井工程1眼、配套水泵1台、变频设备1台套、新建厂房1座、消毒设备1台、净水工艺1处、输配水管网28.1千米。该工程总投资251万元，解决饮水安全村屯3个，解决人口0.24万人。

2017年，农村安全饮水工程总投资5 742.2万元，解决全县83个自然屯人畜饮水安全问题，解决贫困人口1 717人，受益人口55 342人。主要项目：新建水源井54眼，维修水源井18眼；新建井房54座；新安装净化消毒设备54套，改造净化消毒设备18套；铺设供水管网405 096米。

2018年，投入资金5 900万元，解决81个自然屯，贫困人口1 160人，受益人口44 472人饮水安全。

2018年，全县8个乡镇、86个行政村、402个自然屯，都吃上自来水，实现了全覆盖。

乡村道路建设　2006—2011年，县、乡（镇）政府及相关部门，通向上争取投资、引进、奖励、补贴及农户自筹、个人集资等共投入资金43 213.8万元。对乡村道路，环境建设，饮水安全和文化体育活动场所等进行了快速建设发展。

完成小城镇水泥路通乡、通村屯水泥路新建、拓宽、改造、补接、修复等134条、953公里，有县级公路910.2公里，乡级公路424.5公里，村级公路339公里，通村率100%。

2000年，大贵镇水泥路通车庆典

文明村建设 新建铁栅栏、水泥栅栏8 090米，铺砌彩砖、红砖步道2 150平方米，安装太阳能灯205盏，修建街道水泥边沟1 102米，户用沼气231户，入户踏板桥215户，绿地美化街道45条，植树1 000棵。文化活动场所快速发展，建文化活动广场26处，占地面积3 120平方米，建村文化活动室31个，建筑面积3 100平方米。建老年活动站18个，村建公园5处，建党员文化活动室36个，建村委会办公室41个，建防雹站1座，建休闲娱乐区、健身区、运动区"三位一体"的健身广场2座，建农家书店26个，文化大院2处，新建沼气池2个，打自来水井36眼，打人畜饮水井8眼，饮水安全设施快速发展。

2014年，总投资4 400万元。农村道路改造，满天—庆安32公里，三门徐—鸡冠山13.5公里。

2016—2018年，乡村道路改造建设，8个乡镇共投入资金9 469.3万元，总计里程470.68公里，达到水泥道路村村通。

第十八章　交通电力基础设施建设

第一节　公路发展建设

木兰县城经哈肇公路距哈尔滨市区128公里。哈肇公路东西贯穿全境56.8公里，西接哈尔滨，东连佳木斯；经木兰跨松花江大桥至哈尔滨距离为117公里，全部为高等级公路，已融入哈尔滨市1小时经济圈。松花江流经全境75公里，水路运输便捷通畅。

木兰跨松花江公路大桥成为国家规划建设的"莫延公路"枢纽节点，成为蒙、黑、吉三省区人流、物流的一条重要通道。

木兰松花江公路大桥南端连接点的宾县胜利镇。哈佳铁路专用线的配货中转站落建该镇，是省内铁路物流重要集散地之一。过境木兰的公路还有北京——抚远、风山——兴隆。

境内有县级公路3条，其中：木庆公路过境83.3公里；五〇四公路全长6.7公里，木白公路全长26公里。全县有村级公路45条，全长183.1公里。

第二节　电力发展建设

发电 1986年，县发电厂有2台1.5千瓦发电机组。1988年，对发电机组进行增容改造。1989年，扩建1台SFL-400/25型20吨链条锅炉和1台N3-24型3 000千瓦汽轮发电机组。1990年，新上3号3 000千瓦机组，一次试车成功，与1号、2号机组切换并列运行，增加供电容量，延长供热半径。1994年，热电厂将1958年生产的2台1.5千瓦发电机组报废，仅剩

木兰风力发电工程协调会

3 000千瓦机组。1998年，对热电厂进行二期技术改造，新购1台15吨/小时沸腾式锅炉，彻底解决劣质煤与生产锅炉不配套的技术难题。

2000年，在县境内蒙古山下新建王家屯风电变电所，主变压器容量1.6万千伏安，架设60千伏双回线铁塔结构输电线路7.9公里。2003年，由黑龙江省华富风力发电木兰有限责任公司在蒙古山脊承建木兰风力发电场，选用西安维德风电设备有限公司生产的600千瓦水平轴、定桨距、三叶片电力发电机组20台，塔高50米，总装机容量12兆瓦，风力发电机组单机容量为600千瓦，出口电压690伏，经一级升压提升到10千伏后，通过10千伏地埋电缆送至60千伏的风电变电所，再经第二次升压后联网供电。实现黑龙江省风力发电零的突破。2004年，木兰风力发电场20台机组全部竣工发电，发电1 800万千瓦时。

传输 1985年，在大贵镇安装容量2 000千伏安主变压器，成立60千伏/10千伏变电所，架设东兴输电线路分支杆——大贵变电所60千伏输电线路6.17公里。配出10千伏配电线路4条，主供大贵、龙江、新胜3个乡镇。1991年，在县城安装容量4 000千伏安主变压器，成立60千伏/10千伏木兰变电所。架设利东变电所——木兰变电所60千伏输电线路18公里，配出10千伏配电线路8条。

1995年，在木兰变电所扩增容量4 000千伏安主变压器。东兴变电所将容量2 000千伏安主变压器更换为容量4 000千伏安主变压器。1998年，架设巴彦县——石河变电所60千伏输电线路13.4公里，采用LCJ-120型导线。年末，随巴彦县第一次变电同步投入运行。同年，国家开始实施全国性农村电网建设、改造工程，统一由黑龙江省电力有限公司贷款投资建设。1998—2000年，第一期木兰输变电计划6项，10千伏及以下配电工程两项。2000年，移地改造利东变电所，新建两台容量2 000千伏安主变压器，60千伏进线二回、60千伏出线三回、10千伏配电出线四回。10月，在柳河镇新建容量2 000千伏安主变压器，成立60千伏/10千伏变电所，配出10千伏线路三回，供柳河镇用电。架设巴彦县经利东镇输电线路分支杆——柳河变电所60千伏输电线路5.8公里，导线采用LGJ-70型。12月，改造巴彦县——石河乡LGJ-70型60千伏二回输电线路13.7公里。新建由石河——利东60千伏输电线路22.8公里。新建10千伏输电线路925.8公里。新建、改造0.4千伏输电线路572公里，更新节能变压器445台。改造东兴变电所，更新两台4 000千伏安主变压器，配出10千伏线路四回，供东兴、新民用电。改造由利东——东兴变电所60千伏输电线路34公里。建设、改造10千伏输电线路30公里。投资566万元，建设、改造0.4千伏台区140个，配0.4千伏线路231公里，更换节能变压器20台。投资23万元，改造台区6个。2005年，县电业局按照省电力公司部署，完成农村电网建设、改造工程第一期第一、二批下达木兰县输、变电工程计划和10千伏及以下配电工程计划。第一、二期农网改造工程总投资9 206万元，完成五站10千伏主干线路、建国10千伏主干线路杆塔、金具更换。完成巴彦县——哈肇公路风力发电场处60千伏、风力发电场——利东木庆公路处60千伏、五〇四路、木兰镇——白杨木路10千伏、0.4千伏跨越段对地距离不够的杆塔加高工作，更换绝缘子648只，修补拉线326条，扶正杆塔560基，更换漏电开关120只，清理林带101公里，调整导线弛度4 000米，并配合绥化试验所和继电保护处对五所变电所进行春验预试。

供应 1986年，县发电厂规模较小，工农业生产及居民生活用电主要依赖于国家电网供电，木兰县电力供应划归绥化电网。1993年，每年从绥化电业局购电2 500万千瓦时，占全县总用电量3 000万千瓦时的83%。1994年，随着国民经济发展，工农业生产、居民生活用电逐年增加，购国网电2 828万千瓦时，同比增长13%。1995年，购电量增至3 108万千瓦时，同比增长12%。2001年，个体私营经济发展迅速，加之农村水田面积扩大，灌溉用机电井增加千余眼，用电量大增，全年购电4 222万千瓦时，同比增长33%。2005年，购国网电5 136万千瓦时，同比增长22%，其中，工农业生产用电量增幅较大。

1986年，木兰县热电厂，发电量510万千瓦时。1990年，供电容量增加，发电量667万千瓦时。1993年，热电厂与绥化电网并网运行后，以热定电。1994年11月，年联网供电3 189万千瓦时，其中热电厂发电量为453万千瓦时。1998年，发电量406万千瓦时。2000年，发电量达501万千瓦时。2001—2005年，发电2 945万千瓦时，年平均发电589万千瓦时。

电力供应五项工程。一是中心村改造升级工程：中心村建设项目涉及24个行政村，137个自然屯。为这项工程完成投资2 049.74万元；新建改造10千伏线路长度6.32公里，配电容量29.2兆伏安，低压线路48.51公里，更换电度表17 023块。二是机井通电工程：机井10千伏及以下工程涉及8个乡镇144个行政村，帮助农户解决2 894眼井的通电问题。完成投资3 087.69万元；新建10千伏线路长度247.1公里，配电容量3.04兆伏安。变台249个。

机井低压工程项目完成投资4 093万元；新建0.4千伏低压电力电缆线路长度859.12公里。新增机井工程完成投资67.89万元；建设机井通电4眼，建设改造配变4台，容量1 600千伏安。10千伏线路2.1公里，0.4千伏线路1.6公里，户表4个。三是村村通动力电工程：村村通动力电工程完成投资1 530.83万元；改造配电台区61个，变压器61个，总容量14兆伏安；改造0.4千伏线路129.81公里，更换居民计量箱4位2 062台，6位651台。四是农网改造升级工程：2017—2018年，农网改造升级工程，完成投资2 343.76万元，建设10千伏线路121.81公里；0.4千伏线路176.7公里。五是增容改造工程：利东66千伏变电站1号主变增容，完成投资583.68万元；增容改造66千伏变电站1座，主变1台，变电容量2万千伏安。大贵66千伏变电站2号主变增容改造，完成投资454.33万元；增容改造66千伏变电站1座，主变1台，变电容量2万千伏安。

第十九章 运输、邮电、通讯

第一节 运输

公路客运 1988年之前，木兰县公路客运主要以县运输公司为主，有营运线路7条、客车23辆。1988年之后，县运输公司客车开始实行个人承包经营。个体营运客车9辆，县运输公司营运客车25辆，年客运量88.7万人（次），客运周转量4 397万人（次）。客车档次逐年提升，由普通型向豪华、舒适型发展。往返木兰—哈尔滨21辆、木兰—东兴51辆、木兰—巴彦11辆、木兰—通河11辆、短途42辆。完成客运量31.6万人（次），客运周转量4 877万人（次）。新增往返长途客车31辆，木兰—哈尔滨23辆、木兰—大庆1辆、东兴—哈尔滨6辆、东兴—佳木斯1辆。完成客运量72.3万人（次），客运周转量达4 352万人（次）。

至2018年，全县公路客运路线66条，其中省级4条、市级6条、县级17条、县内29条。各乡镇84个行政村402个自然屯全部通车。客运车辆达122台，客运量70.3万人（次）。客运站设点14个，其中县城3个，乡下11个。

公路货运 1986年，公路货运有县运输公司和集体所有制企业县第二运输公司。县运输公司有载货汽车19辆，县第二运输公司有载货汽车14辆和四轮拖拉机8台。公路货运由货运站统一调度货车。货运量达34万吨，周转量2 137万吨/公里。由于货运市场逐步放开，个体车辆不断增多，县运输公司解体，县第二运输公司变卖。随着货物运输业的发展，个体运输户不断增加。2005年，货运汽车发展到784辆，周转量660万吨／公里。至2018年，从业车辆374台、货运量84.5万吨/年，周转量1 473.5吨/公里。

城镇公交　运营车辆54台，运行路线总设计11条，现运行6条。个体出租车辆1 386台，运行在县城及乡村。

水路客运　1986—1991年，每年4月下旬至10月下旬，龙客201号、204号客轮在哈尔滨港与通河港之间往返，龙客207号在哈尔滨港与抚远港之间往返。此外，还有北京号、上海号在哈尔滨港与清河港之间每日对发往返，5艘客轮皆在木兰港停靠。乘坐客船是木兰居民当时出行和沿江两岸农民秋季出售农副产品、山产品的重要交通方式。1993年，因松花江水位变化，特别是公路沿线汽车运输业蓬勃发展，水路客运停航。

水路货运　1986—1997年，松花江水运是货运主要渠道，粮食、木材和其他农副产品主要通过水路外运，生产、生活所需石油、化肥、煤炭和服装、食品、烟酒、家用电器等日用品也主要靠水路运输来保障供应。县航运公司从事水路货物运输船只有13艘，年货运量7万吨，周转量520万吨／公里。1998年开始，由于公路运输快速发展，加之松花江水位变化，县航运公司宣告解体。粮食、木材和石油、煤炭等大宗物资主要通过松花江航运局龙驳运输。至2005年末，因哈肇水泥公路贯通，水上货物运输微乎其微。

第二节　邮电

邮路与投递　1986年，有哈尔滨—通河干线汽车邮路，路经木兰境内石河、柳河、木兰镇、五站乡4个局所。县内有县城—满天乡、县城—建国乡、大贵镇—龙江乡、大贵镇—新胜乡、利东镇—东风乡邮路，单程总长169公里。1993年，由于邮件业务量剧增，开通自办汽车邮路，开辟县城—满天乡邮路，并负责吉兴、利东、大贵、新民、东兴乡镇支局的邮件交换。1995年，取消客运，改为邮路专线。

投递　1986年，有农村投递段区47个，单程投递路线1 068公里。1989年，投递段区增至53个，单程投递总长1 206公里，有近30名投递员为投递服务。

业务　业务有国内，逐渐出口、国际港台澳函件、国内包裹出口、报刊发行、汇兑、邮政储蓄。1992年，开办出口特快专递业务；1995年，开办快运包裹（直递包裹）业务。1998年10月，邮政、电信分营后，木兰邮政局相继开办相关方面的电信业务。代卖中国联通SIM卡、国信寻呼、汇业寻呼、IP电话等项业务和广告商函业务，包括商业信函、邮送广告、企业拜年卡等机要通信业务。

邮政集团木兰县分公司（原邮政局）所辖全县邮政局所17处，包括邮政、邮储、存储。设在农村的局所10处，电子化支局网点10处。全县共有农村、城市投递段道38条，邮路单程总长1 493.9公里。邮政服务网点遍布全县城乡。

2017年，木兰分公司业务，完成总收入3 607.72万元，同比增长7.60%。

代理金融业务　完成收入2 823.11万元，同比增长12.72%。代理储蓄业务持续推进网点转型标准化、产品研发综合化、营销活动常态化、项目开发精准化、完成收入2 322.26万元。同时，继续推进网银、POS机、商易通、ATM等电子渠道的整合，着力提高交易量。保险完成收入238.25万元，完成计划的116.22%。

报刊业务　坚持规模与效益并重的经营原则，重点开发校园市场、商务期刊市场、广告发行市场，推动发行专业稳定持续发展。完成收入75.99万元，完成年计划的104.11%。

电子商务业务　以效益为中心，以渠道建设为抓手，规范发展短信业务，深度切入群众基础消费市场，重点推进化肥、叶面肥等高效项目，稳步推进"惠民优先"项目。完成收入232.12万元，完成计划的100.92%。

快递业务　这项业务直属哈尔滨市邮政管理局，在木兰县发展很快，业务量也很大，直接服务广大用户。2018年，木兰县城内有13家承办国内、国外快递业务，遍布全国各地。年均发出快递260 000件，收到快递7 572 500件，总收入可达1 300 000元，安置就业人员近200人。

中通快递

第三节　电信

市内电话　1986—1987年，市话交换机设备改制，由原纵横制HJ905型改为纵横制HJ921型，市话容量由600门增至1 000门，市话用户数量由499户增至594户。用户交换机3部，总容量130门，接入用户交换机的话机34部，话机总数达646部。到2005年末，用户交换机总容量达46 840门，有用户中继电路83条、接入用户交换机电话38 045部、公用电话服务网点14处、分组交换拨号用户27户、因特网注册拨号用户2 535户、宽带ADSL专线用户1户。

农村电话 1986年，有农话交换点14处，有磁石交换机14部，总容量980门，实占498门，电话机总数475部。有载波端机28部。年末，木兰农话在全省首家实现县城——乡镇农村电话环载化，有环载主机7部、分机30部、环载电路30路。至此，各乡镇交换台与木兰市话联网，实现自动拨号。同时，各乡镇交换机改制供电式，交换机总容量1 070门，实占492门。1987年，有电话机592部。2005年，程控交换机总容量达28 790门。建成电话村86个，有公用电话1 120部，其中IC电话486部。

长途电话 1986—1987年，有长途电话电路16路。按传输方式分：载波电话13路、实线电路3路。按交换方式分：半自动电路5路、人工电路11路，有供电式JT508型长途交换台2个，长途接口20门。载话端机5部，2005年，本地网中继电路83路，长途数字终端复用设备容量105路，实占90路。

第四节　移动、联通

移动通信 1998年，成立木兰县移动通信分公司，隶属于哈尔滨市移动通信公司。1995年12月，在木兰镇、新民乡开通900兆模拟蜂窝移动通信基站2个，有信道10条。木兰镇、新民乡各增加摩托罗拉收发信机1套，移动通信

通信分公司新机房线路割接

网话路60路。开办移动通信业务，属电信部门管理。服务范围包括模拟手机入网、模拟移动电话用户的话费收缴和话费查询、手机更名过户、手机报停和挂失、销售模拟手机、售后服务、空机编程和验机打号等。2005年末，有数字移动通信基站22个、信道136个、移动通信网话路952路。主要业务有移动语音、数据、IP电话和多媒体业务，并具有计算机互联网国际联网单位经营权和国际出、入口局业务经营权。除提供基本语音业务以外，还提供传真、数据IP电话等多种增值业务，用户号码段包括139、138、137、136、135以及134的0-8号段。除提供基本语音业务外，还提供主叫号码显示、彩信、彩铃、随e行、GPRS、语音信箱、全球通短消息、移动数据传真、信息点播、预付费、移动秘书、IP电话、WAP、手机银行等新业务。针对各行业特点开办e校通、警务通、银信通业务，新发展客户5.6万户，年业务收入2 103万元。

2015年，共有宏基站144个，其中2G基站136个（900m）、11个（1 800m），TD基站45个，LTE基站85个，直放站2个、微小区4个。

全年业务收入5 400万元，拥有客户131 008户，全年净增客户6 021户、TD用户总数达18 175户，三家市场占有率78.35%。

联通公司 2000年1月13日，木兰县联通公司正式组建成立。组建时公司名称为"中国联通黑龙江公司哈尔滨市分公司木兰业务处"。主要业务有移动业务、增值业务、数据业务、无线寻呼、掌中宽带，手机号段130、131、132、133、135。2000年，无线寻呼原国信126（人工）、127（自动）寻呼台并入联通全国网，7月11日开通198（人工）、199（自动）寻呼台。至2005年末，手机上网1.2万户，BP机上网4 000户，电脑上网主要是网吧业务，业务收入300万元。

　　2017年，联通公司完成收入2 200万元，发展4G用户7 000户，移网高端用户479户。宽带发展1 560户，渗透率42%。沃家电视完成2 452户。运行维护工作完成了县中心局和所有支局机房设备整治升级工作，成为哈尔滨市辖区内标准化、机房先进单位。铺设光缆3 000余纤芯公里，建设宽带端口承载用户数5万个，平移用户2 500户，提升宽带运行速率已达100M，部分宽带用户速率可达200M。新建4G基站设备10个点。

第二十章　教育、科技

第一节　教学机构及教师队伍

2018年，木兰县有中小学校57所，其中县城有高中2所、初中1所、小学4所；乡镇有初中13所、小学36所，特殊教育学校1所。

教育局综合楼

全县有教职工2 256人，其中：中学专任教师932人，小学专任教师1 220人，行政管理106人。专任教师中，研究生学历2人、本科学历1 210人、专科学历884人、中专学历56人，高级职称273人、中级职称1 208人、初级职称621人。

学校基础设施建设，高中2所，占地面积111 785平方米，建筑面积24 170平方米；初中14所，占地面积428 922平方米，建筑面积114 216平方米；小学40所，占地面积384 252平方米，建筑面积57.668平方米；特殊教育1所，占地面积10 000平方米，建筑面积1 282.73平方米。总占地面积934.959平方米，建筑面积197.336平方米，标准化学校达标率100%。

第二节　基础教育

学龄前教育　1954年春开始，成立木兰县托儿所，主要招收镇内教师和县政府工作人员的子女入托。1987年末，全县有幼儿班350个，其中小学学前班311个，在园幼儿8 008人，有专业教师359人。2018年，全县有幼儿园70所，班级219个，在园幼儿3 982人，专职教师109人。

省妇联领导视察蓝艺地毯集团幼儿园

幼儿培养目标：一是培养幼儿基本的卫生习惯，注意其营养，锻炼其体格，保证幼儿身体的正常发育和健康。二是培养幼儿正确运用感官和语言的基本能力，增进对于环境的认识，以发展幼儿的智能。三是培养幼儿爱国思想、国民公德和诚实、勇敢、团结、友爱、守纪律、有礼貌等优良品质和习惯。四是培养幼儿爱美的观念和兴趣，增进其想象力和创造力。

小学教育　2018年，全县小学学校40所，班级386个，在校学生10 610人，专任教师1 220人。

小学的培养目标：具有爱祖国、爱人民、爱劳动、爱科学、爱社会主义的思想感情，遵守社会公德的意识、集体意识和文明行为习惯，良好的意志、品德和活泼开朗的性格，自我管理、

小学课堂

分辨是非的能力；具有阅读、书写、表达、计算的基本知识和基本技能；了解一些生活、自然和社会常识，具有初步观察、思维、动手操作和学习的能力，养成良好的学习习惯；学习合理锻炼、养护身体的方法，养成讲究卫生的习惯，具有健康的身体和初步的环境适应能力；具有较广泛的兴趣和健康的爱美情趣。

中学教育 2000年，有初级中学15所，报考中师239人，中专111人，高中114人。其中，中师录取57人，中专录取91人，高中录取114人。

2018年，有初级中学14所，班级145个，在校生5 668人，专职教师688人，应届毕业生考入中师、中专68人。

高级中学2所，其中，木兰第三高级中学41个班级、在校生2 114人、专职教师177人；木兰职业教育中心12个班级、在校生351人、专职教师67人。

1980—2000年（1979年全国没设文科班），木兰县高级中学考入文科的应届毕业生考入重点学校37人、一般学校46人、大专学校160人、中专学校89人，合计332人。往届毕业生考入重点学校28人、一般学校52人、大专学校193人、中专学校49人，合计322人。总计654人。

1979—2000年，应届毕业生考入理科重点学校320人、一般学校364人、大专学校363人、中专学校172人，合计1 219人。往届毕业生考入理科重点学校91人、一般学校207人、大专学校275人、中专学校130人，合计703人。总计1 922人。

1979—2000年，木兰县学子张伟东、刘红军、初育国、范延军、白红兵、齐景刚、贾春雷、付春波等1 248名学生，分别毕业于清华大学、北京大学、复旦大学、中国人民大学和哈尔滨工业大学等534所院校，现在遍布全国多地，在不同的工作岗位上创造出辉煌的业绩。

2005—2018年，考入文科重点学校38人、一般学校304人、大专学校566人，合计908人。考入理科重点学校956人、一般学校2 480人、大专学校1 548人，合计4 984人。

第三节　木兰老区教育成长的全国知名人士

中共优秀地下工作者——王梓木　1890年，出生于黑龙江省木兰县吉兴乡刘家粉坊屯。8岁入私塾，15岁因家贫失学，20岁复入私塾读书。1918年起，先后在黑龙江省第一中学、沈阳高级师范学校、新民大学、北京燕京大学就读。1924年考入北京英国教堂办的荟文英校。

1925年，五卅惨案发生，王梓木目睹英帝国主义者惨杀中国骨肉同胞的暴行。他义愤填膺，一气之下撕碎积累8年之久的英语书和资料，他和同学以及广大爱国同胞走上街头，揭露英帝国主义利用宗教毒化中国人民的侵略罪行。由此，他立志武装救国。同年夏，考入西北陆军干部学校。

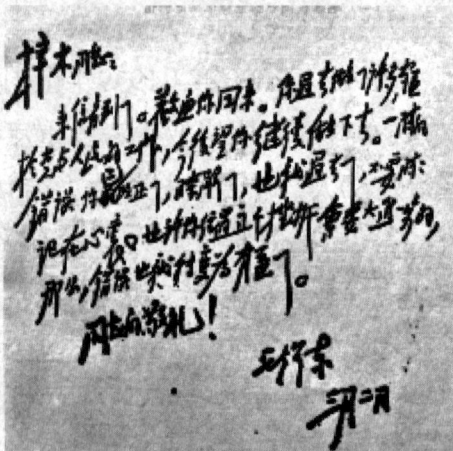
毛泽东同志给王梓木的信件

10月，他由顾兆余、李国荃二人介绍，加入中国共产党。为更好完成党交给他的地下工作任务，1926年受党组织派遣，加入国民党，以西北军上尉政治教员的公开身份作掩护，投身军界。他在中共党员刘伯坚领导下，发展党团员，在西北军中建立党的组织。

西北陆军干部学校毕业后，王梓木到冯玉祥部队任参谋职务。1927年春，任国民党西安最高党部组织干事、国民革命军团（后改为第六军）中共特委书记、军校政治委员、教育副官、总司令部参谋、军械官、国民革命军第十三路军第二参谋处长、总司令参谋处长、机要处长等职。在这些公开身份掩护下，他担任中共河南省洛阳县县委委员，兼陇海铁路、洛阳工会秘书，开展工人运动。

1934年，地下党组织遭到破坏，冯玉祥到南京保荐王梓木作少将参谋，他婉言回绝。

1936年，王梓木任北方局联络局情报部长；1940年，任重庆八路军办事处军事组长；1945年，任延安总司令部高级参谋；1947年，任嫩江省政府副主席；1949年，任黑龙江省政府副主席；1954年，任鞍山市副市长；1956年，任辽宁省副省长。"文化大革命"期间受到迫害，1967年在沈阳逝世。

战斗英雄、特等功臣——商庆春　1927年，出生于黑龙江省木兰县木兰镇郊詹家屯。7岁时父亲被日本侵略者杀害，8岁随母改嫁齐家，改名齐凤海。

1947年2月，他报名参军，同年10月加入中国共产党，由战士提为副班长、班长、副连长。曾参加过辽沈、天津等多次战斗，并荣立过多次战功。

1948年11月，东北全境解放后，随部队进军华北。齐凤海（商庆春）根据上级解放天津的指示，带领全班战士夜以继日练兵。1948年11月14日清晨，解放天津的战役打响了。齐凤海（商庆春）向连长请求尖刀班的任务，他带领六班全体战士，机智果敢，抓住有利时机英勇杀敌，展开了数次争夺战，为后继部队的进攻创造了有利条件。在解放天津战斗中，齐凤海（商庆春）

领导的班炸掉了敌人大、小碉堡12个，俘虏敌人150名，缴获轻重机枪36艇、六○炮10门、步枪300余支、各种子弹10万多发、手榴弹2 000余枚。在全军评功会上，给齐凤海（商庆春）记特等功1次，并授予毛泽东勋章1枚，命名二连六班为"齐凤海英雄班"，并授予六班"保持机勇光荣"锦旗1面。

共和国第一代女空降兵——马旭 从东汉至今的40位"中华妇女第一人"中，马旭作为中国军事史上第一位女空降兵名列其中。

马旭

1933年，出生于黑龙江省革命老区木兰县建国乡李国宝屯，中医世家。9岁在木兰镇东南隅县立永平小学读书。父亲早年过世，家中只剩下母亲和弟弟，那时生活贫苦，收割之际，妈妈领着她去别人家田里捡没有被收割彻底的土豆、玉米。1947年，14岁的马旭参加了东北民主联军。1948年辽沈战役一打响，她背着药箱在激烈的战斗中，不仅当卫生员，而且还拿起武器痛击敌人，负伤立功，被授予"解放勋章"。

1950年，中国人民志愿军赴朝与美军作战，马旭报名上前线，并参加了著名的上甘岭战役。同战友们用血肉之躯，铸造了上甘岭特功八连、黄继光英雄连队的光辉形象。先后被授予抗美援朝纪念章、保卫和平纪念章和朝鲜政府三等功勋章。

战争的硝烟散去，她在第一军医大学毕业，被分配到武汉总医院工作。当她听说自己曾经战斗过的黄继光生前所在部队，要组建空降兵，立即向上级申请回部队。她知道作为一个女人，空降跳伞的"黄金时间"是短暂的，特别是在结婚怀孕生育之后，则意味着这一特殊事业的终结。所以回到这支英雄的部队后，第一件事去做绝育手术，放弃做母亲的权利。丈夫十分理解她，陪她一起走进了手术台。为了保守这一秘密，她对任何人都没有讲。不知内情的部队首长看着这位驰骋战场的英雄仍然没有小孩，多次关切地催她去检查治疗。可她总是说："不忙，早着呢！"久而久之，人们都以为她没有生育能力。

　　20世纪60年代初，马旭向组织上提出了参加跳伞的请求。伞训教员不敢答应她的请求，将此事报告了部队首长。部队首长考虑到她是女性，又刚结婚不久，而且还是在战场上出生入死的英雄，为慎重起见就没有批准她的请求。她为了表达自己的决心，一下子咬破手指，"唰唰"写了一份请战的血书。但是，当部队领导查阅了国内外伞训资料，对照马旭的条件，哪一条也不够。她身高1.53米，体重37.5公斤，而且还是一名新婚少妇。师首长没有答应她的请求。见血书仍没有如愿以偿，就决定靠训练的实绩，让首长无话可说。夜晚，她就因陋就简，把椅子放在桌子上当"平台"，一下一下地跳，每晚坚持苦苦训练500次，白天就找部队首长软缠硬磨。一次，"磨"得师长脱口而说："你给我立个军令状，只要你比连队战士跳的动作好，我就批准你！否则，你再也不许跟我提跳伞的事了！"马旭见首长有了活口，便二话没说签了军令状。然后，高兴地跳上平台，连跳三下，动作标准利索，看不出半点破绽，在场的每一个人禁不住都为她的出色表现鼓掌喝彩，师首长在她的肩膀上击了一掌，微笑着说："你这个小鬼，不愧为我们英雄连队的花木兰，我犟不过你了。"从那以后，她和降落伞结下了不解之缘，而且年年成为"试跳组"的成员，就连男跳伞员也羡慕不已。

　　1962年深秋，中原某机场马达轰鸣，整装待发的新中国第一代空降兵进入机舱，马旭作为唯一一位女性同战友们乘机飞向蓝天。碧空银鹰翱翔，马旭同其他4名男跳伞队员们一起跳离了机舱。这时，空中合成风突然增大，一股上升气流袭来。顿时，马旭像断了线的风筝在空中飘荡，忽上忽下，危在旦夕。她沉着、坚定地应对着不测险情，时而拉操纵棒，时而侧滑，终于准确地降落在着陆场中心。

这位新中国的第一位女空降兵，是一棵不老的蓝天"常青树"。她克服多种生理和心理的重重障碍，坚持跳伞20多年，跳伞200多次，创造了许多共和国之最。直到1987年53岁时，仍身背降落伞在万里碧空一展昔日的风采。因此成为我军空降兵史上伞龄最长、跳伞次数最多、年龄最大的女空降兵。之后，她是师级干部、大校军衔退役。作为空降兵，主要通过跳伞完成战斗任务，充当快速反应的角色。但是作为当过医务人员的空降兵马旭，她的想法不只如此，她比人们想得更多、更远……能否借助科技手段，通过跳伞完成战场救护，通过跳伞减少部队非战斗减员？于是，她一边实践，一边着手进行科学研究。跳伞着陆对兵员身体有着极其严重的影响，据测算，假如跳伞员的体重加负载80公斤，着陆的一瞬间其反作用力就重达1 640公斤。身体如同巨石撞击着地面，落到土地上也要蹾出一个大坑，很容易发生扭伤和骨折，特别是踝关节受伤者最多。

功夫不负有心人，马旭夫妇辛勤的汗水终于结出了丰硕的果实，一项在空降兵史上赶超世界先进水平的发明诞生了。1983年4月，《解放军报》以通栏大标题在头版头条位置，发表了一条振奋人心的消息：马旭、颜学庸夫妇成功地研制出充气护踝，填补了我国空降兵在这方面的空白。他们研制的护踝结实、轻便、柔软，优于美国和苏联的空降兵护踝。1989年，国家专利局公布了充气护踝的发明专利，这是我国空降兵获得的第一项发明专利。部队官兵穿上他们夫妇研制的充气护踝，着陆时就像踩在气垫上，反冲力减少了一半，经过上万次试跳，扭伤为零。中外军事医学保健史上的一个跳伞难题被她攻克了。

他们夫妇二人先后为跳伞员进行了无数改革实验，不知有多少小发明、小创造在军中得到广泛的应用。即便是到了1996年3月，年过六旬、已经离休了的马旭，又获得了"单兵高原供氧背心"的国家发明专利证书。这是她和丈夫在世界空降兵史上创下的又一项新纪录。"单兵高原供氧背心"，不仅在高原缺氧时可以用，而且潜水时也可以用。空降兵穿上这种背心，随时可以充满氧气，在空中、高原、水下吸氧，保持充沛精力，可使恶劣条件下空降兵的战斗力倍增。

他们夫妇在军内外报刊发表了100多篇学术论文和体会；编著的《空降兵战时卫生勤务保障》和《空军连队教材》已由空军出版社出版。撰写的《空降兵生理病理学》和《空降兵体能心理训练》两部巨著，填补了我国在这方面的一个个空白。

作为新中国首位女伞兵，马旭离休后，放弃了部队安排舒适的住房，搬到了武汉市远郊区黄陂一个普通的农村院落。家中简陋异常，许久没有粉刷的墙壁，部分墙皮已脱落，客厅吊灯年久失修，家具用了数十年，沙发露出破麻布和棉絮。二老只用一部用了10多年的翻盖手机，所穿的衣服是军队发的各种作训服或洗得发白了的迷彩服，脚上穿着15元钱买的红色脱了皮的造革鞋。

她是贫穷的，更是富有的；她是吝啬的，更是慷慨的；她舍弃了很多，但追求更多……两位老人将一分一角积攒下来的1千万元，捐给家乡木兰县用于教育和公益事业。她说："这是对家乡教育的寄托，只要孩子们能够接受好的教育，家乡的发展就会充满希望。"60多年来，马旭一直居住在武汉黄陂木兰山脚下，但她心中念念不忘的是2 500公里之外的老家——黑龙江省革命老区木兰县。

马旭心怀大爱，平凡至伟。2018年，她先后被木兰县授予

"木兰荣誉市民"、哈尔滨市授予"冰城楷模"、黑龙江省授予"感动龙江人物"、国家授予"感动中国人物"光荣称号。

中共黑龙江省委、黑龙江人民政府向马旭贺信中写道：70多年来，无论是在硝烟弥漫的战场，还是在医疗工作岗位，无论是作为一名伞兵，还是身处领导岗位，您始终把党的利益、祖国的利益和人民的利益放在第一位，即便是离休后的耄耋之年仍然情系家乡、播撒大爱，不仅感动了龙江、更感动了中国，集中体现了一位共产党员牢记使命、服务人民的宗旨意识，集中体现了一位革命军人忠诚于党、英勇无畏的坚定意志，集中体现了一位优秀中华儿女矢志报国、奉献人民的家国情怀，是新时代共产党员的优秀代表，是全体龙江人民学习的榜样。

"感动中国"组委会给予马旭的颁奖词是：少小离家乡音无改，曾经勇冠中国如今再让世人惊叹。以点滴积蓄汇成大河灌溉一世的乡愁，您毕生节俭只为一次奢侈，耐得清贫守得心灵的高贵。

如今，马旭家乡木兰县建一座马旭文博艺术中心。该中心位于木兰镇东环路南端东侧湿地公园北，占地面积4 679.3平方米，建筑面积3 500平方米，设有马旭事迹等7个展厅。于2019年4月动工，10月竣工。

马旭文博艺术中心

国防大学博士生导师、少将——孙秀德 1929年7月3日（农历五月二十七），出生于黑龙江省木兰县木兰镇东北隅（今连丰村位置），小名叫兰群。

8—13岁，在木兰城区东南隅县立永平国民优级学校（今兆麟校位置）学习。14岁考入滨江省立木兰国民高等学校（今木兰一中位置）。

1946年木兰县解放，参加城乡工作队，宣传党的政策。木兰成立"哈北第三中学"，孙秀德参加筹备小组工作。之后，在哈尔滨市松江省立第一师范学校（后改为行知师范）读书两年毕业。就在这时，学校动员参军，1947年，18岁的孙秀德报名参军。入伍后在东北民主联军第一纵队（第三十八军），后勤财政科工作。

木兰国高学校读书

1947—1953年，孙秀德经历的第一场战斗，1947年1月25日攻打新立屯。之后，经历了四战四平、围困长春、攻打锦州、围歼廖耀湘兵团、挺进沈阳、进军山海关、调河头弹药库大爆炸、进驻天津、南下行军、渡江攻打宜昌、沙市和进军广西等战斗。

1950年6月25日，朝鲜战争爆发，孙秀德踏上战火纷飞的朝鲜战场，经历了第一、二、三、四次战役。

1953年7月胜利地回到了祖国。

孙秀德在部队里始终担任后勤财务、审计、运输、给养部门工作。

1953年11月，被任命军直属供给处给养主任。1956年4月，他被调到北京解放军后勤学院军需系任教员。

1973—1978年，先后在总后勤部、宣传部、卫生部、政治部、宣传处和医校政治部担任领导职务。

1978—1985年，在中国人民解放军军事学院先后任党史政工教研室教员、战术教研室教员。1983年，被任命为战役教研室副主任（正师级）。

1985—2000年，担任国防大学后勤教研室副主任，期间，被美国国防大学校长布拉利德·豪斯迈中将邀请在美国国防大学讲学。在美国讲学回来，见到了中华人民共和国和中央军事委员会主席邓小平。1988年3月9日签发的政干令字〔1988〕第59号命令。由李德生政委宣布：孙秀德为国防大学后勤教研室主任（副军级）。

孙秀德抗美援朝回国后，从1956年开始，近四十年时间，在后勤学院、后勤部、国防大学等，通过课堂任教、野外作业、调查研究、下连当兵、向同行学习、向部队学习、参加军事演习、军事学院见学、野营拉练、战术研究、学术研讨等军事活动，

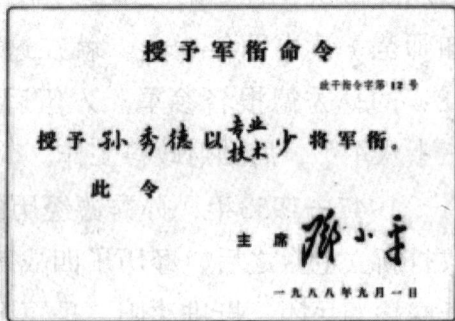

主编和撰写了《战役后勤学》《战备后勤学》《军事后勤学》《战略后勤新探》《高技术局部战争后勤保障》《军队后勤领导学》等论著。由一名战士成长为国防大学博士生导师，解放军少将。

空军航空大学教授——冯禹 1958年出生于黑龙江省木兰县利东公社（今利东镇）。利东中学毕业后，1976年参军入伍，在鞍山空军航空兵一师教导队做飞机军械设备维修学员。

四十三年的军旅生涯，使一名乡村的中学生冯禹，以德才兼备先后被选送空军航空学校。东北师范大学物理专业和东北师范大学教育学院教育学原理专业学习，获研究生学历。成为空军航空大学战勤学院作战指挥与战术教研教授，由军队专业技术十二

级逐步晋升为四级。由列兵战士飞机军械维修工成长晋升为师级，享受正军级待遇，大校军衔。

1987年12月，被国家和军队派遣坦桑尼亚国防军空军学院任军事教官。1993年10月，又派遣巴基斯坦米杨瓦里空军基地任军事专家。

冯禹入伍仅13年，在长春空军学校学习时成绩优秀留校，先后任排、连职教员，后晋升为讲师。1990年后，又先后担任空军第二航空技术专科学校军械教研室副主任，空军第二航空学院火控教研室主任、改装训练系主任。

工作期间，组织参加研制的以"飞机火控模拟设备"为龙头的多项科研在国内处于领先地位，填补了该领域多项空白。共获军队科技进步二、三等奖12项。获空军军事理论研究成果二、三等奖5项，因科研成绩突出荣立三等功一次。编撰出版专著9部，编写教材5本，发表论文29篇。历任空军专业技术评审委员会，空军航空大学专业技术委员会、空军航空大学学术委员会委员和空军航空大学教学督导组专家等职。1986年10月，参加空军"8 610"演习任歼-6飞机火控攻击技术小组组长。2010年，获军队院校育才奖"银奖"。

参加国际军事比武竞赛，获两项第一名——王鹍龙 1986年，出生于黑龙江省木兰县吉兴乡红旗村胡家窝棚。2003年12月入伍，现任中国人民解放军31 671部队四级军士长，曾参加"砺兵06"跨区机动演习、2007年和平行动、2009年北京专奥"和平使命2009"、"和平使命2013中俄联演"等大

项目军事活动10余次。荣立个人二等功一次，三等功三次，荣获全军优秀士官人才奖三等奖。连续三次代表中国队出战"苏沃洛大突击"国际军事比武竞赛，在2017年的比赛中，他以优异成绩取得单项比赛、团体赛两项第一名，荣立个人一等功。

中央电视台台长——胡占凡 1953年，出生于黑龙江省木兰县木兰镇生产街。先后就读于木兰县兆麟小学和木兰县第一中学。学习期间，被老师选为学校广播员。中学毕业后参加工作，1970年，进入木兰县广播站做专职执机员。后又做播音、编辑工作。

1978年，入省广播电台从事播音记者工作。1983年入北京广播学院新闻系学习。1985年入新闻研究生班学习。

1987年毕业后，入中央人民广播电视台任记者、编辑、地方新闻部主任。1994年，任中央人民广播电台副台长，主管新闻工作。1998年，调任国家广播电影电视部办公厅任副主任。1999年，任中央人民广播电台常务副台长。2001年，任国家广播电影电视总局副局长，后任光明日报社社长兼总编、中央电视台台长。

教育专家——徐国敏 1932年，出生于安徽省东至县。木兰县高级中学副校长，中学高级教师，化学特级教师。1953年，毕业于安徽大学化学系，同年分配到宾县一中任化学教师。1970年，赴木兰县红星公社永胜大队劳动锻炼，1972—1979年，先后任木兰一中、二中、三中等化学教师。1983年5月加入中国共产党，历任中共木兰县县委委员，黑龙江省第六届人大代表，第八届全国人大代表。

徐国敏教学艺术高超，风格独特，所教学生参加高考时，化学成绩均列本地区同类中学前列。1984年，全国化学竞赛，他的学生有2人获国家级奖，7人获省级奖，占全省总得奖人数（150人）的6%，居全省县城中学之首。

他长期坚持教育教学研究，探索规律，总结经验，共发表教学著述40余篇（本），计50余万字。其中专著2本，合著4本，论文30余篇。涉及教材研究、教法研究、学法研究、德育研究、能力培养研究、实验研究、生产研究等多个领域，其代表性著述主要有：《启发研究式教学法》《以"三活"为中心改革化学教学方法提高课堂教学效率》（教法）；《怎样学好化学》《指导学生学会分析和善于分析》（学法）；《高中化学解题错误分析》《培养学生的举一反三能力》（能力）；《关于化学教学中的爱国主义思想教育问题》《浅谈化学教学中的理想教育》（教育）。

徐国敏老师爱岗敬业，曾获得全国优秀教师、黑龙江省特等劳动模范、黑龙江省优秀共产党员和松花江地区拔尖人才等光荣称号。他的业绩已被《中国当代教育家大辞典》《中国当代知名学者辞典》《当代英才》《科教群英》等收录。《黑龙江教育》《黑龙江日报》《哈尔滨日报》《中学化学教学参考》等报刊也报道了他的事迹。黑龙江省人民广播电台也以《他爱上了这片深情的土地》为题报道了他的事迹。

中国"最美乡村教师"——刘效忠

1954年，出生于黑龙江省木兰县满天乡。1980年参加教育工作，中学学历，小学高级教师，木兰县东兴镇五一村小学教师。2012年，在由中央电视台、光明日报社联合举办的"寻找最美乡村教师"大型公益活动中，

被评为中国"最美乡村教师"称号，并在中央电视台2012年教师节颁奖晚会领奖。西二屯是一个只有二十几户人家的自然屯，地处小兴安岭余脉的大山深处，是木兰县最北端的一个村落。这个村落很穷，直到今天，这里与外界的联系依然是那条沿山靠河的乡间土路，30年前更是一穷二白，是教育盲点。屯里的孩子要想念书就得翻山越岭去十几里外的五一村小学，春夏的河水一涨，交通就中断了。

1980年，教育系统实施密网布点，屯屯建校，西二屯设下伸点，年仅26岁的刘效忠被安排到西二屯担任小学教师。在这个艰苦的工作环境，刘效忠作为唯一的一名教师一干就是31年。在平凡的岗位上，刘效忠默默无闻，爱岗敬业，无私奉献。他以乐教敬业的职业修养，以校为家的崇高境界，爱生如子的高尚情怀，精益求精的治学精神，播撒希望的教师风范，无私奉献的优秀品德，用热血和丹心为大山里的孩子插上腾飞的翅膀，用大爱谱写绚丽多彩的教育篇章。三十一年来，西二屯没有一名适龄儿童辍学，二十几户的西二屯先后走出国家统招大学生18人。刘效忠他的事业平凡而处处彰显伟大。

附：木兰县中小学毕业的科技人员英雄人物及厅级以上部分领导干部表

学 生	主要经历和曾任职务	毕业学校
张庆喜	舍己救人勇拦惊马的英雄人物	木兰一中
王久章	全国名医、黑龙江省农垦医院院长	木兰一中
亓兰秋	西安交通大学信控系教授	木兰一中
董维三	航空航天部一院十二所高级工程师	木兰一中
王光宇	七机部七二三研究所研究室主任、研究员	木兰一中
张润贵	机电部二〇三研究所高级工程师	木兰一中
刘宝利	沈阳第三机床厂厂长	木兰一中
吴国忠	黑龙江大学教授	木兰一中
薛树本	黑龙江涤沦厂高级工程师	木兰一中
孙秀德	国防大学博士生导师、少将军衔	木兰一中

续表

学　生	主要经历和曾任职务	毕业学校
王希凡	鸡西大学党委书记	木兰一中
张文扬	长春第一汽车制造厂工程师	木兰一中
杜永生	黑龙江省社会科学院副院长	木兰一中
索长有	哈尔滨市市长	木兰一中
胡占凡	中央电视台台长	木兰一中
李长喜	中共中央宣传部全国职工思想政治工作协会副会长	木兰一中
姜凤玉	黑龙江省环保局局长	木兰一中
李明达	黑龙江日报社党委副书记	木兰一中
李凤仁	沈阳军区后勤生产管理部副部长	木兰一中
安文忠	黑龙江省农机局副局长	木兰一中
李海涛	黑龙江省经济贸易委员会副主任	木兰一中
胡增荣	中国广播艺术团团长兼指挥	木兰镇小学
王景荣	最高人民法院副院长	石河小学
王梓木	辽宁省副省长	木兰镇小学
汪树义	中央对外经济联络部四局副局长	木兰镇小学
王健华	兵器工业部庆华工具厂党委副书记	新民小学
陈兆铭	黑河地委副书记	五站小学
牟浚	沈阳市文化局局长	柳河小学
陈建新	沈阳市人大常委会办公厅主任	木兰镇小学
李广福	黑龙江省绥化地区人大常委会主任	木兰镇小学
陈凤学	国家林业总局病防总站站长	石河小学
戚万钧	七台河市人大副主任	利东小学
刘海涛	黑龙江省经济管理干部学院党委副书记	东兴小学
亓国治	沈阳化工学院副院长	木兰镇小学
贾景仁	新疆测绘学院副院长	吉兴贾家小学
金贞淑	新民乡赤脚医生，全国第四届、第五届人民代表大会代表	新民中学
黄庆宇	解放军某部坦克三师师长	五站临山小学

第四节　职业教育

　　1986年，有县职业高中、农业技术高中两所职业学校和农民教育中心。1988年9月，职业高中、农业技术高中、农民教育中心三校合一，统称木兰县成人中专，职业高中保留名称。

　　1992年，国家教委认定木兰县职业教育中心为省级重点职业高中，办成人才培训、科学实验、技术推广、生产示范和经营服务的综合性学校，将原职中、农中、农教中心和技工学校、电视大学改建为五校合一综合性质的木兰县职教中心。开始为各级学校培训微机操作员和对机关公务员进行微机培训。2002年，有77人考入高职院校，其中考入本科29人。2004年，学习机电专业学生28人，送往青岛海尔集团上岗就业。2005年，有文科、理科学生26人考入大专院校。

　　2018年，开设财会、美术、微机、幼师和焊接5个专业班。

第五节　朝鲜族教育

　　1986年，有东兴镇东光、新民乡新鲜、利东镇利鲜、建国乡红鲜4所朝鲜族小学和县朝鲜族中学1所。县朝鲜族中学（校址木兰镇）面向全县招生，除设有普通中学课程外，并设有汉语、朝鲜语和英语。初中毕业升入五常、哈尔滨等地高中、中专、中师就读。1999年，朝鲜族中学被哈尔滨市教委评为市教育系统先进集体。2000年，有初一至初四4个教学班，学生77人，教职工15人。自建校至2000年末毕业学生261人。2002年，县教育局将东兴、新民、利东、建国4个乡镇的朝鲜族三年级以上小学生全部合并到县城朝鲜族中学就读，并将东兴、利东两所朝鲜族小学撤销。县城朝鲜族中学设小学部和中学部，全校为九年一贯制学校。合校后，学校有教学班7个，学生148人。增设朝鲜族幼儿班1个。1980年后，朝鲜族学校学生分别进入所属地的汉族学校读书。

第六节　特殊教育

1986年，县聋哑学校是县内唯一的特殊教育学校，办学条件简陋，只能招收木兰镇内和镇郊附近的走读生，学制9年。1993年，改善聋哑学校办学条件，设置宿舍、食堂，开始向全县招生。全校有教学班5个，在校生23人，教职工21人。开设思想品德、语文、数学、律动、自然常识、社会常识、体育、美工、劳动技术等课程。2001年，聋哑学校有聋哑班4个，学生18人。由于聋哑学生逐年减少，开始招收弱智学生。当年招收学生7人。学生学习仍按九年一贯制，开设常识、语文、数学、音乐、美工、体育、劳动技术等科目。2002年，弱智班发展至3个，有学生23人，主要培养学生生活自理，用语言相互交流情感，作合格公民。2005年，聋哑学校为提高教学质量，争取资金6万元，增加微机室和语音训练室，学生通过打字、画画增加学习兴趣。同时，上级拨付办公经费5 000元，对学生全部免收杂费。年末，学校有教师22人，学生34人。

2018年，校址迁至原朝鲜族中学，占地面积10 000平方米，建筑面积1 282平方米。教师26人（编制37人），高级职称10人，中级职称14人，初级职称2人，本科学历8人，大专学历18人。聋哑班1个、培智班6个（包教到户送教69人），共有学生124人。

第七节　科研成果及引进推广

1986—2018年，先后进行水稻旱育稀植技术、水稻抛秧等项研究。省科委将柳河镇孙凤阁试验成功的大豆育苗断根移栽科技成果立项，亩产最高320公斤。在3个乡镇进行大豆根系抗病助长剂应用试验，解决了长期因重、迎茬导致大豆减产的难题。

县良种场同6个乡镇41个村实施水稻高产综合技术研究，每亩增产77.9公斤。育肥牛生产综合技术研究在市科委立项，对育肥牛冻配改良、饲料配方、秸秆青贮进行研究，取得较好经济效益。蓝艺地毯集团手工地毯CAD应用系统研究被市科委立项，经系统研究，缩短新产品开发周期，提高手工地毯设计质量，年增产手工地毯25万平方米，首创年产值6 000万元新纪录，年创外汇320万美元。县农作物栽培研究所和省大豆开发中心承担的特用型大粒大豆优质高效配套技术研究项目被市科技局立项，每年与农民签订单，常年出口日本、韩国。县畜牧总站承担的肉牛标准化饲养技术研究项目被省科技厅列为省级项目。肉牛三元杂交组合筛选终端父本研究项目被市科技局立项。县水产总站和哈市水产研究所、盘锦市水产研究所承担的稻田与池塘河蟹养殖技术研究项目被市科技局立项，河蟹养殖发展到10 300亩，成为木兰又一新兴产业。规范化优质鹅杂交改良配套技术研究被市科技局立项。优质紫花苜蓿种植加工综合开发项目被市科技局列为产业化项目。

2012年，林业退休干部王晓川从外地林口县引进科学栽种榛子技术和购买200株大榛子树苗。经过七年科学实践，他对大榛子树种植、栽培、管理，包括温度、水分、日照、土壤及施肥等进行长时间的研究。2015年秋，每棵榛子结果4斤收入30元，两亩地收入2.4万元。同时，在树下空闲地栽种大蒜，一亩地可收入6 250元。至2016年，王晓川的榛树种植面积达到20亩。2017年，王晓川带头成立了榛树种植合作社。他以低价提供榛树苗，目前榛树种植面积已发展到470亩。

2005年，利东镇三胜村农民农艺师尚清玉创建了水稻研发试验示范基地。他对五常县稻花香水稻在木兰解决其生育期长，积温不足的问题，采取"一铺三盖法"（即苗床底40厘米铺稻草，播种后覆膜，再盖中棚塑料膜，最后盖塑料大棚膜）。经过四年的精选、抚育，终于培育出可与五常稻花香媲美的"稻花香2号-1"，解决了木兰不能种稻花香的历史问题。2010年，尚清玉组建了一个团队，吸纳了两县五个乡镇的科技示范户和种田能手，种植稻花香2号和他自己杂交成功的水稻品种"99-18"和"0-35"，总户数达到90户，推广面积达到8 000亩。经营方法由尚清玉统一供种，统一供肥，统一培训，统一技术指导。连续两年每斤水稻都高于市场价两角售出，每年亩产增收200元，8 000亩地农民增收160万元。他在研发水稻寒地技术，推广"套餐式"施肥法的同时，又自主研发水稻杂交技术。他成功地杂交出"99-18""0-35""11-36""11-06""13-03"和"1405-1"等10多个品种，其中"0-35"自2000年到现在种子畅销不衰，赢得了农户的欢迎。最为可喜的是"1405-1"是用江稗草与水稻杂交成功的，现在已在基地小面积试种。与此同时，五常水稻研究所将其定为试验基地，并取走20多新杂交品种南繁，而后由尚清玉试种并拔杂去劣，选育株型、穗型、粒型好的为稻种。尚清玉定期培训骨干，每年搞4次讲座，主要讲《水稻育秧注意的问题》、《水稻病虫害的防治》、《水稻套餐施肥方法》和《水稻田间管理方法》等课题，吸引着两县五个乡镇的种稻水田和科技示范户参加。每年培训人数达430多人次。

　　1986年，木兰县引进蝶形电视接收天线技术，分别在乡镇村屯安装使用。

第二十一章　文化体育广播电视

第一节　城乡文化场所

文化场所 1986—2001年，全县设有美术、声乐、文学创作、调研5个业务组，开设舞蹈、声乐、美术、书法、电子琴5个艺术班。2002年，乡镇文化站、广播站合并为文化广播服务中心。至2018年，全县8个乡镇86个行政村，每个乡镇都设立综合文化站。每个行政村都配备了文化活动室和综合图书阅览室。全县形成以县文化馆为中心，乡镇文化站为基础，辐射村屯城乡文化网。

文化活动场所还有图书馆、书店。1986年，图书馆全年开馆240天，接待读者2 960人（次），实现图书流动30 500册（次）。2002年，开展图书室宣传周活动，为大贵团结村等5个乡镇、6个村送农业科技图书1.5万册。至今图书流动20 670册（次）。书店2000年总销售额38万元，被省新闻出版局授予省级文明书店。

博物馆 1997年10月1日，县博物馆建成并对外展出。第一展厅：陈列木兰境内发掘出土的犀牛、猛犸象牙化石和陶壶、石斧、玉器、铜铁器、古

博物馆图片展

钱币及窖藏铜钱。第二展厅：通过实物、标本展示境内丰富的森林、矿藏、水利和禽鸟鱼兽、山珍药材等自然资源。第三展厅：展示木兰县丰富物产和工、农业发展前景。

第二节　文化活动

业余文学艺术创作　1986年后，木兰县相继成立7个业余文学创作团体。包括"绿茵"社、"兴星"社、"贵芽"社、"沃土"社、"驼峰"社、"极光"社和"接力报"为主体。其中"绿茵"社创作小说、诗歌、歌词、散文、杂文、曲艺、小品352篇，121篇作品在国家和省、市级刊物上发表，30篇获奖。

少儿文化　1987年开始，少儿文化活动活跃。人民小学刘路扬、刘路丹姐妹分获省电子琴比赛一、二等奖。苗苗艺术团获北京国际少儿艺术节创作表演优秀奖。1991年，林慧萍编舞，由朴贞姬、朴顺姬等表演的少儿舞蹈《挖野菜的小姑

文艺节目演出

娘》，获省大赛一等奖。1994年，县文化馆被评为省级少儿文艺活动先进单位，文化馆音乐班崔冰冰获省大赛一等奖。1996年开始，县文化馆常年举办少儿美术、书法、声乐、电子琴、舞蹈等艺术辅导班。至2005年末，县文化馆举办第四届少儿声乐、舞蹈、器乐、美术与书法比赛，参赛中、小学生和幼儿600人。木兰县青少年参加千禧龙杯国际青少年画展、北京腾龙杯书画作品大赛、南京紫金杯少儿书画大赛、哈尔滨市书画协会展和绿色家

园全国青少年书画摄影大赛以及全国青少年书画之星推选活动等各项比赛，共获金奖69人（次）、银奖84人（次）、铜奖76人（次）。被艺术院校录取的少儿文艺辅导班学员30人。

老年文化 1986年，以离退休职工为主，相继自发组建"夕阳红""长虹""金秋""金红""永红"等老年活动站，常年进行文体活动近千人。1989年，县文化馆开办老年艺术学校。1990年，各老年活动站每逢元旦、春节、国

老年人文艺节目演出

际劳动节、国庆节等节日，组织老年秧歌队上街表演，并在木兰县全民运动会开幕式上演出广场舞《魅力夕阳》，获得好评。2005年末，老年活动站发展到12个，坚持常年性文化活动。

大型文艺活动 2018年3月2日，为弘扬中华民族传统文化，丰富群众文化体育生活，营造欢乐的元宵佳节氛围，开展滚冰节系列活动。由东兴镇党委、政府、县文体广电局主办，县文化馆、博物馆、图书馆、文物管理所、校外活动中

香磨山文化艺术节

心、东兴镇文化站承办的木兰县第八届"香磨山文化艺术节"活动丰富多彩。2018年6月30日，木兰县第二届社区文化艺术节在政府广场拉开了帷幕，本活动为时一个月，共演出25场，参加演职人员500多人，观众达上万人。2018年9月18日，木兰县首届农民丰收节系列活动暨庆改革开放四十年广场舞、秧歌展演，在风

景秀丽的松花江畔的廉政广场隆重举行，来自全县各乡镇、社区共有26支代表队、1 000多人参加展演活动。

第三节　历史文化遗址

太平历史文化遗址　位于木兰县西缘骆驼砬子主峰北侧，分布半穴式住房遗址二百余处，出土夹砂陶罐两只。依据对陶片和整个塌陷坑分布特征的观察，结合对依兰、宾县、阿城已知的相似遗址的对比，并参考有关黑龙江东部相关遗址研究报告，认定此处应为汉魏时期山城遗址，遗址分布区中的塌陷坑应为穴居坑。2012年，批准为省级文物保护单位，距今有2 300年。

蒙古尔王山寨城址　辽金古城建于道宗大安八年（1092年），位于木兰县柳河镇常家屯北700米处，蒙古山余脉中，东临大石河。城址为掘土而城，上宽约1米，下宽约3米，城壕0.5~1.5米，周长约1 100米。内城分布大小穴居坑，直径4~8米，200余处，翁城南北长约80米，南缘筑墙约100米，城内出土文物有布纹板瓦泥质灰陶鸡腿瓶，手摇石磨、铁甲片、铁铧，北宋铜钱及铁制车马具生活用品。

蒙古尔山城址

木兰达河山城早期铁器时代遗存　位于木兰县柳河镇文雅村，木兰达河右岸、向阳大桥北侧距哈肇公路1.5公里，距文雅村1.6公里，距县城25公里。山城坐落于二级台地边缘，遗址内分布直径5~8米，穴居坑37个。

不牙迷驿站遗址　位于木兰县木兰镇西亚村（原五站乡卫院

旧址），不牙迷站建于元代大德初年驿道，由隆州（即黄龙府今吉林省农安县）经不牙迷，汤旺河直达库页岛。不牙迷站又称佛斯亨站，后人们习惯称五站。

东北抗日联军第三军密营遗址　位于黑龙江省市木兰县建国乡行政区域内。建有储藏基地、防御基地、指挥中心、地下交通站、作坊区、驻兵区、战地医院等密营群。是松花江中游地区的前沿根据地，是贯

东北抗联三军鸡冠山密营遗址

通松花江南北两岸，东西两线抗联游击区。密营的枢纽，是通往苏联的主要通道。赵尚志、李兆麟、冯仲云、于天放、许亨植、朴吉松、金策、汪雅臣、考凤林、夏云杰、祁占海等东北抗联著名将领都曾经在这里战斗和生活过。是东北抗日联军第三军六师、七师、九师的驻地。

第四节　木兰文化艺术界全国杰出人物

农民画家——许文邠　许文邠这个普普通通的山乡农民，经过苦学苦练，自强不息地攀登，成为全省有名的国画家，被收录到《中国职工自学成才辞典》和《中国美术家人名录》。

　　许文邠出生在木兰县五站乡大树林屯。家乡的一山一水、一草一木，无不在牵动着他，眷恋着他。他背上书包，迈入学校大门不

久，就天天握笔作画，蹲在村头画山水、画林木、画农民劳动。课余时间几乎全用在绘画上。尽管这些画都是习作，他的绘画才能却在勤奋中初露锋芒，班级画教学图、出墙报、板报，他都要大显身手。同学们称他是小画家。他也和美术结下了不解之缘，立志用智慧和汗水敲开美术圣殿。

事实偏要和他作对，1961年中学毕业，他本想升学深造。可是，当时正是国民经济困难时期，加上父母患病，他不得不回乡务农了。他想，理想要靠坚韧不拔的毅力和辛勤的汗水，有志者事竟成。他立志刻苦学习美术，走自学成才之路。他在离屯四里多地的山坡上盖了个地窖子，刨了半垧荒地，种上了黄豆、黄烟、姑娘等经济作物。从此，他吃住在这里，边劳动、边习画练功，从黄昏画到深夜，有时又从深夜画到黎明。他像着了迷似的，画了一张又一张，半月二十天不回家一趟。山上他孤身一人，夜里有时风摇树吼，呜呜作响；有时不远处传来刺耳的狼叫声。这对一个十七岁的少年怎么能说不是个严峻的考验呢？执着地追求给他强大的力量。他紧紧地顶住门，仍然坚持在跳动的油灯下精心作画。晚间，灯下他一个人默默地沉思：著名国画家齐白石没念几天书，更没进过美术学校，是靠苦钻苦学成功的。徐悲鸿历尽艰难险阻和种种磨难，靠海枯石烂不变心的毅力，成为一代画坛风流人物。难道我就不能向他们学习？同是中华民族子孙，同是堂堂七尺男子汉……

两年的地窖子生活，他画了二百多幅习作，拿到街上卖了一百五十多幅，收入近百元。这年秋天，他带着土地的收获和作画所得，从山乡走出来。先后到哈尔滨、沈阳等大城市，一头扎到书店，像干渴的禾苗得了雨露，他尽情地汲取美术营养，那些名家名画使他大开眼界。他买了《任柏年画集》《芥子园画传》《名人画谱》等二百多元的书画。

从此，他按照我国著名画家黄宾虹的名言："有谁催我，三更灯火五更鸡"的精神激励、鞭策自己，一笔一笔地练，一个基本功一个基本功地琢磨，他还经常带着作品到省美协、省出版局、省艺术馆、省画院、省报社去拜师求教。

汗水终于浇出了艺术之花。1965年，他的国画《丰收图》被黑龙江农村报、哈尔滨日报刊登了，并参加了黑龙江省工农兵美术作品展览，受到了好评。多年来，一年三百六十五天，他几乎天天从早练到晚，又从晚间画到深夜，没有假日，没有星期天，就连万家团圆的春节，他也都是

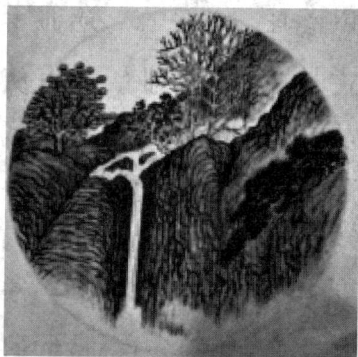

许文邠国画作品

照样在画室里度过。他坚持深入生活，经常背着几十斤重的画具，拄着木棍，跋山涉水，风餐露宿，一走就是三五十里。饿了嚼几口干粮，渴了喝几口河水。晚间经常和衣住在林场工人宿舍或山里人的窝棚中。他五次去镜泊湖、五大连池，两次去黄山、华山、长白山，五次去牡丹江林区。他历尽了大小兴安岭、完达山、张广才岭的北国山河壮丽景色，画了许许多多北方山水国画。仅1987年以来，他创作的国画就达四千多幅。他的国画连续参加了全省第五、六、七届美术作品展览，其中《乌苏里江畔》《秋声赋》等6幅国画在省级展览中获奖。庆祝建国35周年全省美术作品展览的60幅获奖作品中，就有他的《泉映林木树有声》山水国画。1984年，松花江地区还专门举办了"许文邠国画展"，展出他的一百多幅作品。1990年8月20日，省美术家协会、省美术馆，在哈尔滨举办许文邠国画展。他的国画深受外商青睐，已销往日本19幅。他的作品清新淡雅、雄浑质朴，充满浓厚的生活气息，博得专家们的一致赞许。如今，许文邠已是黑龙

江省出名的国画家，成为省美术家协会会员、省国画研究会会员、省群众文化学会会员。

考古收藏家——李彦君 李彦君祖籍山东省蓬莱县，成长于黑龙江省巴彦县、木兰县。毕业于吉林大学考古与博物馆专业。一直从事文物艺术品、古文字、书法的收藏研究工作。李彦君同志，现任北京科技职业学院文物学院院长，北京正阳藏院院长，北京正阳美术馆馆长，清华大学国家文化产业研究中心特约研究员。被美国、西班牙知名大学及国内大连、澳

李彦君挖掘的国家一级
文物弹压所印

门大学特聘教授。还担任国内6家文物保护、文物学会、历史人物研究、收藏家协会、民间文化协会等理事及会员职务。

1997年4月27日，他受哈尔滨市文物馆委派，从巴彦县来到木兰县帮助建博物馆。1988年5月28日，担任木兰县第一任文管所所长。历经5年时间，深入木兰田野山林从事考古及文物征集工作。共发现确认各类古代遗址、文化遗存110处。其中古遗存6处、碑刻4处。重要发现《明史录》记载的"蒙古尔王山寨城址""石河北山石器遗址"等100余处，采集文物标本3 000件，其中珍贵文物35件，极大地丰富了馆藏。"蒙古尔王山寨城址"和"木兰达河城址"为省级文化保护单位。

在木兰县期间，他编制了《蒙古尔王山寨城址档案》《木兰达河城城址档案》《木兰县文物志》。建立了23处遗址初级档案，建立了文字记录资料80条，编入了《黑龙江省文物地图集》。文物藏品494件，其中有35件为珍贵文物。在《中华文物报》《世界文化研究中心》《渤海国币新探》和《黑龙江日报》

等10家报纸、刊物发表文博方面论文、文章30余篇。

工作调离木兰县后，他曾先后在哈尔滨《都市资讯报》、哈尔滨社会科学院、大连大学创办第一个文物学院，并在北京科技职业学院创办第二个文物学院。曾荣获"2007年中国收藏界十大人物"，还创建了"北京正阳美术馆""北京正阳藏院"。

主要学术成果：《木兰县文物志》《中国艺术品收藏鉴宝百科全书·玉器卷》《中国玉器投宝与鉴藏》，鉴宝《陶瓷》《青铜》《木器》《玉器》《书籍》《杂项》《玉器词典》《柴窑与徽州》《十大冷门》《五卷》文物艺术品等20余部专著。重要论文有《蒙古山寨考》《渤海国货币新探》《古钱币中的样钱》，发表考古及文物研究文章90余篇等。

中国第一拉拉舞宝贝、炫舞团创始人总裁——郭佳媛 1990年，出生于黑龙江省木兰县木兰镇人民街。她5岁走进木兰县苗苗舞蹈学校，7岁木兰县兆麟小学，12岁木兰县第二中学，当年被辽宁省民族艺术学校破格录取，学习舞蹈专业。

2007年，17岁的郭佳媛考入厦门大学艺术学院。在校学习期间，汗水、泪水、苦水伴随。然而掌声、鲜花、奖杯给予回报。曾在郊区、社区、学校、工厂、军营、油田、煤矿、林场和篮球赛场等多次演出。

2009年，这位大学二年级的学生，已是擅长古曲、现代、民族、街舞等多项舞种的佼佼者。既是象牙塔里孤傲的校花，又是运动场上火辣的"拉拉宝贝"。这一年，她下定决心参加NBA啦啦队选拔赛，在全国五大赛区、数万参选者中进入全国10强。一路走来，她都信心百倍，霸气十足。面对国内外的评委，她自信地说"我是第一！"而她的自信不无道理——有参赛经验、什么舞都会跳。最终，摘得了"中国第一拉拉宝贝"的桂冠！

她戴着桂冠，捧着奖杯，走出大学校门之后，放弃了北影学院的录取，谢绝了一些省级电视台聘请做主持人，一心投入舞蹈演出。出演到美国、韩国（地区）等国际在中国的重大比赛、庆祝活动，此外她与任贤齐、齐秦、周华健、容中尔甲、费玉清、杨钰莹等著名演员同台演出。还忙于八一电影制片厂、中央电视台及地方台制作节目，报社记者采访。还经常被北京、武汉等多所大学邀请演讲并舞蹈，首创业绩的事迹。

郭佳媛在中国首创办起一家东西方文化产业发展有限公司，任总裁。分公司有深圳炫舞团、体育娱乐文化有限公司、海南爱大海文化体育发展有限公司、海南博大精锐广告有限公司、海南阳光能量食品有限公司和海南东方之珠实业有限公司。

"中国十大文化（馆）榜样人物"——王向东 1965年，出生于黑龙江省木兰县红星人民公社（今吉兴乡），胡家窝棚屯。中共党员，现任木兰县吉兴乡文化站长。十年来，他把自己的一切献给了乡村文化，为乡村文化建设做出了突出的贡献。先后赞助组建26个大秧歌队，参加人员达到20 000多人，组建健身舞蹈队20多支，文化大院十几个。

自2010年以来，先后举办5届农民春节联欢晚会，5届农民健身舞大赛，5届冰雪文化艺术节，3届农民歌手大赛，举办各类文艺演出200多场。创办了全国首家乡村文化工作专刊《乡村文化》。在吉兴乡中心小学成立了红领巾广播站，在火炬村修建了农民文化宫、农民书画创作室、根雕创作室、小乐团，在红旗村成立了刘长林农民文化创作室，在红升村成立了刘万志农民国画创作室、张凤良农民冰雪文化基地，培训乡村文艺人才1 000多人。

王向东对全乡所有文艺骨干都能做到"四知"，即知道叫啥名，在哪里住，有什么特长，艺术成就什么样。他不惜一切，自己投资30多万元创造性地开展乡村文化活动，总结出了"一村一特色，一屯一品牌"的工作经验。

王向东先后被评为黑龙江省第十二届劳动模范、黑龙江省第十届优秀公仆、哈尔滨市第三十六届劳动模范。2014年12月19日，文化部在宁波召开盛大的颁奖仪式，授予王向东为"中国十大文化（馆）榜样人物"。他是全国4.8万多个农村文化站长中唯一获此殊荣的人。中央电视台等十三家主流媒体宣传和报道了王向东的先进事迹。木兰县委作出"向王向东同志学习的决定"，在全县掀起了向王向东学习的热潮。

手抄《毛泽东著作》——马中文 1946年出生，山东省章丘县人。1962年，随家人从哈尔滨市下放到木兰县吉兴乡五棵树屯当了农民。1972年，被录用为民办教师、顶编代课教师，担任初中语文课教师。

马中文是书法世家的后代，他曾祖父、祖父、父亲都是书法名人。这在马中文幼小的心灵上留下了深刻的印象，其影响很大，加之他结交许多文人墨客，常常握笔挥毫。他从小就迷上了书法，把曾祖父流传下来的一部清朝宣统元年出版的《白话尺牍》部书临摹多年。三年多每天夜晚用毛笔蘸水，在桌上坚持练汉字的基本笔画一万笔，然后再用纸墨练汉字5 000个，30多年来坚持练笔不停，终于完成了《共产党宣言》《法兰西内战》《中国共产党历史》《中国大事记》等手抄长卷。

马中文在从事教育工作之余，也坚持研究书法艺术。毛笔楷书曾获第二届"兴华杯"全国书法大赛二等奖、"方和杯"省书法大赛银奖，《中国当代名人》收录马中文事迹。

1976年，毛泽东主席逝世后，马中文怀着对领袖热爱崇敬的心情，以抄写《毛泽东选集》的方式来寄托自己对毛主席的深切怀念之情，他用毛笔楷书抄写《毛泽东选集》1—4卷长幅。历时700多个日夜，于1987年7月终于抄写完《毛泽东选集》1—4卷全文。在毛主席100周年诞辰之际，他带着这幅保存18年的原作和其他书法作品，来到北京毛主席纪念堂。当纪念堂工作人员看到马中文手抄《毛泽东选集》1—4卷长300多米、宽1米、重30公斤的作品时，无不为之感动，并决定收藏他的作品。据毛主席纪念堂管理局局长徐静博士透露，这幅手抄《毛泽东选集》1—4卷在国内还是第一次出现，同时决定在毛主席100周年诞辰的书法展览会上展出。他的《毛泽东选集》1—4卷手抄本被毛主席纪念堂永久收藏。

1993年，他开始抄写《邓小平文选》，经过800多天完成了816 000字的手抄作品。

第五节　体育

体育设施建设　人民体育场有建成水泥地面篮球场3个、田径跑道400米和大会主席台。

2007年，改建为木兰县全民健身中心，建筑面积2 303平方米，其中包括1 500平方米篮球馆、800平方米多功能用房（包括健身房、体质检测室、乒乓球室等）。

　　木兰县公共体育场田径跑道和足球场400米环形塑胶跑道体育场，占地面积14 556.24平方米，其中：8条环形跑道，塑胶跑道面积4 476.38平方米，塑胶环形跑道内建设11人制足球场，足球场铺设人造草坪，面积7 140平方米。其他田径场区（半圆区）铺设塑胶场地，占地面积2 939.86平方米。

　　体育活动　2002年，木兰一中举办"冰雪冬令营"活动。寒假期间，组织学生参加速滑和冰杂、冰壶、冰上保龄球、堆雪人、打雪仗等趣味比赛。木兰二中将每年3月定为春季长跑月。各学校普遍举行篮球赛、排球赛、足球赛。2003—2005年，木兰二中、木兰高中为学生修建水泥篮球场、兆麟小学、民主小学组织体育大课间活动，学校重视，学生积极参加，各校体育成绩不断上升。

　　职工体育　1986年，职工体育比较活跃，其中篮球运动普及面达60%。1995年，县政府设立全民健身运动委员会，各乡镇政府、各系统党委相应设立由主管领导为组长，共青团、妇联、民兵、文体站负责人为成员的全民健身运动领导组织，有计划、有组织地开展全民体育活动。部分机关单位常年坚持做工间操。

　　老年体育　1994年，木兰镇组建老年文体站，中老年人坚持晨练。在传统体育运动项目基础上，兴起广场舞、中老年健康操等群众体育活动。1995年，继长虹老年活动站后，成立夕阳红老年活动站。县老

老年体育活动

285

干部局积极组织老干部、职工开展台球、门球运动，每年组织三、五次正式比赛。1999年，成立金秋合唱团和太极拳晨练队。五支以中老年人为主体的群众业余体育健身队伍，人员稳定，组织健全，以运动保健为主，常为庆祝节日、宣传活动表演秧歌舞，出席大型演唱活动。2005年，县教育局与县老干部局联合举办太极拳比赛和门球赛。

主要比赛活动 1986—2004年，在县体育场举行全民田径运动会4次，累计参加比赛的代表队448个，运动员代表6 400人，年龄最大的86岁，最小的11岁，观看开闭式比赛盛况观众超10万人。其他比赛有象棋、乒乓球、篮球、排球、足球、门球、铅球、太极拳、长跑、环城跑、滑冰和秧歌等。

2004年8月，木兰县运动员参加哈尔滨市第十六届运动会，获男子800米中距离跑和男子85公斤举重金牌2枚，男子铅球、铁饼、1 500米和女子3 000米竞走银牌4枚，女子跳高和3 000米竞走铜牌2枚，并获体育道德风尚奖。9月，在县委党校举办排球赛，木兰一中获社会组第一名，木兰高中获高中女子组第一名，职业高中获高中男子组第一名。同年冬，在木兰一中举行速度滑冰比赛，设小学、初中、高中、社会4个组进行。人民小学获小学组第一名，木兰一中分获初中组、高中组第一名，布鞋厂获社会组第一名。

2017年，全民健身日系列之"健康徒步行"活动，在美丽的松花江畔开幕。参加启动仪式的有县四大班子、法检两院的领导，县直各党委、中省直部门、企事业单位、社会团体共计1 000余人参加徒步活动，全程5.5公里。

第六节　广播电视

有线广播　1986年，县农村有线广播喇叭发展到19 216只，其中高音喇叭385只，广播线路1 099公里。自办节目有《全县联播》《乡村之友》《致富顾问》《法律常识》《小说连续广播》《星期天文艺》栏目。全年播发新闻报道3 120篇，开办各类讲座31次。1987年，县、乡、镇广播线路撤除。

无线广播　1987年10月，购置TF4.8型1千瓦立体声调频广播发射机、108米高调频广播发射天线、GY2275瓦B型扩音机1台、音频转换操纵台1部、LY637型制作节目录音机2台、LY221录放机1台等放射、编播设备。1993年2月1日，建立县调频广播电台，转播松花江人民广播电台《新闻》节目。1997年改为转播哈尔滨人民广播电台《新闻》节目。自办节目有《全县联播》《一周要闻回顾》《乡村之友》《市场与信息》《小康路上你我他》《乡镇站十分钟》《科学与生活》《话说木兰》《文学园地》《立体声一首歌》10个栏目。2005年，县广播电台发射功率增加至1 270瓦，自办节目播出780小时，播出新闻5 724篇。全年举办业余通、永嘉同业务培训班2次，参加培训九百余人。

电视转播　1985年2月16日，木兰电视差转台改建电视转播台，发射机功率由50瓦增至1 000瓦。购置日本产5850编辑机2台、监视器2台、5630型录像机1台、4800型录像机2台、555牌摄像机3台投入使用。筹办《木兰新闻》，先后设立《寻常巷》《本周话题》《文明百花》《市场漫谈》《科学与生活》《每周一成语》专栏节目，年播发新闻1 512篇。1986年7月11日，投资4.1万元，建成卫星地面接收站，转播中央电视台第一套节目。

1990年1月9日，高108米钢管组合自立式电视发射塔安装完毕，安装调频发射天线和3部电视发射天线和转播中央电视台第二套节目发射设备，2月1日正式播出。1991年7月，购置1 000瓦彩色电视发射机1台，电视发射塔改造扩建工程全面展开。1992年5月，省广播电视厅微波总站、松花江地区广播电视局在木兰开始安装微波全套设备。10月，调试完毕，开始传送黑龙江电视台一套、二套和哈尔滨电视台节目。1992年，对《木兰新闻》节目进行重大调整，由不定期播出改为周一到周六播出，每次10分钟，当日重要新闻及时播出。

有线电视台 1994年，在木兰镇开办有线电视。用12个频道向入网用户传输中央电视台第一、二、四套，黑龙江电视台第一、二、四套和浙江、山东、四川、云南、新疆、西藏卫视频道及木兰电视台节目。1995年，木兰镇内有线电

有线电视机房

视用户发展到5 000户。1997年，有线电视节目总数增至16套，用户6 000户。1998年8月，开通中央电视台第三、五、六、八套4个加密频道，播出节目总数增至20套。1999年，有线电视节目总数达22套。2002年末，有线电视节目增23套，用户发展到7 000户。2001年，自筹资金25万元，增加有线电视节目，更新镇内有线电视干线光缆7.5公里，增加广西、河北、陕西、天津卫视频道4套节目，有线电视节目增至28套。2003年10月，引进哈尔滨元申网络公司资金240万元，完成与市广播电视台联网工程，新增黑龙江电视台第二、三、四、五套和哈尔滨电视台生活、娱乐、影视频道节目，有线电视节目增至35套。筹建区域数字有线电视网

络，工程造价130万元，2005年11月3日动工，架设光缆63公里，购置光纤接收机184台。2005年，木兰镇内有线电视用户达8 370户。由于农村有线电视耗资巨大，通过对外招商，与沈阳迈威公司签订开发农村有线电视合同，工程总投资2 000万元，埋设干线光缆50公里，吉兴乡部分村屯已着手入户。

第二十二章 卫生医药

第一节 医疗机构和医疗队伍

2018年末，全县有医疗卫生单位15个。县直有县人民医院、县中医院、县疾病防控中心、县妇幼保健站、监督所、卫校、社区中心。乡镇有木兰镇卫生院、县第二人民医院（东兴镇）、大贵镇中心卫生院、利东镇中心卫生院、柳河镇中心卫生院、新民镇卫生院、建国乡卫生院、吉兴乡卫生院。

全县城乡各医院、卫生院、疾病中心和保健院等，主要负责医疗、护理、教学、预防、保健、创伤、120急诊急救、城镇职工和居民医疗保险及农村合作医疗等工作任务。还承担着全县及周边县临近乡镇的医疗康复、急诊急救、岗位培训、医学科研、健康教育等工作任务。

县人民医院 医护人员255人，其中医生91人、护士114人、医技术人员28人、药剂人员12人、其他人员10人。医生中，执业医师78人、助理医师8人、医士5人。正高职20人、副高职38人、中级47人、初级150人。护士中，高护17人、护士97人。全院人员中，研究生学历1人、本科学历86人、专科学历92人、中专学历76人。

县中医医院 医护人员91人，其中，执业医师46人、助理医师9人、高护2人、护士34人；正高14人、副高17人、中级14人、初级46人。全院人员中，本科学历57人、专科学历26人、中专学历8人。

县第二医院 医护人员67人，其中，执业医师38人、助理医师5人、护士24人；副高13人、中级18人、初级36人。全院人员中，本科学历5人、专科学历29人，中专学历33人。

妇幼保健院 医护人员24人，其中，执业医师15人、助医师4人、高护1人、护士4人。正高6人、副高7人、中级2人、初级9人。全院人员中，本科11人、专科7人、中专6人。

疾病控制中心、监督所、卫校、社区中心 共有医护人员19人，其中执业医师10人、助理医师9人。正高职2人、副高职7人、中级8人、初级2人。本科学历12人、专科学历4人、中专3人。

农村医疗队伍 1986年，农村合作医疗机构相继解体，村办卫生所合作医疗承包给乡村医生管理。1997年，恢复行政村集体办所，其中甲级卫生所占69.75%。2000年，村办甲级卫生所达100%，其中集体办所占72%。2002年，行政区划调整，村卫生所减少为84个。在行政村卫生所1.5公里外自然屯设卫生所33个。年末，有甲级卫生所68个，达标率58.11%。之后，整顿乡村医生队伍，整顿后，有乡村医生277人，乡村主治医师24人、乡村医师86人、乡村医士167人。2003年，达到规范化标准卫生所40个，达标率47.92%，乡村医生发展到288人。2005年，筹集资金55万元，新建卫生所13个，扩建71个，改造卫生所用房3 840平方米，村卫生所面积均达48平方米，行政村达标甲级卫生所84个。卫生医疗设备逐渐更新，卫生所普遍备有抢救包、紫外线消毒灯。备有心电机、冷藏包、出诊箱和冰柜的卫生所4个，常规药品达120种。村卫生所设有卫生室48处，配有专职乡村医生，一般村卫生所配乡村医生2人，人口在1 500人以上村卫生所配乡村医生三至四人，每个村卫生所均配有女乡村医生。年末，有村级卫生所84家，有乡村医生290人，乡村主治医师34人、乡村医师116人、乡村医士140人。

2018年，乡镇卫生院8个。执业医师42人、助理医师35人、高护2人、护士18人，医护人员共97人。正高职2人、副高职11人、中级职称28人、初级职称56人。村级卫生室（集体）86个。执业医师1人、助理医师31人、医士187人，合计219人。

第二节　医疗设备和科室设置

2016—2017年，县人民医院自筹资金更换了一批除旧老化的医疗设备，使固定资产净增1 459万元。先后购置了先进的医疗设备：全自动生化仪、血液透析机、腹腔镜、C型臂、小型呼吸机、电子胃镜、核磁共振、螺旋

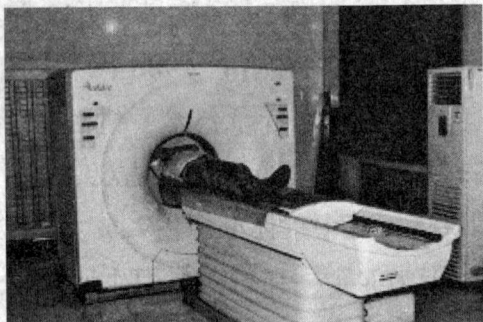
CT室

CT、除颤仪、四维彩超等设备，医疗设备的更新，提高了病人的诊断率。

2018年，医院又投入117.16万元，新购置了DR机1台、心电机2台、电动洗胃机2台、可视喉镜1套，投入使用。医院病床数由原来的204张增加到283张，不断满足患者的需要。

县人民医院共设有内科、外科、理疗科、五官科、中医科、急诊科等科室。以晋升二甲为前提，对二类科室进行了分类，内科分为内一（神经内、血液、消化）、内二（心血管、呼吸、中

毒、肾内）；外科分为外一（普外、泌尿外）、外二（脑外、骨外、烧伤）等科室，并成立了康复科、肛肠科、新生儿洗浴和抚触室等科室，同时规范了科室的管理，方便了广大患者。

县中医医院医疗设备有CT、X光、心电、彩超、心脏除颤器、麻醉机、生化分析仪、美国GE16排CT、透析等58台件。

科室设置有内科、外科、康复科（针灸推拿）、

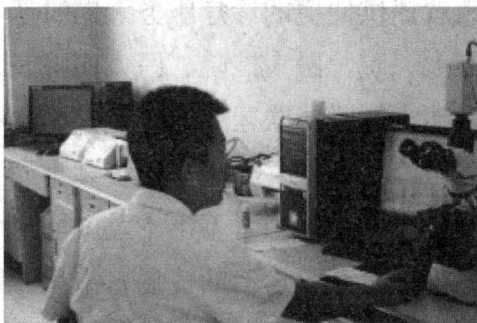

彩超室

中西医结合科、五官科、急诊科、儿科、妇科、治未病科和麻醉科。

乡镇卫生院主要医疗器械有：彩超、多普勒、X光、心电、B超、化验、检验等108台（件）。

科室设置有：内科、外科、妇科、儿科、牙科、口腔科、麻醉科等共79个科室。

第三节　医疗业务开展

2016年，门诊患者37 988人，较2015年同期增长6 212人，急诊667人，入院5 368人，同比增长162人，手术1 045例，同比增加59例。入院患者治疗有效率为95.26%，较2015年同期增加0.57%。患者平均住院7.58天。医院2016年收入3 800万元。2017年门诊患者32 820人，急诊2 037人，入院6 843人，较去年同期增长1 573人，手术940例，入院患者治疗有效率为95.26%，患者平均住院7.58天。医院2017年收入4 974万元。2018年上半年收入

2 534万元。

建立远程会诊系统。县医院与哈医大一院建立了远程会诊系统，免费为患者提供便捷的诊疗服务。同时还与哈医大一院、医大二院、医大四院、市医院建立医联体联盟，通过专家坐诊、亲自医治等方式，解决了很多疑难病例的确诊难题，让患者不出木兰就能享受到三甲医院专家诊治的待遇，给患者带来了福音，也缓解了看病难、看病贵的难题。与哈尔滨市第一医院联合组建了耳鼻喉科，市一院专家亲自坐诊示教，填补了医院的空白，目前运行良好，达到了社会效益和经济效益的双赢。

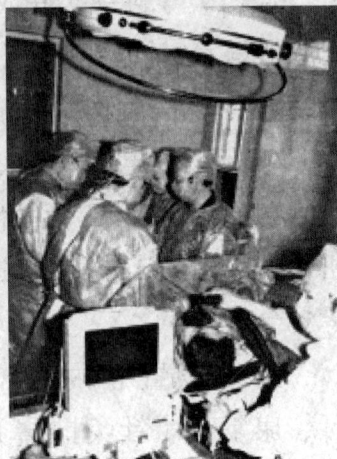

县人民医院成功实施
开胸手术

引进技术人才。县医院近3年招聘应届大学生35人，已考录办理正式入编12人，解决了科室人员紧张的局面，并先后送入上级三甲医院进修学习，形成了人员梯队建设队伍。

开展公益救助和义诊咨询。县医院与中狮联哈尔滨乐善服务队联合开展光明行活动，免费为白内障患者体检和化验，为每名筛查患者减免350元，共计减免费用12 950元。协助上级医院为符合条件的贫困白内障患

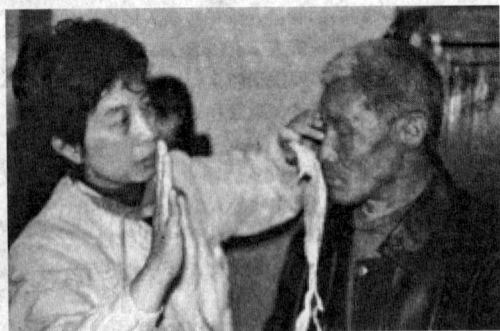

视觉光明行动

者37人免费实施了复明手术，每人费用约4 000多元，总计16万余元。三年来，医院深入敬老院、贫困村屯进行义诊24次，免费提

供家庭常备药品价值1.8万余元。物品价值6千多元。

中西医结合 1986—2000年，坚持中西医结合，中西并重的原则。县直各医疗单位及各乡镇医疗单位均设中医大夫及中医科和中药科。在疑难疾病治疗中，坚持中西医会诊制度，提高治愈率，县级医院和乡镇医院均设有中医科和中药局，配有中医大夫，村卫生所均备有几十种中成药，每年选送有临床经验的医生到省中医药大学进修。在疑难病诊断和治疗中，坚持中西医会诊制度，充分发挥中医诊断和中药治疗作用。西医临床广泛应用中医针灸技术，西医和乡村医生均能熟练掌握针刺人中穴进行抢救患者，一般西医和乡村医生，均能正确运用几十个中医药方治疗疾病。有多年临床经验的西医运用中医切脉理论，正确运用中药方剂治疗胆结石、骨外伤收到良好效果。县中医院开展中西医结合技术培训，组织中医骨干举办中医知识讲座，讲解《中华人民共和国中医药条例》。中西医结合诊断"非典"、中医防治糖尿病均收到良好效果。

第四节　基础设施建设

1993年，木兰县人民医院院址由城镇东南靠松花江北岸迁至县城中心，占地面积11 818平方米，医院用建筑面积8 800平方米，编制床位204张。2012年，扩建成木兰县人民医院综合楼，总造价8 001万元。2018年末，迁至木兰镇新开发区东南位置，靠松花江北岸，新建木兰人民医院综合楼。占地面积27 000平方米，医院建筑面积22 888.02平方米，设病床303张，达到国家要求的二级甲等医院标准。

木兰县中医医院，占地面积3 070.9平方米，建筑面积3 311

平方米。2018年，新建中医医院位于西环路北端路西，占地面积5 120平方米，建筑面积7 000平方米，设病床150张，资金投入4 200万元。

乡镇8个卫生院，占地面积23 121.33平方米，建筑面积9 673.5平方米。

第五节　医药

中草药生产　木兰县医药药材公司对地产药材资源进行普查。县境内有中药材65科、131种，蕴藏量41 761万公斤，其中：植物药材50科、110种、4 752万公斤；动物药材15科、21种、8.7万公斤。1986年，

视觉光明行动

地产中药材36万公斤，比1985年增加2.3倍；1988年，地产中药材30吨，获利10万元；1991年地产五味子60吨，获利12万元；1994年，地产寄生、刺五加、五味子40吨；1997年，地产五味子、寄生、穿地龙、满山红、黄檗等中药材100吨，价值80万元；2000年，地产穿地龙、寄生、五味子40吨，价值20万元。主要销往安徽亳州、河北安国和省内的铁力制药厂、哈尔滨制药三厂、五常县制药厂及黑龙江省中药联营公司。1987年，新胜乡种植人参1.5万平方米。1988年初，举办中药材种植培训班，聘请省药材公司技术员胡克显、省森林植物园专家王章怀来木兰授课。1997年5月，柳河镇政府生产满山红液剂50吨、油剂165公斤，销往伊春

制药厂。2002年，建国乡等乡镇开始试栽种平贝、五味子、黄芪等中药材。当年，栽种面积1 035亩；2003年，栽培面积390亩；2004年，栽培面积2 145亩；2005年，栽培面积4 770亩。

药品购销　1986年，中西药品由国营医药批发站批发经营。县医药和药材两个公司从省二级医药批发站购货，将所购药品批发给东兴、大贵两个四级药品批发站和南部6个乡镇卫生院、所及零售药店，东兴、大贵两个四级药品批发站负责北部6个乡镇卫生院、所中西药品批发业务，并兼营药品零售业务。经营品种西药600种、中成药200种、饮片400种。全年销售370万元，其中：西药165万元，中成药、饮片205万元。1991年，药品购销渠道陆续放开，医药企业实行联产计酬、联利计奖岗位责任制。全年药品购进额690万元、销售额669万元、利润8万元、税金16万元。1994年，企业实行分营，划小经营规模后药品购销、税金继续增长，利润比1991年明显下降。全年药品购进额780万元、销售额775万元、利润6.7万元、税金17.9万元。1998年，医药企业进行产权制度改革，实行自主经营、自担风险、自筹资金、自愿组合、自负盈亏的经营方式，采取定编制、定岗位、定人员、定上缴利润的经营方式。全年药品购进额788万元、销售额778万元、利润3.8万元、税金23.7万元。1999—2004年，医药企业逐渐转为私营，药品购进总额4 886万元，年平均814.3万元；销售额4 823万元，年平均803.8万元；税金155.1万元，年平均25.9万元。2005年，药品购进总额830万元，销售总额820万元，实现税金27.7万元。

第二十三章　社会生活

第一节　居民生活

2012年党的十八大以来，木兰县以"稳增长、调结构、惠民生"为主线，健全和完善社会保障体系，围绕提高县域经济综合实力，加大收入分配调节力度，落实各项惠民增收政策，城乡居民收入稳步增长。2018年，城镇人均收入22 069元，比2012年的11 475元，增长92.5%，农民人均纯收入11 980元，比2012年的7 669元，增长56.2%。

消费水平呈现出平稳较快的增长态势。逐步形成以生产性服务的产业结构，努力构建现代服务产业体系，在推动经济增长、增加财政收入、吸纳劳力就业等方面发挥重要作用。随着惠民富民政策措施的进一步加大，以及"家电下乡"、"摩托车下乡"政策，"万村千乡市场工程"等，使城乡消费市场繁荣、批发零售、住宿餐饮等消费活跃。交通运输、邮电等传统服务业务，在利用现代技术进行提升改造方面得到一定进展。联销经营、电子信息、房地产开发等新型服务得到初步推广。金融保险、社区服务等新型服务业快速发展。2018年，全县实现社会消费品零售总额240 640万元，比2008年的84 400万元，年均增长19.7%。

第二节　社会保障

2012—2018年，在党的十八大、十九大精神指引下，人力资源开发和社会保障工作有了大发展，自主择业转业军人安置率达100%，企业军转干部维稳安置210人。企业劳动合同签订率98%，集体合同备案率93%。

七年间，新增就业人员20 068人。失业再就业人员9 122人，就业困难人员再就业3 188人，开发公益岗位安置人员149人。城镇登记失业率控制在4.3%。

社会保障工作稳步推进，医疗保险参保人数逐年增加。2012年，参加医疗保险人数4 500人。2018年，参保人数20 771人，增加16 271人，增加276.56%；企业养老保险2012年，参保人数6 682人，2018年，参保人数6 915人，增加233人，增加9.66%；机关事业社会保险2012年，参保人数6 071人，2018年，6 521人，增加450人，增加9.3%；城镇居民2012年，参保人数25 744人，2018年，参保人数79 123人，增加53 379人，增加325.3%；新型农村社会养老保险2012年，参保人数65 072人，2018年，参保人数143 015人，增加77 943人，增加45.5%；城乡居民社会养老保险，2018年，农村养老保险与城镇保险合并，2016年，参保人数212 276人，2018年，参保人数222 155人，增加9 879人，增加9.59%。

按照各类保险规定对参保人征缴参保基金，然后发放给参保人的社会保障生活费，使他们的生活得到了保障。

第三节 民政事业

城乡低保工作。近年，开展城乡低保清查工作，县政府制定了城乡低保清查方案。通过清查，现在城镇低保4 663户、6 899人，农村低保11 331户、16 885人，农村特困1 355人（其中：敬老服务中心集中供养266人、城镇特困21人）。医疗、救灾和特困等各种救助资金6 087.4万元。

开办养老机构敬老服务工作，至2018年，全县城乡养老场所26家，其中公办4家、个体22家。县城镇（郊区）21家、乡镇5家。22家个体养老场所建筑面积8 657平方米，入住老人472人，公办4处，建筑面积16 030.16平方米，入住老人442人。

入住的老人有工薪阶层不能独立生活自费养老；留守人员子女不能直接赡养的由子女出资托养；公办养老场所聚全县五保人员，集中免费供养。

附：老区建设发展中国家、省授予的先进单位及个人

国家授予的先进单位

1978年，木兰县航运公司被国家交通部授予"发展交通，当好先行"先进集体；

1988年，木兰县被国务院授予全国扫盲先进县；

1990年，木兰县香磨山灌区被国家水利部授予全国先进灌区；

1991年，木兰县被国家确定为50个生态农业试点县之一；

1994年，木兰县被文化部授予全国文化先进县；

2001年，木兰县木兰镇被国家五部委确定为全国文明小城镇建设示范点；

2001年，木兰县被确定为全国生态环境建设重点县，国家商品粮生产基础县，国家绿化优质水稻生产基地；

2004年，木兰县被国家农业部命名为全国农产品加工业示范基地；

2005年，木兰县被评为全国造林绿化先进县；

2014年，木兰县被国家农业部和国家旅游局授予"国家休闲农业与乡村旅游示范县"；

此外，1997年，团县委实施青年绿化工程，共青团绿化基地被团中央授予全国百处青年绿化基地称号。

省授予的先进单位

1985年，木兰县林业局被黑龙江省政府授予实现"四超"，超利润、育苗、整地、造林计划和无森林火灾"文明系统""文明单位"的光荣称号；

1986年，木兰县被黑龙江省委、省政府授予1985年度水利建设工作先进县；

1987年，木兰县被黑龙江省委、省政府授予全省地方病防治工作先进县；

1988年，木兰县被省政府授予扫盲工作先进县；

1988年，木兰县被省政府授予抗洪工作先进县；

1995年，木兰县被省政府评为体育先进县，利东镇、吉兴乡被评为省级体育先进乡镇；

2003年，木兰县被省政府评为扶贫开发先进县。

全国劳动模范

系统	姓名	性别	出生年份	职务	何年参加何种会议	荣誉称号
工交	汤海清	男	1923	工人	1959年全国工交运输建设先进生产者会议	全国劳模
文教	贾淑珍	女	1941	教师	1983年出席全国"三八红旗手"会议	全国劳模
文教	许春花	女	1934	教师	1985年出席全国优秀班主任会议	全国优秀班主任
工交	董学义	男	1951	工人	1996年出席全国劳模会	"五一劳动奖章"
农业	刘长发	男	1949	农民	2000年出席全国劳模会	"五一劳动奖章"
工交	孙宝库	男	1953	董事长	2002年出席全国劳模会	"五一劳动奖章"
公安	王　杰	男	1953	民警	2000年出席全国公安会	全国优秀人民警察

全省劳动模范

系统	姓名	性别	出生年份	职务	何年参加何种会议	荣誉称号
工交	王殿才	男	1913	工人	1959年黑龙江省工交先进生产（工作）者会议	省劳模
工交	卢玉平	男	1931	工人	1959年黑龙江省工交先进生产（工作）者会议	省劳模
工交	郝　捷	男	1925	工人	1959年黑龙江省工交先进生产（工作）者会议	省劳模
工交	王自信	男	1934	工人	1960年黑龙江省工交先进生产（工作）者会议	省劳模
商业	王景春	男	1933	工人	1960年黑龙江省财贸先进生产（工作）者会议	省劳模

续表

系统	姓名	性别	出生年份	职务	何年参加何种会议	荣誉称号
商业	张国福	男	1934	工人	1960年黑龙江省财贸先进生产（工作）者会议	省劳模
商业	金春子	女	1933	工人	1960年黑龙江省财贸先进生产（工作）者会议	省劳模
粮食	毕殿森	男	1931	主任	1960年黑龙江省财贸群英会	省劳模
商业	冯泽义	男	1936	工人	1960年黑龙江省财贸先进生产（工作）者会议	省劳模
商业	张福贵	男	1931	工人	1960年黑龙江省财贸先进生产（工作）者会议	省劳模
商业	王玉林	男	1926	干部	1960年黑龙江省财贸先进生产（工作）者会议	省劳模
商业	韩行仁	男	1931	工人	1960年黑龙江省财贸先进生产（工作）者会议	省劳模
商业	张　琛	男	1898	工人	1960年黑龙江省财贸先进生产（工作）者会议	省劳模
政法	李春山	男	1925	干部	1960年黑龙江省政法先进工作者会议	省劳模
邮电	刘书云	男	1929	工人	1960年黑龙江省工交先进生产（工作）者会议	省劳模
政法	张成武	男	1927	干部	1960年黑龙江省政法先进工作者会议	省劳模
文教	王占宽	男	1931	副院长	1964年黑龙江省文教群英会	省劳模
文教	金在湖	男	1927	工人	1964年黑龙江省文教群英会	省劳模
文教	刘香阁	女	1927	教师	1964年黑龙江省文教群英会	省劳模
文教	曲连海	男	1901	教师	1964年黑龙江省文教群英会	省劳模
文教	玉秀琴	女	1931	教师	1964年黑龙江省文教群英会	省劳模
文教	刘贵舞	男	1933	教师	1964年黑龙江省文教群英会	省劳模

续表

系统	姓名	性别	出生年份	职务	何年参加何种会议	荣誉称号
文教	金贞淑	女	1951	医生	1972年黑龙江省劳动标兵、劳模会	省劳动模范标兵
农林	靳永林	男	1922	干部	1972年黑龙江省劳动标兵、劳模会	省劳模
工交	孙会清	男	1925	工人	1973年黑龙江省群英会	省劳模
粮食	王庆河	男	1927	工人	1973年黑龙江省群英会	省劳模
县社	王勤	男	1923	工人	1973年黑龙江省劳模代表大会	省劳模
经委	于世贤	男	1929	工人	1980年省第五届职工劳模代表大会	省劳模
经委	韩世清	男	1931	工人	1980年省第五届职工劳模代表大会	省劳模
粮食	张桂琴	女	1949	粮店主任	1980年省第五届职工劳模代表大会	省劳模
文教	崔林	男	1947	副校长	1980年省第五届职工劳模代表大会	省劳模
文教	贾淑珍	女	1941	教师	1983年出席全"三八红旗手"会议	全国劳模
水利	王克礼	男	1942	副局长	1983年黑龙江省劳模大会	省劳模
文教	徐国敏	男	1933	教师	1983年黑龙江省知识分子劳模会	省劳模

单位	姓名	性别	出生年份	职务	何年参加何种会议	荣誉称号
啤酒厂	李春林	男	1951.4	工人	1986年省六届劳模会	劳动模范
布鞋厂	苗利民	男	1954.4	厂长	1986年省六届劳模会	劳动模范
农机大修厂	段玉歧	男	1956.3	工人	1986年省六届劳模会	劳动模范
五金公司	陈昭增	男	1948.7	经理	1986年省六届劳模会	劳动模范
木兰高中	徐国敏	男	1932.9	教师	1989年省劳模会	劳动模范
化工厂	董学义	男	1951.3	工人	1991年省七届劳模会	劳动模范

续表

单位	姓名	性别	出生年份	职务	何年参加何种会议	荣誉称号
制油厂	刘维科	男	1951.1	厂长	1991年省七届劳模会	劳动模范
地毯厂	孙宝库	男	1953.2	厂长	1991年省七届劳模会	劳动模范
油漆厂	刘顺	男	1953.2	厂长	1991年省七届劳模会	劳动模范
东兴镇东北村	张明久	男	1936.10	村支书	1991年省七届劳模会	劳动模范
水利粮贸公司	范喜辉	男	1964.6	经理	1994年省劳模大会	劳动模范
五站地毯厂	仲兆珍	女	1964.1	工人	1997年省八届劳模会	劳动模范
利东镇三良村	王俊清	男	1944.8	农民	1997年省八届劳模会	劳动模范
吉兴乡红光村	刘文禄	男	1962.9	农民	1997年省八届劳模会	劳动模范
吉兴乡红丰村	孟祥义	男	1949.2	农民	1997年省八届劳模会	劳动模范
电器设备厂	刘波	男	1951.12	经理	1997年省八届劳模会	劳动模范
齿轮厂	孙宝廷	男	1956.7	厂长	1997年省八届劳模会	劳动模范
木兰供电所	倪宝库	男	1958.1	所长	1997年省八届劳模会	劳动模范
利东镇三良村	刘长发	男	1949.10	农民	1997年省八届劳模会	劳动模范
蓝艺地毯集团	孙宝库	男	1953.2	董事长	2002年省劳模大会	劳动模范
县总工会	刘守志	男	1949.5	主席	2002年省劳模大会	劳动模范
畜牧中心	刘奇	男	1955.2	副主任	2002年省劳模大会	劳动模范
东兴镇七屯村	左绍奎	男	1941.6	村支书	2002年省劳模大会	劳动模范
太平林场	刘海林	男	1960.12	场长	2002年省劳模大会	劳动模范
环卫处	何德文	女		工人	2002年省劳模大会	劳动模范

续表

单位	姓名	性别	出生年份	职务	何年参加何种会议	荣誉称号
新民镇新民村	王桂学	女	1956.2	书记	2015年省劳模大会	劳动模范
吉兴乡红丰村	崔殿学	男	1959.12	书记	2015年省劳模大会	劳动模范
东兴镇五一学校	刘效忠	男	1954.11	教师	2015年省劳模大会	劳动模范
金桥啤酒厂	郑文平	男	1962	厂长	2015年省劳模大会	劳动模范

篇后★木兰革命老区发展愿景

木兰革命老区发展愿景

1946年1月25日，中国共产党所领导的军队——东北民主联军，一举击败了企图死守在木兰城内之敌国民党第一集团军残部，宣告木兰县解放。26日，组建了木兰县民主运动工作委员会（县委），宣告木兰县民主政府成立。从此，中共木兰县委带领翻身后的木兰人民发扬老区光荣传统，坚持自力更生，艰苦奋斗，掀起了大规模经济的恢复建设工作高潮。

一、发展基础与机遇

发展基础 1946—1957年为经济建设与社会发展建立基础时期，经历了新民主主义革命、社会主义革命和社会主义建设两个历史阶段。这个时期经济建设有了较大发展。1946年，全县工农业总产值为1 568.6万元，十年后的1956年，全县工农业总产值为1 948.0万元，比1946年增长379.4万元，增长率为24.2%，年递增率为2.42%。

随着经济建设的发展，全县文化、教育、卫生、体育、科技等各项事业全面振兴。

1978—2018年，为改革开放和开启新征程时期。木兰县党政各届领导班子，认真贯彻落实党中央和省市一系列决策部署，带领老区木兰人民从改革开放的新起点，到开启全国建设社会主义现代化国家的新征程，走过了40周年的光辉历程。特别是党的十八大以来，以习近平为核心的党中央心系革命老区，给予革命老区的特殊关心和关怀，成为激励老区人民奋发前进的强大动力。

木兰县经济社会保持了健康协调发展。地区生产总值、固定资产投资、地方公共预算收入、工农业产值、社会消费品零售额等主要经济指标稳步增长；经济结构调整取得新成效，城乡工业主导地位更加突出，特色园区支撑带动作用明显增强，三产服务业呈现强劲增长势头；城乡面貌发生新变化，主城区拆迁改造取得突破性进展，美丽乡村建设扎实推进，农村生产生活生态环境明显改观；人民生活得到新改善，城乡居民收入持续增长，基础设施、公共服务和社会保障从城市向农村扩展；社会建设开创新局面，民主政治和精神文明建设继续加强，各项社会事业全面进步，和谐稳定大局不断巩固，为老区全面的经济社会发展奠定了基础。

1978—1987年，1987年地区生产总值由1978年的3 465万元增加到10 936万元，年均增长21.5%；财政一般公共预算收入由1978年的894万元增加到3 490万元，年均增长2.9%；全社会固定资产投资由1978年的361万元增加到460万元，年均增长2.7%；社会消费品零售总额由1978年的3 584万元增加到9 971万元，年均增长17.8%；全部农林牧副渔总产值由1978年的6 661万元增加到13 032万元，年均增长9.56%，全部工业总产值由1978年的5 871万元，增加到6 789万元，年均增长1.6%；全县农民人均可支配收入由1978年的125元增加到359元，年均增加18.7%。

1988—1997年，1997年，地区生产总值由1988年的11 980万元增加到66 393万元，年均增长45%；财政一般公共预算收入由1988年的3 389.4万元增加到4 508万元，年均增长3.3%；全社会固定资产投资由1988年的480万元增加到3 597万元，年均增长64.9%；社会消费品零售总额由1988年的14 246.1万元增加到27 442万元，年均增长9.3%；全部农林牧副渔总产值由1988年的14 380万元增加到96 666万元，年均增长57%；全部工业总产值由1988年的9 715万元增加到43 151.7万元，年均增长34%；全县农民人均可支配收入由1988年的457.8元增加到2 237.3元，年均增加38%。

1998—2007年，2007年，地区生产总值由1998年的85 525万元增加到242 369万元，年均增长18.3%；财政一般公共预算收入由1998年的4 524万元增加到9 162万元，年均增长10.2%；全社会固定资产投资由1998年的13 330万元增加到85 000万元，年均增长53.7%；社会消费品零售总额由1998年的28 910万元增加到67 492万元，年均增长13.3%；全部农林牧副渔总产值由1998年的46 200万元增加到140 000万元，年均增长20%。全部工业总产值由1998年的43 200万元增加到188 372万元，年均增长33.6%；全县农民人均可支配收入由1998年的2 197元增加到4 142元，年均增加8.8%。

2008—2018年，2018年，地区生产总值由2008年的290 000万元增加到830 684万元，年均增长18.6%；财政一般公共预算收入由2008年的11 900万元到2017年增加到15 400万元（2018年同比-25.1），年均增长3.27%；全社会固定资产投资由2008年的118 107万元增加到464 490万元，年均增长29.3%；社会消费品零售总额由2008年的84 400万元增加到240 640万元年均增长19.7%；全部农林牧副渔总产值由2008年的169 000万元增加到401 942万元，年均增长13.7%；全县规模以上工业增加值由2008年的16 200万元增加到24 700万元，年均增长5.24%；全县农民人均可支配收入由2008年的4 809元增加到11 980元，年均增加14.9%；城镇居民人均可支配收入由2008年的7 078元增加到22 069元，年均增加21%。

发展机遇　老区木兰面临深化改革、着力创新驱动、加快转型发展的重大战略机遇期。良好外部环境带来的机遇；产业技术革命带来的机遇；重大政策调整带来的机遇；乡村振兴战略带来的机遇。要准确判断重要战略机遇期内涵和条件变化，全面把握机遇、沉着应对挑战，方能赢得主动，赢得优势，赢得未来。只要切实增强机遇意识、发展意识、忧患意识、责任意识、统一思想、凝聚力量、坚定信心、真抓实干、科学把握发展规律，主动适应环境变化，有效化解各种矛盾，一定能实现木兰经济社会发展新局面。

二、发展资源与潜能

发展资源　老区木兰资源得天独厚，生态环境良好，发展环境优越。

种植业资源　木兰是全国重点商品粮基地和全国绿色水稻生产基地。主要盛产水稻、玉米、大豆三大粮食作物，辅助以杂粮、经济作物和蔬菜。全县有耕地面积151万亩，粮食总产量46万吨，是世界三大黑土地带之一。流经全境的木兰达河、白杨木河等32条，河水清澈、水质好、无污染，均达到国家Ⅱ级标准。80%水田由天然自流河水灌溉，水温适宜，水稻品质好、产量高、口感好。纯天然无转基因大豆种植由于土质肥沃，气候适宜，品质上佳。同时，木兰县是国家第一批生态农业示范县。

林业资源　境内林地面积291万亩，占幅员总面积近60%，森林蓄积量为1 245万立方米。有松、柞、椴、槐、杨、榆、桦等10多个树种。山林中有鹿、熊、野猪、狍子、山鸡、飞龙、大雁、野鸡、苏雀等几十种珍禽野兽。山产果品有山丁子、山里红、山梨、山杏、山葡萄、榛子、山梅等10多种。榛蘑、元蘑、猴头蘑、花脸蘑、黄蘑、黑木耳等10多种野生食用菌类。有黄花菜、蕨菜、猫爪菜、猴腿儿、刺老芽等几十种山野菜；蜂蜜、蜂王浆、蜂胶等峰产品年产量达1万吨。

北药资源 天然中草药品种多、数量大、分布广，尤其是五味子、刺五加、蒲公英的储量较大。据粗略统计，野生五味子年采集量近千吨，刺五加年采集量近万吨。县业务部门先后同省中医药大学、林业厅野生植物研究所、北药技术开发总公司等科研和生产部门就人工种植五味子、刺五加、蒲公英等进行了多次探讨和研究，并经专家对多个区域的土壤和气候条件进行测定，觉得在县城北部多数半山区内适宜中药材生长发育，尤其是五味子、刺五加、蒲公英最有开发价值。

畜牧业资源 木兰地处塞北寒地，山高林密，水草丰盈，没有工业污染，养殖自然条件十分优越。木兰肥牛早在20世纪90年代就以声名远播，养殖品种多为西门塔尔牛。全县现有肉牛规模养殖场14个，2016年黄牛饲养量12万头，存栏6.2万头，出栏5.8万头。肉羊存栏50只以上，出栏100只以上的规模养殖场23个。2016年，肉羊饲养量6.7万只，肉羊存栏3.8万只，出栏2.9万只。生猪饲养量20万头，大鹅饲养量98万只，肉鸡年出栏60万只的养殖小区9个，年出栏5万只以上的养殖场10个。2016年，全县肉鸡饲养量843万只，存栏236万只，出栏607万只。

矿产资源 木兰北部和东北部为山区，约占辖区总面积的50%，山高林密，矿产资源相对丰富，主要矿种有磁铁矿、铜钼矿、煤矿、各种花岗岩饰面石材、陶粒泥岩、矿泉水、苏打水等10多个品种。尤其是黑色花岗岩饰面石材（角闪岩）和磁铁矿资源最为丰富，其总储量分别为400万立方米和1亿吨。

风能资源 木兰县风能资源相对丰富，30年平均风速每秒3.1

米，最大风速每秒28米。但风力资源的区域和时间分布不均，从区域分布上看，高山区及沿江风力较强。从时间上看，春秋两季风力较强，冬夏相对较弱，白天风力较强，夜晚风力较弱。从蒙古山风电场多年运行的情况分析，该区年平均风速每秒6.7~7.2米，有效风时在2 000~2 100小时，大风年平均风速在每秒7米以上，小风年平均风速为每秒6.5~6.8米。

旅游资源 木兰县城距哈尔滨128公里，南临松花江水秀天高，北依兴安岭林海茫茫。历史文化厚重，民俗民风古朴，旅游资源丰富。全县共有景区6处，初步构成"六点一线"旅游发展格局。木兰县生态环境优良，人文历史厚重、宗教文化鼎盛。上至大金国开国皇帝金太祖、宣献皇后仆散氏，下至近代东北抗联名将赵尚志、李兆麟、许亨植等都在木兰留下了鲜活的历史足迹。鸡冠山东北抗日联军第三军抗日游击根据地十处密营群中的军、师指挥所、防御区的战壕、掩体和交通壕、驻兵区的营房遗址、水井、储藏区的地窖、生产区的耕地等。从"731"部队日军做人体试验逃出的东北抗联六师代师长王子阳墓地等是红色旅游看点的首选。八路军总部高参王梓木、全国特级战斗英雄商庆春和女伞兵第一人马旭等人都为这块沃土增添了英雄豪气和地域光荣。慈航古寺是东北最大的山间寺院，佛教文化远播八方。这些都为开发旅游文化和红色旅游产业留下了宝贵的历史文化遗产。

发展潜能 把握历史机遇，老区木兰长期以来蓄积的发展潜能将得到进一步释放。随着松花江公路大桥的建成，木兰已经融入"哈尔滨一小时经济圈"。通用航空机场的筹建，以及哈佳高铁（胜利）中转站的建成，有利于更好地承接产业转移，加快对外开放，加强区域交流合作。鸡冠山旅游景区的建设，有利于借助生态品牌，发挥红色资源优势，打造三产服务业新增长点。工业园区全面建成，基础设施逐步完善，为经济发展提供更为广阔和更为扎实的平台。更为重要的是，木兰人民发扬革命老区精神，满怀求发展、奔小康的强烈愿望，展现出积极向上、开拓创新的精神面貌，这些都将为经济社会加快发展提供更加强大的精神动力和人文保障。

三、发展思路与目标

发展思路　以习近平新时代中国特色社会主义思想，党的十九大、十九届历次全会精神为指导，坚持"四个全面"战略布局，牢固树立创新、协调、绿色、开放、共享发展理念，借助融入"哈尔滨—小时经济圈"的历史契机，主动适应和引领经济发展新常态，坚持提质增效不动摇、坚持深化改革不偏离、坚持发展惠民不放松、坚持文化建设不松劲、坚持从严治党不懈怠，统筹经济、政治、文化、社会、生态和党的建设，全面建成小康社会。

发展目标　综合经济实力实现新跨越。保持经济平稳健康快速发展，生产总值、地方公共财政预算收入、规模以上工业、全社会固定资产投资显著增强。产业结构调整取得新进展。经济发展方式转变成效明显，特色优势产业进一步发展壮大，工业和服务业比重明显提高。工业主导产业强势增长，农业特色产业不断壮大，三产服务业快速发展，三次产业协同拉动的发展格局基本形成。创新驱动发展蓄积新动能。创新型城市建设全面加快，自主创新能力和经济增长的科技含量明显提高，创新成为经济发展的核心动力。深化改革开放迈出新步伐。"两大平原"现代农业综合配套改革试验全面完成，基本建立比较完善的社会主义市场经济体制。人民生活质量实现新提高。加大扶贫投入，创新扶贫模式，实现农村贫困人口全部脱贫。各项事业全面发展，社会长期和谐稳定，基础设施、公共服务、社会保障基本实现城乡全覆盖，人民群众幸福指数明显提高。生态文明建设谱写新篇章。人口、资源和环境与经济发展日趋协调，可持续发展能力进一步增强。城乡环境面貌凸显新变化。新型城镇化进程加快，县城辐射和带动作用显著增强，主城区、小城镇和美丽乡村建设快速推进，小城镇建设初具规模，美丽乡村建设取得新进展，城镇社区建设实现新突破，城乡居住条件和生活环境全面改善。

四、发展愿景与实施

重点实施"九大战略"，实现老区木兰全方位高质量振兴发展。

实施"农业稳县"战略，构建优质高效"特色木兰" 作为典型农业县份，农业发展是基础，是带动各项产业的动力源泉。坚持以推进供给侧结构性改革为主线，推动经济发展质量变革、效率变革、动力变革，提高全要

县委书记牟宏峰与吉兴乡党委书记阴祖波、驻村党支部书记周国全研究发展特色农业

素生产率。立足县情，把多年积累的绿色农业优势从供给侧角度释放出来，依托优质的农业资源禀赋，以市场需求为导向，以农业增收为目标，积极探索绿色农业发展之路。大力调整农业产业结构，大力发展优质高产高效种植业，大力培育特色优势，坚持以特色农业、高效农业稳县，坚持用工业的理念、市场的理念、科学的理念推进循环农业，构建形成科技含量足、信息化

水平高的农业循环经济产业体系，拓展农业增值增效空间。按照产业兴旺、生态宜居、乡风文明、治理有效、生活富裕的总要求，加快推进农业农村现代化。以建设现代化产业体系、生产体系、经营体系为抓手，促进农村一、

县长王忠勋到新民镇新华村扶贫调研农业发展新项目

二、三产业融合发展，延伸农业产业链、价值链，提高农业综合效益和竞争力。坚持以实施"乡村振兴"战略为统领，加快构建现代农业产业体系、生产体系、经营体系，努力实现种得好、养得好、卖得好。大力发展绿色有机农业种植、养殖，探索推进"粮头食尾""农头工尾"发展思路的新实践。依托现有龙头企业，加快推进养殖基地项目，实现过腹增值。以产业发展为牵动，以改革开放为动力，着力推进产业项目建设和结构调整，着力促进城乡统筹和一体化发展。全力打造现代农业示范基地，加速农村富余劳动力转移和农产品流通，加强农村基础设施和公共服务体系建设，大力发展生态农业、特色农业、高效农业，提升农业整体素质，把木兰建设成为黑龙江省特色农业示范县，推动农村经济向产业化、效益化、现代化方向发展，千方百计促进农业增效、农村发展、农民增收。

实施"工业强县"战略，构建转型升级"跨越木兰" 以"核心产业高端化、传统产业品牌化、新兴产业规模化"为目标，创新驱动、智能转型、强化基础、绿色发展，扎实推进新

型工业化进程。坚持把提升工业产业的着力点放在振兴实体经济上，放在质量和效益双提高上，着力保存量、求增量、扩总量、提质量，在政策、资金、人才等方面向工业经济倾斜，不断提高在三产中的占比，成为拉动县域经济发展的主要力量。做好"三篇大文章"，加快实现"老字号"转型升级、"原字号"延伸产业链和"新字号"向新增长领域拓展。加快实施"互联网+"行动计划，推动移动互联网、云计算、大数据、物联网等与现代制造业结合，为产业创新加油助力。坚持把优化产业结构和开展技术创新作为经济发展的首要任务和根本措施，紧紧抓住国家支持东北老工业基地改造和黑龙江省推进绿色食品产业加快发展的良好机遇，按照"巴木方通依"产业一体化发展定位，充分发挥比较优势，着力打造具有明显市场竞争优势、在全国有影响力的主食加工基地、地毯柳编工艺品基地和特色酿酒基地。做强做大核心产业。围绕木兰优质稻米、玉米、大豆、畜禽肉类和蔬菜山特产品资源，依托园区承载能力和技术研发优势，重点打造集聚程度高、引领作用强、专业化水平高，涵盖稻米主食加工、玉米主食加工、大豆食品加工、畜禽肉类食品加工和蔬菜山特产食品加工的五大产业链，不断提升全县农产品加工业的可持续发展能力，把木兰建设成为国内一流、国际知名的主食加工示范区和中国主食加工名城。改造提升传统产业。加大技术改造力度，提升装备水平，提高产品科技含量，延伸壮大产业链条，拓展市场空间，着力打造柳编、纺织、酿造、机械等传统产业新优势。积极发展战略性新兴产业。充分发挥现有和潜在优势，加强产学研联合，力争在新能源、新材料、新医药、电子信息、节能环保等领域取得突破，努力发展高新技术产业。

实施"三产富县"战略，构建现代商贸"繁荣木兰" 按照"规划大手笔、结构大优化、产业大融合、推进大开放、实施大项目、发展大三产"的工作思路，坚持市场化、社会化、产业化、集聚化发展方向，发展现代服务业与改造提升传统服务业并重，以特色园区、龙头企业、重点项目为抓手，围绕做大规模、做优结构、做强地位，着力构建"一主导二支柱二新兴122"服务业产业体系，优先发展生态休闲文化旅游主导产业，强化商贸、物流两大支柱产业，积极发展金融和养老两大新兴产业，努力建成与新型工业相融合、与现代农业相配套、与城镇化相协调、与城乡居民需求相适应的现代服务业体系。加快服务业功能提升，使服务业成为促进经济结构调整和增长方式转变的新动力，增强木兰经济综合实力和区域竞争力。以通用航空产业建设为引领，带动航运、农业、水利、交通、养殖，以及旅游等产业相互融合发展，建设国际科技通用航空特色小镇项目。积极探索推进从传统贸易手段发展到能够在网上完成供、产、销全部业务流程的电子商务，进一步加速商品流通，降低企业成本，提高企业竞争力。采取全县统筹、订单生产、线上交易的方式，加快推进网货供应和生产基地建设，有效带动就业创业，把电子商务培养成为经济发展的新动能。大力发展乡村旅游，鼓励和引导旅游特色村、生态田园、农家乐等业态发展。深挖资源优势，推进香磨山修身养生游、白杨木生态游、利鲜民俗风情游、鸡冠山地质游和红色旅游等精品旅游项目的开发建设。挖掘木兰乡土味道和民俗风貌，用好县域特色非物质文化，叫响木兰文化旅游品牌。

实施"项目兴县"战略，构建产业集聚"实力木兰" 紧紧抓住世界经济格局调整、国际国内产业转移的战略机遇，充分利用国际国内两个市场、两种资源，进一步强化招商引资，承接产业转移，稳步实施"项目牵动"战略。实施服务业集聚发展工程。推进蒙古山、江心岛等旅游景区以及大型文化产业项目建设。实施制造业转型升级工程。围绕产品升级换代，建设一批纺织、化工、柳编、机械等行业的技术改造项目。规划建设一批具有较强竞争力和产业带动力的新兴产业龙头型项目。实施城乡一体化工程。推进高标准农田建设和节水灌溉改造、无公害生产基地、规模化生态养殖、农产品流通体系、粮食仓储设施等项目建设。加快农村基础设施、农民集中居住区和新型社区建设，合理配置村镇公建配套和社会事业服务设施。实施科技创新与人才支撑工程。围绕农业资源开发、品种选育及良繁、食品安全检测、农产品深加工、病虫草害与动物疫病防治等领域，加快农业科技项目建设。依托中国农业科学院农产品加工研究所主食加工技术研究院（哈尔滨木兰），加大人才集聚、交流、创业载体建设力度，构筑哈尔滨地区主食加工技术专业化智力中心。实施综合交通网络工程。推进城区道路建设，农村道路升级改造。实施能源供应保障工程。推进核电、风电、分布式光伏发电项目规划建设，不断提高城镇集中供热能力和水平。积极推进城区天然气管道入户工程，推进新能源汽车的普及利用，完善相应配套设施。实施城市功能完善工程。健全全县统一医疗信息系统、远程教育中心、公安应急指挥中心、劳动保障城乡一体化信息系统。沿江拉开城市骨架，推进新老城区环境整治、城市商圈改扩建、老住宅小区改造、棚户区改造等重点工程建设。实施水利水务建设工程。完善水资源供给、水环境保护和防洪排涝减灾三大体系。进一步完善香磨山、白杨木灌区以及提水灌区配套建设项目，加快城乡自来水管网升级改造。实施生态环境治理工程。加快推进各类水环境综合治理及水环境功能区、交界断面水质达标项目。加强工业点源、农业面源和生活污染源控制、禁燃区创建、土壤保护及修复和城乡绿化等工程建设。

实施"生态立县"战略，构建山清水秀"绿色木兰" 树立绿色、循环、低碳、环保发展理念，以改善环境质量为主线，以节约集约利用资源，强化节能减排，倡导低碳环保生产生活方式为着力点，促进资源节约，加快生态文明建设，打造生态木兰。以"天蓝地绿、风清水秀、城美人和"为目标，建设总量适宜、分布合理、植物多样、景观优美的城市绿地系统，加强对区域和城市生态具有重大影响的生态绿地、沿河绿地、河流水系、各类湿地的保护和绿化建设，加快构建宜居生态格局。全面实施大气污染、水污染和土壤污染防治三大行动计划。坚决打赢蓝天保卫战。严格执行大气主要污染物减排标准，全面降低污染物排放。坚决打赢碧水保卫战。全面落实县乡村三级河湖长制，切实扛起管水治水责任，深入开展"清河行动"，重点抓好松花江及两条一级支流污染防治工作。坚决打赢黑土保卫战。突出重点领域、行业和污染物，强化土壤污染管控和修复，加大黑土地保护力度，继续开展"三减"行动，治理农业面源污染。

实施"城建美县"战略，构建城乡并举"美丽木兰" 立足中心城区主体地位，充分发挥城镇建设主战场作用，大力推进主城区和小城镇改造建设，助推木兰城镇建设出品位、上水平。统筹空间、规模、产业三大结构，提高城市工作全局性；统筹规划、建设、管理三大环节，提高城市工作的系统性；统筹改革、科技、文化三大动力，提高城市发展持续性；统筹生产、生活、生态三大布局，提高城市发展的宜居性；统筹政府、社会、市民三大主体，提高各方推动城市发展的积极性。重点加强城市基础设施建设，完善城市规划，加强城市管理，做大城市规模，做强城市经济，构建分工合理、发展协调、独具特色的城市发展新框架。按照"扩大城区、拓展城镇、集聚农村"的指导思想，统筹城乡发展，以城镇化带动城乡一体化、城乡一体化带动社会主义新农村建设。加强城镇基础设施建设。加强规划引导，绘制建设蓝图，坚持一抓到底。实施路改工程，实现城区道路提档升级，畅通城区"主动脉",打通"大循环",连通新老城区,行车难问题将彻底解决。实施棚改工程,依托异地安置方式,解决了拆迁难、回迁难问题,极大地改善了人居环境;实施城镇基础设施建设工程,从根本上加快供水、供热、排污、燃气管网改造。建立现代化、数字化的城镇管理体系,提高管理效率,增强城镇功能。切实改善乡村环境。因地制宜发展绿色农业,搞好农村人居环境综合治理,促进农村生产、生活、生态协调发展。推进农村路、水、电等公共基础设施的升级和改造,大力推进美丽乡村建设。彻底改变农村污水乱排、垃圾乱扔、秸秆乱烧的脏乱差状况,不断改善农村生产生活条件。

实施"和谐安县"战略,构建平安祥泰"和谐木兰" 坚持在发展中保障和改善民生,多谋民生之利、多解民生之忧,让发展成果更多地惠及城乡群众。按照以人民为中心的要求,更加注重保障和改善民生,完善公共服务和社会管理,着力构建均等化、广覆盖、高标准的公共服务体系,形成适应人民要求、服务功能健全、彰显公平正义的社会发展新体制。推进平安和谐社会建设,让人民群众生活得更有幸福感、安全感。加强法治建设和完善社会治安体系建设,实现社会防治全覆盖。深化教育领域综合改革,继续改善办学条件,持续巩固义务教育均衡发展成果。强化公共卫生服务和重大疾病防控。完善以公益性为导向的公立医院绩效考核机制,有效控制医疗费用的不合理增长。深度挖掘本土文化,弘扬革命老区精神、红色抗联精神,打造"乡愁"文化。推进扶贫开发工作,健全城乡统筹的就业制度,提高社会保障水平,拓宽城乡居民增收渠道,整体推进民政福利事业,推进公共服务均等化,提高食品药品安全保障水平。完善社会管理体系。加强人口宏观调控,创新社区管理服务体系,维护社会公平正义,强化公共安全管理,加强民主法制建设。

实施"科技创县"战略，构建科技引领"智慧木兰" 坚持创新发展，把发展基点放在创新上，形成促进创新的体制架构，塑造更多依靠创新驱动、更多发挥先发优势的引领型发展。实施网络强国战略，用"互联网+"改造提升传统产业，激发和创造新的发展动能和发展空间，提高科技创新对经济发展的贡献率。加速互联网与各行各业的"化学反应"，大力拓展互联网与经济社会各领域融合的广度和深度，做好"互联网+"大文章，打造"大众创业、万众创新"新引擎，推动要素驱动向创新驱动跃升。坚持市场化运行、企业化管理、绩效化考核的改革方向，推进工业园区体制机制创新。加快推进"飞地经济"合作，引入产业投资基金，承接产业项目转移，实现良性互动、互利共赢。打造"双创经济"，建立"双创基地"，促进主食研究院科技成果转化，加快功能食品、保健品、五谷杂粮等绿色产品开发。

实施"改革活县"战略，构建万众创新"活力木兰" 坚持把深化改革和制度创新作为促进转型升级的主要动力，消除制约科学发展的体制性障碍，营造更加科学、更加开放、更有活力的体制机制环境，为转型升级注入强大动力。加强行政管理体制改革。优化政府结构、行政层级、职能责任，深化大委办局制改革，创新行政管理体制，加快建设法治政府、服务政府、廉洁政府和责任政府。创新和完善社会管理体制。着力加强以改善民生为重点的社会建设，创新和完善社会管理体制，建立健全与经济发展要求相适应的社会建设领导体系、基层工作运行体系、社会组织管理体系、社会公共服务体系和社会工作保障体系，全面形成经济、政治、文化、社会建设协调推进的体制机制。深化经济体制改革。促进货币、资本、技术、产权、人力资源、土地、中介服务以及商品市场稳步有序发展，加强市场监管，完善现代市场体系。推动银行、保险、担保等机构的业务创新，进一步完善金融市场功能。加强金融监管，优化木兰金融生态环境。

　　历史不朽，如慈航古寺的钟声，余音绕梁。历史不息，如松花江碧水，波光潋滟。展望未来，千帆竞发。让我们全县上下心齐气顺，远谋实干，秉承英烈革命精神，共同携手抒写老区木兰更加壮美的诗篇。

中共木兰县委副书记

木兰县人民政府县长

2019年3月19日

后 记

当将《木兰县革命老区发展史》书稿做出最后一次修改，即将付印，不日即可与读者见面的时候，编者掩卷长思，回首两年多的艰辛历程，百感交集。这是一部汇集本县革命老区历史事件、战斗故事、英雄人物和新中国成立以来重要工作以及伟大成就的重要史书。此前，木兰县也曾出版过类似书籍，但此次书稿形成过程中各方面高度重视，在史料征集、挖掘、整理，内容取舍及谋篇布局、起草人员的选定、文字规范严谨，等等，各方面的重视程度是前所未有的。

这是一项功在当代、利在千秋的文化公益工程，也是宣传和弘扬老区精神，不忘初心，继续前进的宝贵精神财富。这种精神将永远激发老区干部群众，在新时代、新征程的道路上，绘就新蓝图、戮力新奋斗，摆脱贫困，共同致富的内生动力；激发社会各界关注老区，回报老区的热切情怀。

中国老促会2017年发出《关于编纂全国1599个革命老区县发展史的安排意见》，省、市老促会也分别作出部署和具体安排，县（市）委对此书的编纂工作高度重视，在人力、物力、资金等方面给予帮助支持，这是此书得以顺利完成的重要保障。

这部史书的编撰、出版、发行得到了中共木兰县委、木兰县人民政府的亲切关怀和大力支持。县委书记牟宏峰为本书作序审读，县长王忠勋撰写木兰革命老区发展愿景。

本书编写过程中，坚持以马克思列宁主义、毛泽东思想、邓小平理论、"三个代表"重要思想、科学发展观为引领，贯彻落实习近平新时代中国特色社会主义思想，运用历史唯物主义和辩证唯物主义的立场、观点、方法，坚持思想性、科学性、资料性相一致，坚持历史的真实性、事件的准确性与内容的可读性相统一，深入挖掘并全面系统地记载了木兰县革命老区重要历史事件，反映了东北抗联和老区人民在中国共产党领导下展开的伟大斗争，付出的巨大牺牲，做出的巨大贡献，以及老区人民在社会主义革命和建设时期、改革开放时期，特别是党的十八大以来在政治、经济、社会领域取得的巨大成就。

参与书稿起草的作者，都是对本县革命历史有深入研究、具有史学知识、文笔水平较高的同志，特别是汇聚了一批具有强烈事业心和历史责任感的老同志。从全书的宏观构思、拟定提纲、落笔起草各个环节上都付出了巨大精力。为保证书稿内容完整、充实、真实，起草者花费大量心血查阅资料、实地考察、询访知情人，做了大量扎实工作。为把大量支离破碎的各种素材汇聚起来，形成完整思路，整合成符合客观实际、时间顺序、逻辑严谨的书稿，工作量是巨大的，所有参与起草人员，包括收集资料和共同参与研究人员，都付出大量劳动，也取得丰硕成果。可以说这部《木兰县革命老区发展史》是截至目前，搜集资料最全、逻辑构思最严谨、历史事件真实性最强、最有史料价值的书籍，当然也是付出巨大劳动的宝贵成果。

这部史书在谋篇布局上，坚持从本地实际出发，遵照中国老促会和省、市老促会统一安排，坚持反映历史的全面性和真实性，同时考虑书稿文字限制，根据内容需要繁简结合，宜繁则繁，宜简则简。全书内容安排上坚持以革命历史内容为主，同时也要充分反映新中国成立以来的重要工作；坚持以改革开放内容为主，同时也不遗漏各个时期的历史内容；坚持以党的十八大以来取得的巨大成果为主，充分反映脱贫攻坚和乡村振兴伟大成就。

为确保本书质量和历史厚重感，根据上级老促会安排，形成样书后进行了县、市、省自下而上"三级审读"。县里成立审读小组，由中共木兰县委宣传部副部长郭胜利同志为组长、县委党史研究室主任杨继伟同志、县老促会副会长郭喜堂同志为副组长，县志办冯斌同志、县党史研究室张明亮同志为成员，对本书进行了县级初审。在县级审读基础上，送哈尔滨市审读，市里成立了由市老促会会长邹新生同志为组长，市老促会副会长王维绪同志为副组长，市老促会副秘书长张同义同志、市史志研究室主任王洪同志、市党史研究会常务副会长张严学同志为成员的审读小组，对本书进行了再次审读。最后报省审读，省里成立了由省老促会于万岭、杜吉明、付亚文、白亚光、于佩常、张利国、李勃等同志为成员的审读小组，进行最后审读。省、市老促会在审读过程中还聘请党史和抗联史专家赵俊清、常好礼、陈玫、邹洪学、高晓燕、臧秩姝等同志进行审读把关。经过"三级审读"最后印刷出版。在此对所有参加编写、调研、提供素材、修改把关和审读把关的各位领导、专家和同志一并表示谢意。

感谢为本史书提供宝贵图片的作者，未注名，请谅解。感谢提供史料的全县各部办委局。

由于本人对木兰老区发展史研究不够，水平有限，加之受逾越历史条件的制约，书中挂一漏万和言之不当之处肯定不少，甚至出现舛误，真诚地希望读者给予批评指正。

编　者

参考文献

上篇 革命斗争历程

［1］赵俊清.赵尚志传［M］.哈尔滨：黑龙江人民出版社，2015.

［2］赵俊清.李兆麟传［M］.哈尔滨：黑龙江人民出版社，2015.

［3］黑龙江省档案馆.赵尚志百年［M］.2008.

［4］东北抗日联军史料（上）［M］.1987.

［5］东北抗日联军第三军［M］.北京：中共党史资料出版社，1987.

［6］东北抗联三路军发展史［M］.长春：吉林大学出版社，1983.

［7］东北抗日联军第三军［M］.哈尔滨：黑龙江人民出版社，1986.

［8］黑龙江抗日烽火［M］.长春：吉林大学出版社，1995.

［9］张瑞麟回忆录［M］.哈尔滨：黑龙江人民出版社，1991.

［10］中国共产党哈尔滨史第一卷［M］.哈尔滨：黑龙江人民出版社，2001.

［11］哈尔滨市老区建设促进会.哈尔滨革命老区［M］.中共哈尔滨市委党史研究室，2003.

［12］伊春革命斗争史［M］.北京：中共党史出版社，2002.

［13］铁力抗日斗争史［M］.哈尔滨：黑龙江人民出版社，2005.

［14］中共木兰县委党史研究室，木兰县老区建设促进会.血债.1943年日伪"巴木东大检举"实录［M］.1997.

［15］政协木兰县委员会文史资料研究委员会.木兰文史资料［M］.

［16］木兰县党史资料汇编［M］.中共木兰县委党史工作办公室.

［17］木兰县老区建设促进会.木兰抗日斗争史［M］.2008.

［18］历史回眸［M］.哈尔滨：哈尔滨出版社，1998.

［19］木兰县公安局存1961年76号1951年9月1日，木兰县人民法院卷宗.

［20］木兰县公安局存1961年5月10日197卷宗.

［21］木兰县公安局存1961年木兰县5人小组追查"巴木东大检举"事件卷宗.

［22］木兰县老区建设促进会.木兰抗日斗争史［M］.2008.

中篇 建党建政历史

［23］中共木兰县委组织部，党史工作办公室，木兰县档案局联编.中国共产党黑龙江省木兰县组织史资料（1930—1987年）［M］.1988.

［24］中共木兰县委组织部，党史工作研究室，木兰县档案局联编.中国共产党黑龙江省木兰县政军统群系统组织史资料（1946—1987年）［M］.1988.

［25］中共木兰县委党史研究室.木兰人民革命斗争史［M］.2004.

［26］木兰县老区建设促进会.木兰革命老区［M］.2011.

下篇 经济社会发展

［27］木兰县志［M］.哈尔滨：黑龙江人民出版社，1989.

［28］木兰县志（续）［M］.哈尔滨：黑龙江人民出版社，2010.

［29］木兰县年鉴编撰委员会编.木兰县年鉴［M］.1992—2017.